러시아 아방가르드, 불가능을 그리다

탈재현의 예술과 숭고

이 책은 2009년 정부(교육과학기술부) 재원의 한국연구재단 지원으로 출판되었음(NRF-2009-362- B00005)

한국외국어대학교 러시아연구소
HK 연구사업단 학술연구총서 18

러시아 아방가르드, 불가능을 그리다

이지연 지음

HU:iNE

Black Square (Malevich, 1923-29), State Russian Museum, St. Petersburg

서문

사건으로서의 예술

The Sublime is Now!

나는 공포보다 오히려 외침을 그리고 싶었다.
- 프란시스 베이컨(Francis Bacon)

이 책은 우연한 필요에 의해 기획된 러시아 아방가르드에 대한 불친절한 연구서이다. 여기엔 지난 몇 년간 때로는 호기심으로, 때로는 그저 매혹되어 선택한 20세기 러시아 아방가르드 문학과 예술 작품들에 관한 논문들이 산만하게 모아져 있다. 애초에 소수의 러시아 문학과 예술 전공자들을 염두에 두고 쓴 글이어서 독자들에게 생소한 러시아 문인들과 화가들, 음악가, 영화인들의 이름이 가득할 뿐더러 심지어 중간중간 러시아어 텍스트가 인용되거나 병기되어 있어 미문도 아닌 문장을 더 읽기 싫게 만들 것 같다.

그런데도 나는 굳이 이 책의 표지로 러시아 화가도, 그렇다고 아방가르드 화가도 아닌 르네상스 시대 북유럽의 민속화가 피터 브뤼겔(Pieter Bruegel the Elder, 1525~1569)의 종교화를 선택하였다. 이는 물론 순전히 개인적인 취향일 뿐더러 심지어 그림의 저작권이나 해상도 같은 현실적인 문제들과도 관계가 있지만, 재현의 문제를 다루고 있는 이 책의 표지에 대해 궁리하면서 특별히 브뤼겔을 떠올리게 된 것은 풍속화라는 극도로 제한적인 틀 안에서 늘 다른 세계의 형상을 보여주려 했던 그의 역설적 리얼리즘 때문이었다. 그의 그림은 러시아 아방가르드와는 다른 한 편에서 탈재현적이었으며, 또한 불가능을 그리고 있었다.

타락한 천사들이 천국으로부터 추방되는 요한계시록의 이야기에 바탕을 둔 작품 「반역 천사들의 추락(The Fall of the Rebel Angels)」은 성서에 관한 삽화임에도 불구하고 동화적인 색감으로 그려진 반인반수의 온갖 괴기스러운 악한 생명체들의 형상으로 인해 성서를 재현한다기보다 오히려 반역한다. 이 그림은 풍속화의 사실성보다는 카오스와도 같은 환상성으로 우리를 압도한다. 차라리 이 그림은 호르헤 루이스 보르헤스(J. L. Borges)가 자신의 창작의 전성기에 펴낸 책 『상상동물이야기』를 닮았다. 전 세계 신화와 전설에 등장하는 동물들을 도판과 함께 소개하고 있는 이 상상력의 백과사전을 보르헤스는 시력을 완전히 잃은 후 썼다. 그는 마치 환상세계로부터의 전령이 된 듯 눈을 감아야 비로소 보이는 다른 세계에 대한 이야기를 들려준다.

그렇다면 천사와 악마, 신화와 전설의 존재들에 대한 재현이란 무엇인가? 그것을 재현이라 할 수 있는가? 사실 성서의 이야기를 '사실적으로' 그린다는 것이 가능한가? 브뤼겔이 그린 괴기스러운 타락한 천사들의 낯설고 환상적인 형상과는 전혀 다른, 어쩌면 우리가 예상하고 있는 루시퍼의 정형화된 형상이란 그야말로 성상파괴주의자들이 제기한 혐의로부터 자유로울 수 없는 것이 아닐까? 만일 우리가 상정하고 있는 세계의 경계 내에서 이해될 수 없기 때문에 환상이라 이름 붙여진 그로테스크한 형상들이 다른 가능세계의 실재라 한다면 그러한 환상을 그리는 것은 창조의 행위이며, 따라서 독신의 행위이기도 할 것이다. 그것은 재현된 적 없었던 대상을 새롭게 기술하고 가시화하여 존재하게 하는 하나의 사건이다. 그러한 의미에서 그것은 혁명이다.

브뤼겔이 성서에서 명명된 존재에 대한 새로운 술어적 형상을 가시화함으로써 성서를 극복하고 있다면 러시아 아방가르드는 기존의 예술의 경계 내에서 재현되지 않았던 것을 주목함으로써 예술의 한계를 넘어선다. 빛의 작용의 결과로 달라지는 대상이 아닌 빛 그 자체를 그리고, 예술적 오브제의 형상이 아닌 예술 질료의 정신성과 절대성에 대해 말하는 러시아 아방가르드 회화의 탈재현적 시도들로부터, 세계의 움직임과 음악적 시간 그 자체를 표현하려 했던 스트라빈스키의 리듬, 혁명에 의해 '변한' 완결된 세계가 아닌 그 과정 중에 있는 '변화하는' 유기적 총체로서의 세계의 모습에 천착한 필로노프의 폭발할 듯 채워진 화폭, 가장 현란한 언어를 구사한 작가 고골의 소설을 무성영화로 만들려 했던 형식주의자 트이냐노프의 영상 실험, 언어 기호의 의미차원과 도상차원을 동시적으로 드러내고자 했던 네오아방가르드의 그림시, 그리고 죽음의 원인이나 결과, 혹은 죽음이라는 경계 전후의 대상의 변화가 아니라, 죽음이라는 사건, 그 순간 자체를 생래적으로 과거에 준거하고 있는 내러티브라는 역설적 형식을 통해 구상화하려 했던 오베리우 작가들의 부조리 문학에 이르기까지, 이 책을 구성하고 있는 글들은 러시아 아방가르드와 네오아방가르드를 관류하는 그러한 재현 불가능한 것의 예술적 형식에 대한 지난한 추구의 과정을 경외의 시선으로 따라간다.

현대 예술의 탈재현적 성격은 무엇보다 그것이 하나의 사건이라는 데에 있다. 표상하는 것이 아닌 가리키고 지시하며 인도하는 것으로서 예술이 재현의 한계를 벗어나 현전이라는 새로운 미적 존재론을 드러낸다는 설명은 달리 말하면 과거에 대한 내러티브, 혹은 기존의 세계상에 대한 반복으로서의 예술이 지금, 여기라는 무대 위의 퍼포먼스로 변화하는 것을 의미한다. 사건에 대한 설명이 아닌 사건 그 자체가 되는 것, 불가능한 다른 세계의 형상을 이 세계 안에서 명멸하는 순간으로 계속해서 체험하게 하는 것, 현대 예술의 숭고한 힘은 바로 이처럼 소멸을 마주한 채로 끊임없이 존재를 강요하는 집요한 현재성에 대한 지향에 있다.

20세기 초 치열했던 러시아 아방가르드는 이러한 현대 예술의 존재 시학을 선취한다. 아마도 그것은 러시아 아방가르드가 러시아 혁명의 예술이었기 때문일 것이다. 혁명의 정수는 이미 세워진 기념비를 부수고 적극적으로 폐허를 창조하는 무자비한 힘, 즉, 일종의 죽음 충동이다. 그 의미는 파괴의 순간 최고조에 이른다. 완결된 혁명이란 죽음에 대한 선언일 수밖에 없다. 에이젠슈타인의 영화 <10월>은 군중이 치켜든 낫과 머리가 잘려 나가는 차르 알렉산드르 3세의 동상이 병치되는 영화의 첫 장면에서 이미 완성된다. 새롭게 구축된 혁명 이후의 현실은 사실 더 이상 혁명이 아니다. 러시아 아방가르드는 이러한 혁명의 운명을 함께 한다. 그 가운데서 폭발하는 힘과 포효하는 외침을, 변화의 순간을, 생성을 향한 비명을 그린다. 여기에 러시아 아방가르드의 가능성과 한계가 동시에 존재한다. 이 책에는 혁명의 시간을 살면서 예술창조를 통한 세계 창조의 신념을 져버리지 못했던 러시아 아방가르드 예술가들의 유토피아를 향한 꿈과 그것의 좌절의 흔적이 담겨 있다.

지난 몇 년간 썼던 글들을 예정에 없던 책으로 묶기 위해 정리하면서 수차례 출판을 단념하려 했었다. 그만큼 많은 부족한 부분들이 보일 뿐더러 불과 몇 년 전만 해도 흥미롭게 다가왔던 주제들이 이제는 지겹기도 하다. 러시아 문화에 대한 책이라면 더 많은 주해를 통해 독자들에게 생소한 이름들과 개념들을 친절히 설명해야 한다는 반성은 그 무엇보다 가장 절실한 부분이다. 이 많은 부족한 부분들은 스스로에게 빚으로 남겨두려 한다.

마지막으로 이 책이 나오는 데 있어 가장 직접적인 원인과 기회를 제공해 주시고 출판을 독려해 준 러시아연구소의 동료 선생님들과 소장님께, 촉박한 일정에도 이 책의 편집과 교열을 비롯하여 책의 출판을 위해 애써주신 한국외국어대학교 지식출판원에 감사의 말씀을 전한다. 지난 20여 년의 시간을 함께 하면서 언제나 든든한 힘이자 새로운 자극이 되어 주었던 선후배 동료 연구자들과 그 가운데에서 우리를 이끌어 주시고 학문적 귀감이 되어 주신, 아마도 이 책의 부족함을 몹시 꾸짖으실 나의 지도교수님께 이 책을 바친다.

목차

1장

현대 러시아 예술과 재현의 문제

칸딘스키, <움직임 I>

1. 러시아 아방가르드와 재현에 대한 반성

철학자들이 마치 재판관처럼 높은 위치에서 인간의 사유를 주관하던 대문자 P의 철학의 시대는 가고 소문자 p의 철학이 문학이나 미술 등과 동등한 위치에서 인간의 문제를 논하고 있다는 리처드 로티(R. Rorty)의 지적처럼[1] 이데아로부터 멀리 떨어진 이중의 모방이자 재현으로서 진정한 인식을 추구하는 철학의 타자에 불과했던 문학과 미술은 이제 부정될 수 없는 철학의 중요한 한 부분으로 격상되었다. 진정으로 존재하는 것을, 본질을 이야기해야 한다는 철학의 강박관념에 대한 비판적이고 반성적인 자의식은 탈근대 철학의 핵심적인 주제가 되었으며 그러한 과정 속에서 근대미학의 중요한 원리와 범주들에 대한 재고가 이루어졌다. 고흐의 그림에 대한 하이데거의 해석이나,[2] 르네 마그리트의 작품에 대한 푸코의 분석,[3] 프란시스 베이컨의 얼굴 없는 초상화에 대한 들뢰즈의 사유는[4] 바로 이와 같은 탈근대적 미학의 단면들을 보여주는 철학적 시도들이었다.[5] 이 때 근대미학을 탈근대화하는 이들의 시도를 관통하는 것이 있다면, 그것은 바로 이들이 근대철학과 미학을 지탱하고 있는 재현(representation)적 사유 방식에 대해 취하는 반성적, 부정적 시선이다. 그들은 더 이상 예술 작품 속에 재현된 것과 도상적인 관계를 이루는 원본을 찾으려 하지 않았으며, 새로운 예술 속에서 기표와 기의의 자의적, 관습적 결합을 넘어서는 무언가를 탐구했다.

이처럼 새로운 예술에서의 재현의 문제에 대한 반성적 고찰은 절대적, 본질적인 진리를 부정하고, 절대적인 것과의 유사성, 주체와의 동일성의 환상을 폭로하는 이들 탈근대적 철학자들의 해체 작업의 일환이었지만, 역으로 이를 가능하게 한 것은 바로 기존의 고전적 예술의 원리를 넘어서는 새로운 예술의 존재 자체이기도 했다. 즉, 이들의 '새로운' 사유를 가능하게 한 것은 바로 다양한 예술적 시도들이 보여주는 예술 내부로부터의 반성과 새로운 것을 향한 끊임없는 지향이었다. 이와 같은 새로운 예술적 시도들은 러시아에서의 아방가르드를 필두로 한 다양한 형식적 실험들 속에서 역시 예외가 아니었다. 오히려 이것은 다른 어떤 문화에서보다 20세기 러시아 문화 속에서 더 강하게 드러났다.

특히 20세기 초반 러시아 예술의 급진성은 예술의 조건성(условность)에 대한 사유와 '낯설게하기(остранение)'의 전략 속에서 두드러진다. 사실주의적인 재현의 극장에 대한 반성으로부터 생겨난 새로운 극장은 극장 공간의 본성에 대한 탐구를 통해 무대를 재현의 공간이 아닌 유희의 공간으로 변화시켰다. 무대는 삶이 아닌 삶에 대한 이차적인 모형으로서의 기호적 공간이며[6] 그 속에서 배우는 자신이 맡은 배역의 삶을 살아내는 것이 아니라 단지 그의 삶을 연기할 뿐임을 그대로 폭로하면서, 이들의 극장은 무대공간의 관례에 내재한 허구성을, 그것의

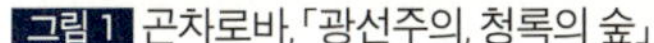
그림 1 곤차로바, 「광선주의, 청록의 숲」

그림 2 라리오노프, 「수탉: 광선주의적 탐구」

조건성을 있는 그대로 드러내는 비재현적, 비아리스토텔레스적 극공간으로 변화한다.[7] 미메시스와 재현이라는 아리스토텔레스의 개념들이 사실상 서구 근대 미학의 본질을 선취하고 있다고 할 때, 20세기 초 러시아 아방가르드의 비아리스토텔레스적인 극형식은 기존의 재현으로서의 예술, 더 나아가 재현적 사유라는 철학적 관행에 대한 반성이자 낯설게하기의 과정에 다름 아니었다.[8]

이와 같은 현상은 당대 러시아의 문학과 회화 속에서도 반복되었다. 이들은 재현을 부정하거나 혹은 넘어서고자 했다. 사물의 형상이 아닌 그것의 왜곡과 파편화를, 그리고 더 나아가 파편화된 형상들의 재건으로서의 극단적 추상을 그리려 했던 입체주의적 시도나, 사물 자체가 아닌 오히려 그 형상을 존재하게 하는 매개로서의 빛을 재현의 대상으로 삼은 광선주의의 추구는 바로 이러한 기존의 회화적 재현에 대한 반성적 사유로부터 시작되었다고 할 수 있다. 특히나 상징주의와 입체주의의 영향에 빛의 재현이라는 과업을 결합하며 빛의 움직임과 색채를 그려내고자 했던 광선주의의 시도는 사물이 아닌, 사물로부터 반사된 빛을 그림으로써 대상성을 넘어선다. 그들은 대상 자체보다는 그것이 주는 예술적인 느낌을 형상화하려 했다.[9] 라리오노프(Larionov)는 광선주의 회화에 대한 글을 통해 자신들이 기존의 대상을 재현하는 회화적인 관례를 떠나 대상 자체가 아닌 대상으로부터 반사되는 빛의 총합을 그리고자 함을 밝힌다.[10] 이 때 라리오노프가 지적하는 빛의 총합이라는 개념은 이미 대상보다는 그것의 표현으로서의 회화적 표면을 향한다. 그들이 형상화하고자 한 것은 대상과 다른 대상의 '사이'로서의 빛의 공간, 혹은 빛에 의해 채색된 대상이었다. 즉, 이들은 회화의 상징적인 표면과 자연 사이의 경계를 허물고 그들이 그려낸 '빛의 총합'으로서의 형상이 대상 그 자체보다 회화의 상징적 표현과 더 유사한 것이 되도록 했다. 그런 의미에서 광선주의의 재현은 재현에 대한 재현. 혹은 재현의 과정에 대한 재현이었다. 대상보다는 대상에 대한 감각으로서의 재현을 그리는 것, 결국 광선주의가 형상화하려 한 것은 회화 예술 자체의 본성에 대한 탐구의 과정이었다.

말레비치(Malevich)의 「검은 사각형」으로 대표되는 절대주의(Suprematism)

그림 3 말레비치, Suprematism.

그림 4 말레비치, Suprematism(Supremus N56).

역시 '비구상성'의 추구라는 극단을 보여주면서 기존의 재현의 이데아에 대한 반성적 태도를 드러낸다. 그가 그리고자 한 것은 대상이 아니며 오히려 대상의 부재, 더 나아가 비대상성 그 자체였다. 환원주의적인 사각형과 원 등의 기하학적인 형태를, 그것의 움직임과 리듬을 그리려는 말레비치의 시도는 기존의 재현 개념의 경계를 이미 벗어나 있다. 그가 재현의 기본적인 틀로서의 형태와 색채를 완전히 벗어나지 못한 색과 형의 미니멀리즘을 통해 표현하고자 한 궁극의 실체는 사실상 모든 색과 형태를 떠난 세계 속의 비구상 그 자체였으며, 그들의 결합을 통해 묘사하려 한 것은 감각과 움직임이었다.[11] 고전 회화의 본질로서의 재현의 패러다임을 넘어서 비재현과 비구상의 세계를 새로운 회화 예술의 대상으로 삼는 절대주의의 작업은 이런 의미에서 광선주의의 시도보다 한층 더 급진적이다. 여기에 대상은 완전히 부재한다. 대상이 존재하는 세계마저도 부정된다. 재현예술의 가장 이상적인 형태가 대상과 그것의 재현 간의 완전한 일치를, 즉, 재현의 도상성을 전제로 하는 이콘이었다면 말레비치의 사각형은 비재현과 비대상성에 대한 도상적 기호로서의 새로운 이콘이 된다. 결국 입체주의가 그리고자 한 것이 대상의 파편

그림 5 말레비치, Suprematism.

화된 실체였다면, 절대주의의 회화적 시도는 대상이 아닌 그것의 부재를, 대상이 속한 재현의 세계를 벗어난 초월적 세계의 다른 대상의 현존을 지향한다. 그러한 의미에서 절대주의는 비구상적 시도의 정점에서 오히려 새로운 재현의 질서를 향해 나아간다.

재현의 패러다임을 넘어선 회화는 공간 예술로서의 본원의 한계를 넘어서고자 한다. 그것은 시간을 담아내려는 시도로 이어진다. 광선주의의 그림 속에 그려진 빛의 움직임이란 사실상 시간이다. 그림 3, 4의 말레비치의 기하학적 도형들의 벡터 역시 비구상적인 감각의 움직임을 형상화한다. 이처럼 회화적 기호가 시간성을 그려내려는 시도는 역으로 시간성을 본질로 하는 문학의 언어가 공간화 되려는 열망으로 나타난다.

Треугольникъ

я
еле
качая
веревки
въ синели
не различая
синихъ тоновъ
и милой головки
летаю въ просторѣ
крылатый как птица
межъ лиловых кустовъ!
Но въ заманчивомъ взорѣ,
знаю, блещетъ алѣя зарница!
И я счастливъ ею безъ словъ!

그림 6 브류소프의 「삼각형」

20세기 초반 러시아 문학의 조형적 성격에 대한 G. 야네첵(Gerald Janecek)의 연구가 보여주듯이[12] 아방가르드 문학가들은 문학 언어의 조형성을 강조했다. 이 시기 러시아 문화 속에서 다양한 예술적 장르들이 장르 고유의 본성을 넘어 보다 종합적인 방향으로 나아간 것은 잘 알려진 사실이다. 오페라 「태양에 대한 승리」에는 말레비치의 회화와 마츄쉰(Matiushin)의 음악이 결합되어 있었으며, 스크랴빈(Skryabin)은 '칼라 오르간'을 통해 음악 속에 색채라는 다른 차원의 감각을 결합하고자 했다. 많은 아방가르드 작가들이 화가였고 이들은 문학과 회화의 영역을 결합하려 했다. 시메온 폴로츠키(S. Polotsky) 이후 거의 자취를

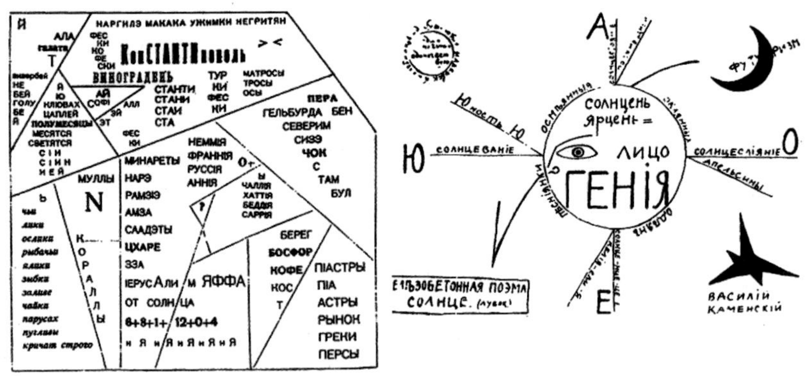

그림 7 카멘스키,「강철시멘트의 서사시」

감추었던 바로크적 그림시 형식이 부활했으며, 루복 양식으로부터 영향을 받은 말과 이미지의 결합이 시도되었다.

언어 텍스트는 언어 기호의 관례로서의 '의미하기'를 벗어나 음악성과 회화성을 향해 나아갔다. 벨르이(Bely)의 텍스트가 그의 음악적 구상을 반영하듯이[13] 또한 카멘스키(Kamensky)와 브류소프(Bryusov)의 그림시가 문자 기호의 공간성을 드러내듯이, 이 시기 작가들에게서는 언어 기호의 본질에 대한 사유가 두드러진다. 유난히 문자도안에 대한 관심이 증대하고 문자도안과 시가 결합하는 제 현상들은 기호의 재현 방식에 대한 관례화된 이해를 극복하고 그것의 조건성을 드러내며 낯설게 하는 회화예술의 시도를 닮아 있다.

자움(Заум, transrational language)의 분석적인 경향은 입체주의 회화의 해체적인 작업과 일맥상통하며 또한 언어 표상의 한계를 넘어 언어 기호를 구성하는 최소 단위의 알파벳의 의미를 추구한다는 점에서 절대주의 회화의 시도와도 유사하다. 이후 러시아 아방가르드의 급진적 계획을 계승하고 있는 오베리우 예술가들의 부정이자 충만으로서의 ○(ноль)의 기획 역시 말레비치의 절대주의적 형상에 내재한 부정의 방법론을 공유한다.[14] 가장 순수하고 절대적인 것을 위해 부조리에 가까운 서사적 미니멀리즘을 보여준 하름스(Kharms)의 산문이나 시적인 요소들의 부정과 제거를 통해 가장 숭고한 것으로서의 죽음과 부재의 미학을 성취한 베덴스키(Vvedensky)의 시는[15] 바로 말레비치의 검은 사각형과 마찬가지로 기존의 재현의 영역에서 다루지 못한 새로운 이데아와 비구상적인 숭고를 문학 텍스트의 언어적 조건성이라는 한계 속에서 구현해 내려는 시도였다.

이처럼 20세기 초반 러시아 아방가르드의 다양한 형식적 실험들은 反재현, 혹은 재현되어 본 적 없거나 재현할 수 없는 것의 재현, 그리고 재현의 재현을 추구했다. 기존의 기호적 관행에 내재한 기표와 기의의 관계를, 이데아나 진리, 원본의 부재를, 재현의 조건성을 간파한 이들의 작품 속에서 재현은 단순히 도구나 방법이 아니라 대상이 되었다. 말하자면 재현의 도구로서의 언어는 더 이상 도구가 아닌 묘사되는 대상으로서의 사물이 되었으며, 재현으로부터 불러일으켜지는 이차적인 감각작용 역시 그 자체로서 재현의 대상이 되었다.

언어적 재현이건, 시각적 재현이건 간에 대상에 대한 복제로서의 재현 일반에 대한 반성은 이후 극단적으로 재현적인 사유를 표방하는 사회주의 리얼리즘 예술에 대한 반성의 과정 속에서 다시 한 번 부활한다. 사회주의 리얼리즘의 기호를 낯설게 하고 그것의 기호적 본성을 폭로함으로써 절대적 재현의 신화를 해체하는 소츠-아트와 개념주의 예술은 그러한 의미에서 20세기 러시아 예술에서 계속되어 온 기호적 반성의 극치를 보여준다.[16]

이 글에서 다루는 것은 바로 20세기 러시아 문학과 회화에 나타난 다양한 재현의 양상들과 그러한 재현의 과정 속에 내재한 반성과 지향의 문제이다. 이는 특히나 언어기호의 물성에 관한 사유와 재현 자체에 대한 재현의 문제, 그리고 부재하는 대상을 그리려는 反재현적이며 동시에 극재현적인 사유라는 세 가지 주제를 통해 논의될 것이다. 이러한 세 가지 주제는 또한 각각 재현의 도구와 대상의 경계를 해체하는 새로운 지향, 기억을 복원하고 영원히 존재하게 하는 예술지상주의적 텍스트 행위와 자족적인 재현으로서의 재현 자체의 목적성에 대한 지향, 마지막으로 재현 불가능한 것, 혹은 재현의 영역 밖에 존재하던 것을 그리는 재현이면서 동시에 기존의 절대적 권위로서의 재현적 사유에 대한 전복이라는 反재현의 이중적 지향에 대한 고찰이기도 하다. 이를 통해 의미보다는 현전을 지향한[17] 20세기 러시아 예술의 재현에 대한 반성 속에 내재하는 유토피아적/디스토피아적 의지를 읽는 것 역시 이 글의 목적이다.

2. 말과 사물: 언어기호와 조형기호의 경계를 넘어서

나탈리아 곤차로바(Goncharova)의 신원시주의(neo-primitivism) 회화 작품의 하나인 「자전거를 타는 사람」이다. 이 작품에서는 거리의 간판을 이루는 문자들이 회화의 공간을 잠식하고 있다. 이것은 흔히 이미지와 텍스트의 결합으로 실현되는 러시아 민속 예술 루복(лубок)의 영향을 드러내며 원근법이

그림 8 곤차로바, 「자전거 타는 사람」

부재하는 평면적이고 장식적인 회화공간을 창조하려했던 20세기 초반 신원시주의 화가들의 예술적 실험의 기획을 반영한다. 평면 위에 삼차원적인 공간성의 환상을 재건하려던 고전회화의 기획을 조롱하는 듯 깊이와 거리를 무화시키며 겹쳐지는 물들의 형상 속에서 20세기 초 러시아 아방가르드 예술을 비롯한 현대적인 예술실험의 조건성에 대한 사유가 극명히 드러난다. 배경이 되어야 할 간판의 글자들은 그림의 주제가 되는 자전거 타는 사람의 형상과는 무관하게 존재하며 그 위로 자전거 타는 사람의 형상은 회화예술의 공간적 본성을 조롱하는 듯 시간의 흐름을 그려낸다. 마르셀 뒤샹(M. Duchamp)의 「계단을 내려오는 누드」를 연상시키듯 자전거 타는 사람의 형상은 전진하고 있으며, 거리의 풍경을 이루는 문자들은 그림의 주제가 되는 형상에 의해 압도되지도, 가려지지도 않은 채 그 형상 위로 겹쳐진다.

그러나 20세기 초반에 행하여진 많은 예술적 실험의 요소를 드러내고 있는 이 그림에서 무엇보다 주의를 끄는 것은 바로 화면을 가득 메운 문자들의 현존이다. 거리 풍경의 일부를 이루는 간판에 적혀있을 법한 '실크(шелк)'라는 러시아어 단어의 의미에 대한 자동화된 지각에 앞서 우리의 시각을 자극하는 것은 ш, е, л, к 같은 각각의 알파벳이다. 이들 각각의 문자들은 결합하여 하나의 상징적인 기호가 되기 이전의 자신의 물성을 드러내며 언어기호의 원시성으로 회기한다. 각각의 알파벳은 마치 하나하나가 개별적인 사물이라는 듯이, 어쩌면 그러한 물성 자체에 자신들의 의미와 본질이 내재하고 있다는 듯이, 혹은 그것이 상징기호로서의 표음문자 이전의 표의문자 단계의 원시적 기호임을 증명하듯이 스스로를 현시한다. 어쩌면 곤차로바의 위 그림의 원시주의적 본질은 이와 같은 언어기호의 태생적 이중성에 관한, 그것의 기호적 본성이라는 근원에 관한 사유에서 찾아질 수 있을는지 모른다.

그림 속에 포함된 문자들은 이미지와 마찬가지로 하나의 실체를 이룬다. 그것은 자의적인 결합에 의해 '실크'라는 의미를 불러일으키는 재현의 도구이며 따라서 사물을 지칭하는 기호이지만, 동시에 자전거를 타는 사람의 형상과 마찬가지로 하나의 자족적인 형상으로서 그 자체를 재현한다. 자전거를 타는 사람의 이미지가 그의 형상을 재현하고 있듯이, ш, е, л, к은 각각 거리의 풍경을 이루는 물 그 자체, 혹은 그것에 대한 재현이 된다. 따라서 그것은 이중적이다. 그것은 '실크'라는 직물의 한 종류를 의미할 뿐 아니라, 각각의 개별적 문자에 대한 도상적인 기호이자 그것의 재현이다. 여기에 언어기호의 이중성이 있다. 그것은 선적인 결합을 통해 하나의 의미를 형성하지만 동시에 개별적인 물로서의 존재로부터도 결코 자유로울 수 없다. ш, е, л, к는 상징적 기호로서의 언어 의미, 언어적 타성으로서의 결합적 움직임으로부터 벗어난 각각의 ш와 е, л과 к로서 오히려 자신의 형상성을, 공간성을, 물로서의 본성을 보다 강하게 드러낸다.

이러한 언어기호에 대한 사유가 문제되는 것은 비단 곤차로바의 그림에서 뿐이 아니다. 지금껏 자동화되어 있던 예술적 상투어들을 해체하고 예술 텍스트가 조직되는 자동화된 방법 자체에 의문을 던짐으로써 그것을 탈자동화하고 유표화하는 낯설게 하기의 과정으로서의 예술을 지향한 당대의 많은 아방가르드 예술가들의 그림 속에서, 언어는 이미지와 동등한 하나의 물로서 기호의 물질성을, 언어의 육체성을 드러낸다. 이것은 문학텍스트에서 또한 반복되었다. 그들은 시가 그림이 되게 했다. 회화가 서사를 함축하고자 했던 19세기와는 달리 20세기 들어 문학은 회화 예술을 닮아가려 했다.[18] 앞서 지적한 카멘스키와 브류소프의 시도는 대표적인 예이다.

다양한 활자들로 이루어진 카멘스키의 「강철시멘트의 서사시

(железобетонная поэма)」(그림 7)는 사실 시라기보다 그림에 가깝다. 서사시를 이루는 각 단위는 한 페이지로 되어 있으며 각각의 페이지는 화폭과도 같이 자유롭게 활자들로 채워진다. 종이를 채우고 있는 단어들은 알파벳이거나 명사들이며 이들은 통사적인 결합에 의해서가 아니라 의미론적으로 혹은 시각적으로 결합되어 있다. 그림을 볼 때 위에서 아래로 혹은 좌에서 우로 등의 방향이 결정되어 있지 않으며 시선의 자유가 허락되는 것처럼 카멘스키의 「강철시멘트의 서사시」를 읽는 순서나 방향 역시 독자의 자유에 맡겨진다. 그의 작품을 이루는 단어들이 주로 명사라는 점이나 그의 서사시를 이루는 많은 단어들이 자음에 가까운 것이라는 점은 카멘스키의 언어기호가 지니고 있는 물질성과 회화적 속성을 더욱 분명히 한다. 이후 이와 같은 시어의 회화성에 대한 지향은 이후 이와 같은 시어의 회화성에 대한 지향은 1920년대 러시아 미래주의와 구성주의 운동을 계승하며 네오아방가르드를 표명한 급진적 예술가들에게서 계속된다.[19)]

급진적인 아방가르드적 경향을 드러내지 않는 현대 시인들에게서조차 언어기호의 물질적인 실체에 관한 사색은 중요한 주제 중의 하나를 이룬다. 다음은 브로드스키(Brodsky)의 「이삭과 아브라함(Исаак и Авраам)」의 부분이다.

> В нем сами буквы больше слова, шире.
> "К" с веткой схоже, "У" -- еще сильней.
> Лишь "С" и "Т в другом каком-то мире.
> (...)
> Но вот урок: пришла пора слова
> учить по форме букв, в ущерб составам.

(...)

Так вот что КУСТ: К, У, и С, и Т.
Порывы ветра резко ветви кренят
во все концы, но встреча им в кресте,
где буква "Т" все пять одна заменит.
Не только "С" придется там уснуть,
не только "У" делиться после снами.
Лишь верхней планке стоит вниз скользнуть,
не буква "Т" -- а тотчас КРЕСТ пред нами.[20)]

그 속에서 각각의 철자들은 단어보다 더 크고 더 넓다.
'К'는 나뭇가지와 닮았다, 'У'는 더 그렇다.
'С'와 'Т'만이 뭔가 다른 세계에 속해 있다.
(...)
그러나 다음과 같은 교훈을 얻게 된다. 이제 전체 의미에 손상이 가더라도
각각의 철자들의 형상을 따라 단어를 배울 때가 됐다는 것이다.

(...)

이렇게 해서 관목(КУСТ)이 된다: К와 У와 С 그리고 Т.
돌풍이 불어 나뭇가지의 끝을 심하게
기울어지게 만든다. 그러나 그들은 십자가에서 만난다.
거기서 'Т'는 혼자서 다섯을 대신한다.
'С'만이 거기서 잠들어야 하는 것은 아니다.
'У'만이 잠에서 깨어 나누어져야 하는 것은 아니다.
윗부분이 조금만 아래로 미끄러져 내려가면 된다.
그러면 그 순간 우리 앞에는 철자 'Т'가 아닌 십자가가 서있게 된다.

희생 제물로 바쳐져야 하는 이삭의 운명을 모닥불 속에서 타들어가

는 가지의 형상을 통해 드러내면서 관목이라는 단어를 이루는 각각의 철자들은 그것의 형태에 의거해 제단 위에 놓인 어린양의 형상으로 변화하며 마침내 철자 T는 이삭의 운명과 그리스도를 동일시하는 십자가로 변화한다. 이 때 동일시의 근거는 바로 그것의 형태이다. 즉, 음성언어가 아닌 철자의 회화성에 의해서만 의미를 지니는 기호의 물질성이다. 발화의 시간 속에 녹아 들어가는 음성기호는 화폭과도 같은 종이 위에서 마침내 공간성을 획득하게 된다. 브로드스키의 대부분의 시의 주제가 되는 시간의 파괴적인 힘은 텍스트 속에서 언어의 공간적 현존을 통해 극복될 수 있는 가능성을 얻는다.

Вечер - это не время, а слово:
оттого оно так и светло.[21)]

저녁은 시간이 아니라 단어다.
그래서 그것은 그렇게 밝다.

М-М-М-М-М-М -- кирпичный скалозуб
над деснами под цвет мясного парша
(...)
М-М-М-М-М-М -- кремлевская стена,
морока и московское мычание.[22)]

M-M-M-M-M-M 이것은 벽돌의 이빨
다진 고기 색깔의 잇몸위로 솟은.

M-M-M-M-M-M 이것은 크레믈린의 벽,
이해할 수 없는 혼돈, 모스크바의 웅얼거림.

위의 첫번째 카자코프(Kazakov)의 시에서 '저녁'이라는 단어의 의미는 그것이 '단어'라는 단언에 의해 무화되며 원래 대상의 자리는 비워지고 새로운 의미로서의 '밝음'이라는 속성이 부여된다. 아래 그림 9의 카자코프의 그림시 「지워버린 훌륭한 4행시」는 언어의 의미를 완전히 지우고 그것의 존재사실만을, 존재했던 언어의 의미를 '지우는 행위'만을 남겨둔다. 의미의 부재는 언어기호의 상징성을 부정하는 것에 다름 아니다. 언어의 선적인 흐름과 그것이 차지하는 공간성만을 드러내며 지워진 언어는 단지 회화적인 선 이상의 그 어떤 의미도 지니지 않게 된다.

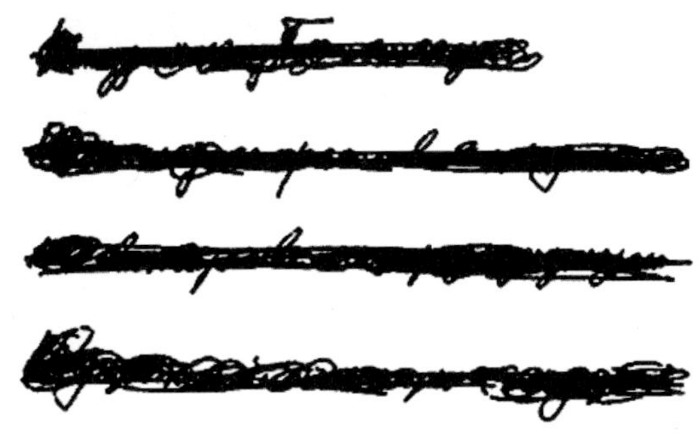

그림 9 카자코프, 「지워버린 훌륭한 4행시」

원래의 언어 의미를 벗어나게 하는 이러한 전략은 위의 두번째 예시인 로세프(Losev)의 시에서와 같은 언어 기호의 재현적이고 도상적인 기능이 드러나는 것을 가능하게 한다. 6번 반복된 M과 분장부호 '-'의 연속에 의해 그것은 선형적인 도형을 이루고 그것의 의미는 형상의 유사성에 의해 벽돌 모양의 이와 잇몸의 모양으로, 크레믈린의 벽으로, 알 수 없는 혼돈으로 새롭게 정의된다. 20세기 회화가 이미지의 재현성 자체를 부정하고 反재현으로 나아간데 반해, 오히려 20세기 러시아 시는 기호의 극단적 재현성을 드러냄으로써 기존의 언어적 재현의 관례를 부정한다.

이 때 언어기호의 형상으로부터 새로운 텍스트로의 확장이 일어난다. 언어 기호를 그것의 가장 원시적인 형태인 도상성으로 돌려놓은 시점으로부터 시인들의 새로운 의미론적 확장이 시작된다. 언어체계는

그림 10 아폴리네르의 칼리그람, 「비」

그림 11 보즈네센스키, 「아치」

이미지나 음악 등의 다른 기호체계에 대한 메타적인 기호가 된다.[23] 이런 의미에서 위에 예시된 브로드스키나 로세프의 시는 언어 기호의 물성을 통한 회화적인 이미지와 그것에 '대한' 메타적인 텍스트를 결합하는 행위라 할 수 있다. 언어와 이미지, 상징적 기호와 도상적 기호는 하나의 텍스트 속에서 결합한다.

이와 같은 기호의 상징성과 도상성의 결합의 극단은 '칼리그람(caligram)'이라는 장르 속에서 찾아질 수 있다.

아폴리네르의 「비」는 비에 대한 시를 씀으로써 비가 내리는 모양을 그려냈다. 보즈네센스키의 「아치」 역시 아치의 모양이며 동시에 그것의 언어적 명칭이다. 칼리그람은 언어의 의미와 시간성을 부정하지도, 그것의 물질성으로서의 공간성을 부정하지도 않는다. 오히려 그 둘의 결합을, 공존을 꾀한다. "그것은 텍스트와 형상 양쪽을 가능한 한 가까이 접근시킨다. 대상의 형태를 그리는 선과 일련의 문자들을 배열하는 선을 하나로 일치시킨다. 그리하여 형상의 공간 속에 언표를 거주하게 하며 그림이 '재현'하는 것을 텍스트로 하여금 '말하게' 한다. (...) 칼리

그림 12 르네 마그리트, 「이미지의 배반」, LACMA 소장

그람은 그러므로 동어반복이다. (...) 기호, 즉, 문자는 단어들을 고정시킬 수 있도록 해준다. 한편 선은 사물을 형상화하는 것을 허락한다. 그래서 칼리그람은 우리의 알파벳 문명의 가장 오래된 대립들, 그러니까, 보여주기와 이름붙이기, 그리기와 말하기, 복제하기와 분절하기, 모방하기와 의미하기, 바라보기와 읽기라는 대립들을 놀이로 지워버리려 한다."[24)]

이처럼 칼리그람의 시도는 기존의 언어예술의 한계를 언어기호의 물성을 통해 극복해내려는 문학적 시도였다. 자신이 묘사하는 것, 의미하는 것이 의미하기와 동시에 재현되도록 하는 아방가르드 작가들의 급진적 시도는 이들의 본질적인 세계창조의 의지를 반영하는 것이었으며, 그런 의미에서 이 시기 시인들에게서 두드러지는 '은유의 실현'과도 일맥상통하는 것이었다. 이것은 언어가 의미하기를 넘어서 존재를 창출하도록 하는 시도로서, 재현의 의지를 능가하는 창조의 의지를 함축하는 것이었다.

그러나 푸코가 마그리트의 그림을 분석하며 지적하고 있듯이 칼리그람은 동시에 '말하고' '재현하지' 못한다. 읽기의 시간 동안은 재현되지 않으며, 보기의 순간에는 말하지 않는다. 따라서 그 안에서는 "아직 말하지 않는다"와 "더 이상 재현하지 않는다"가 길항하게 된다. 푸코는 마그리트의 파이프 그림을 "조심스럽게 만들었다가 흐트러트린 칼리그람"으로 이해한다. 그의 설명을 따르자면 마그리트의 그림은 파이프가 아니라 파이프의 그림이다. '이것은 파이프가 아니다'라고 말하는 문장은 파이프가 아니다. '이것은 파이프가 아니다'라는 문장에서 '이것'은 파이프가 아니다. 이 화폭, 이 씌어진 문장, 이 파이프 그림, 이 모든 것은 파이프가 아니다. 이런 식으로 해서 푸코는 마그리트의 그림을 실패한, 적어도 만들어졌다가 다시 해체된 칼리그람으로 이해하며, 그 속에서 비재현적, 비확언적 공간을 발견하고, 대상과의 유사성에 기반한 재현을 넘어 상사성을 바탕으로 하는 차이와 반복의 과정으로 나아간다. 그가 앤디 워홀의 캠벨수프광고를 본 딴 그림을 암시하며 "캠벨, 캠벨, 캠벨, 캠벨, 캠벨"이라는 구절로 자신의 책을 맺는 것은 바로 이처럼 재현과 대상과 그것의 언표 간의 완전한 동일성의 환상을 폭로하는 행위였다.[25)]

그러나 위에서 제시한 시인들의 칼리그람과 마그리트의 그림은 차이가 있다. 시인들의 칼리그람은 언어적 행위에서 시작된다. 아폴리네르와 보즈네센스키의 그림시의 형상성은 그것의 언어행위를 통해 명확히 그 실체를 드러낸다. 즉, 그것의 회화성은 언어에 비해 이차적이며, 따라서 이미지와 말은 상보적이다. 그러나 마그리트의 그림은 회화적 재현의 공간에 기반해 있다. 그것은 그림이다. 심지어 그 안에 포함된 언어조차도 회화적이다. 그 둘은 각각 자족적이다. 파이프의 그림은 너무나도 자명한 실체로서, 그 어떤 정물화보다도 재현적인 실체로서 존재하며, 역설적으로 그와 함께 있는 문장은 파이프가 아님을 확언한다. 말과 이미지는 상보적이지 않고 서로를 배척해 낸다. 말과 이미지는 공존함으로써 서로를 부정한다. 오히려 이미지와 마찬가지로 물질성과 회화성을 드러내는 텍스트에게까지 그것이 "회화적이지 않기"를 강요한다. "이미지와 텍스트, 유사, 확언, 그리고 그들의 공통의 자리가 동시에 가시적으로 현존하는 칼리그람을 실천하고는 다시 비워냄으로써 텅 빈 흔적만을 남기는"[26] 마그리트의 그림은 따라서 일종의 反명명행위와 유사하다. 즉, 그것은 대상에 이름을 붙인다. 그것은 '파이프가 아닌 어떤 것'이다. 마그리트의 그림이 '캠벨'의 반복과도 같이 상사성의 축을 따라 펼쳐지는 무한한 반복이 될 수 있는 것은 바로 파이프의 '낯설지 않음' 때문, 즉 그것이 너무나도 명백한 '파이프'였기 때문이다.

그러나 러시아 포스트모더니즘, 더 정확히는 개념주의를 대표하는 일리아 카바코프(Kabakov)의 그림을 보자. 얼핏 비슷한 형식을 띠고 있는 듯 보이지만 카바코프의 그림은 마그리트의 것과는 완전히 다르다. 마그리트의 그림이 형상과 언어가 하나의 공간 안에 있는 조형-언어적 공간 속에서 펼쳐진다면 카바코프의 그림은 조형적인 공간과 언어적인 공간이 상호침투가 불가능한 경계에 의해 명백히 구분되어 있다. 사실상 이와 같은 언어기호와 조형기호의 분리야 말로 고전회화의 긴장을 구성하는 가장 중요한 원칙 중의 하나였다. 그리고 언어와 이미지라는 서로 다른 두 영역을 병치하는 카바코프의 회화적인 시도는 앞서 살펴본 곤차로바의 그림을 포함한 대개의 아방가르드 작가들에게서 공통되는 현상이었다. 그러나 카바코프의 재현되는 대상은 언어에 의해 비로소 그 형상을 명백히 드러낸다. 그것은 단순히 언어를 회화적 기호로 환원하는 시도에 머무르지 않는다. 그의 그림에서 反재현적인

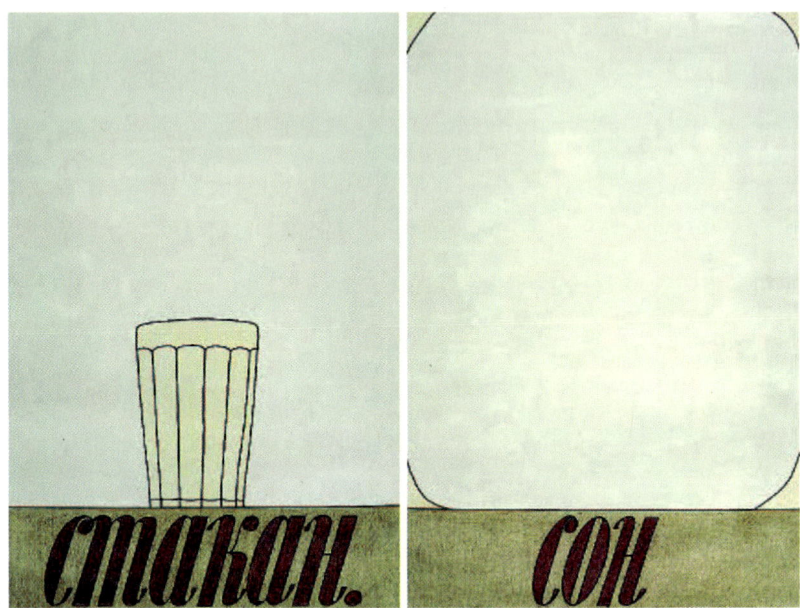

그림 13 카바코프, 「컵」 그림 14 카바코프, 「꿈」

※출처 : Ilya & Emilia Kabakov의 홈페이지(http://www.ilya-emilia-kabakov.com)

원시성을 드러내는 조야한 그림들은 재현된다기보다 오히려 명명된다. 그림 13은 컵이라는 설명이 없을 경우 컵이라는 사물의 특성을 지니지 못한다. 14번 그림 꿈의 경우는 더하다. 아무 것도 없이 텅 빈 공간으로서의 화폭은 '꿈'이라는 설명에 의해 비로소 '꿈'을 그린 그림이 된다. 카바코프의 그림은 마그리트의 反명명행위와는 정반대에 위치한다.

그의 그림은 직시적(deitic)이다.[27] 카바코프의 그림에서 언어기호는 공간적인 도상성을 띠고 있지만 동시에 재현의 주체와 동일한 시간과 공간 층위로부터의 "이것은...이다"라는 언술행위를 함축하며, 그것을 통해 대상을 현시한다. 그런 의미에서 카바코프의 이 그림들은 회화적이라기보다 언어적이다. 그것은 오히려 앞서 살펴본 러시아 아방가르드 시인들의 칼리그람을 닮아있다. 분리된 공간에 존재하던 말과 이미지는 카바코프의 화폭 안에서 하나로 결합되는 듯이 보인다. 카바코프가 그리는 것은 바로 이 순간, 말과 이미지가 결합되어 존재를 창출해내는 순간이다. 모호한 대상은 언표행위에 의해 구체적인 사물로 다시 태어난다. 카바코프의 그림이 직시적이라는 것은 바로 이 때문이다. 그림 15에서 시골 풍경의 단순화된 이미지와 작은 점에 해당하는 숫자들로 이루어진 그림은 표의 형식으로 되어 있는 사람들의 이름들의 목록과 결합한다. 그림만으로 설명될 수 없는 사람들의 존재는 표형식의 건조한 서술행위에 의해 가능하게 된다. 표로 만들어진 목록과 그림 속의 점들을 반복적으로 대응시키는 관례화되고 기계적인 행위에 의해 그의 그림에는 서사성이 더해진다. 미래주의자 흘레브니코프(Khlebnikov)의 창작에서 그러했듯이 표의 형식은 박물학적이다. 그것은 세계의 목록을 이룬다. 카바코프의 한 그림에서는 계속해서 누가 어디에 있는지를 묻는다. "누가 어디에 있는지"라는 동일한 문장형태는 계속 다른 이름으로 반복된다. 텅 빈 화폭은 그들의 부재를 드러내고 반복되는 표형식의 이름들은 존재를 강요한다. 이처럼 부재를 폭로하며 동시에 존재를 지향하는 것, 그것에 대한 노스탤지어를 드러내는 것은 모스크바 개념주의(Moscow Conceptualism)를 비롯한 러시아 포스트모더니즘의 특성이다.[28] 엡슈테인(M. Epstein)이 지적하고 있듯이 자주 그의 작품 속에서

그림 15 카바코프, 「린카 역까지의 여행」

텍스트는 이미지처럼 공간 속에 고정되어 있고 반면 이미지는 마치 텍스트처럼 시간 속에서 움직인다.[29] 고정된 텍스트의 존재를 통해 부재를 드러내는 텅 빈 공간은 명명 행위와 그에 의한 현존의 가능성을 향해 열린다.

카바코프가 그러하듯이 개념주의자들은 시각적인 것과 언어적인 것의 결합을 통해 시각적인 것과 언어적인 것의 위상을 변화시켰다. 이들의 실험의 본질은 시각적인 것과 언어적인 것을 나란히 병치함으로써 그들이 서로서로를 반영하도록 하는 것이었다. 이렇게 함으로써 문화라는 현상 자체를 전면화 시키고 텅 빈 기호로서의 소비에트의 일상을 폭로하려 했다. 카바코프의 그림과 텍스트는 상보적이였다. 그림은 텍스트를 확인하고 텍스트는 그림에 대한 확언이 된다. 대개의 개념주의자들이 그러하듯이 카바코프의 그림과 텍스트 역시 반복을 그 본질로 한다. 개념주의 예술가들은 가령 청동을 구부려 만든 의자와 의자에 대한 그림, 의자에 대한 사전적인 의미를 나란히 전시한다. 의자라는 기표의 완전한 재현으로서의 사진과 그것의 기의로서의 의미, 그리고 형상 그 자체의 인접과 반복을 통해서 그들은 '의자'라는 단어의 기호작용 자체의 의미를 묻는다. 때로 낡아빠진 관용어구와 그에 못지않게 일반화된 텍스트를 결합하는 과정을 통해 기호와 그것이 지칭하는 것 사이의 불일치를 혹은 지칭되는 것의 비어있음을 보임으로써 개념주의 특유의 기호학적인 해체의 본질을 드러내기도 한다.[30]

그러나 점차 후기로 갈수록 카바코프에게서 텍스트의 역할은 증대되었으며, 텍스트는 재현된 그림을 넘어서는 새로운 상을 형성하고 이를 통해 굳어진 이미지들을 새로운 대상으로 창조해낸다. 이렇게 해서 그의 작품은 시간성이라는 비회화적 콘텍스트로서의 시간성을 포함한다. 이미지는 말에 의해 새롭게 재탄생한다. 즉, 그것의 주제는 말

그림 16 조셉 코수스(Joseph Kosuth), 「하나, 그리고 세 개의 의자」, 뉴욕현대미술관(MoMA) 소장

에 의해 명명되는 순간이며 따라서 재현 그 자체이다. 일상화된 것, 사라진 것, 존재하지 않는 것을 명명함으로써 그것을 현시하는 것. 직시(deixis)로서의 카바코프의 창조전략은 죽어버린 물들을 회화적 공간 안으로 불러들이고 그것을 다시금 살려내는 새로운 재현 행위 자체를, 그 순간을 문제 삼는다.

카바코프 작품 속의 언어 기호는 사물화 되어 있다. 그것의 존재는 사물의 존재와 다르지 않다. 그러나 그것은 오히려 사물 이상으로서의 가능성을 지닌다. 그것은 사물 속에 언어 고유의 시간적인 속성으로서의 기억과 서정성을 침투하게 한다. 이처럼 굳어버린 존재를 지금 여기의 현존으로 치환하는 것. 그러한 물들의 박물관을 만들어내는 것. 사라져 버린 물들의 기억을 언어행위를 통해 사물 속에 불러오는 것. 이를 위해 카바코프는 때로 대상으로서의 물을 완전히 비운다. 대신 언어는 로고스적인 것이 된다. 초기의 소츠-아트의 작업이 소비에트의 언어적 기호들의 허상을 그것의 비어있음을 드러내는 해체적 작업이었다면 "서정적인 물(物)"들의 박물관으로서의[31] 후기 카바코프의 기획은 이러한 포스트-유토피아의 無속에서의 새로운 창조행위였다.

3. 재현의 재현: 기호로부터 사물로

사진의 노에마는 '존재했음'에 대한 단언이다.[32] 그런 의미에서 사진과 실제 대상, 그리고 그것의 사전적 의미를 동시에 보여주는 코수스의 작품 「의자」(그림 16)는 존재했음과 현재 여기 존재함의 부조리한 결합이다. 부재하는 것을 존재하는 것으로 재현해 놓은 것, 그것은 회화 예술의 존재론이다.

데리다는 '눈멂'이라는 주제로 맹인들을 그린 그림만을 모아 "맹인의 기억, 자화상과 폐허(Memoirs of the Blind, Self-Potrait and Other Ruins)"라는 이름으로 루브르 박물관에서 전시회를 기획하였다. 그리고 이것을 토대로 같은 이름의 책을 출간하였다.[33] 이 때 데리다의 책에서 특히 눈길을 끄는 것은 조세프-베누아 쉬베(Joseph-Benoît Suvée)가 1791년 발표한 그림 「부타데스 혹은 그림의 기원(Butades (Tracing the Portrait of her Shepherd) or the Origin of Painting)」이라는 작품이다. 이 작품은 그 어떤 맹인의 형상도 포함하고 있지 않지만 맹인을 주제로 한 데리다의 전시회 목록에 포함되어 있다.

'보는 것' 혹은 '보이는 것'을 본질로 하는 회화 예술 장르의 본질을 생각해 볼 때 데리다의 '맹인의 그림'이라는 기획은 너무도 역설적으로 들린다. 특히 회화예술이 화가가 본 것을 재현하는 것이라 할 때 더욱 그렇다. 그러나 데리다는 오히려 이와 같은 눈멂이 결국 회화의 본질임을 지적하고 있다. 이 그림은 길을 떠나야 하는 연인의 벽에 비친 그림자를 그림으로써 그의 형상을 보존하려 했던 신화 속의 여인 부타데스의 행위를 그림의 기원이라고 설명한다. 이 때 부타데스의 시선은 연인의 그림자를 향한다. 그녀는 연인을 보고 있지 않다. 연인은 곧 떠나도록 되어 있으며, 사실 이미 부재를 내포하고 있다. 연인을 보지 못하는 대신 여인은 그림자를 본다. 그림자는 대상이 없이는 존재할 수 없는 것인 동시에 대상이 아닌 어떤 것이다. 여인이 보는 것은 그러한 대상이 아닌 대상의 그림자이다. 대상의 희미한 형상. 그림자는 기억과도 닮아 있다. 연인을 그리는 것은 연인의 형상을 보존하려는 것이고 그의 그림자를 훔쳐 그것으로 그림을 그리는 연인의 행위는 바로 부재하는 것을 존재하게 하려는 행위로서의 재현의 본질을 드러낸다. 데리다는 이 그림의 예를 통해 그림이 지각보다는 기억에 의존하고 있는 것임을 암시한다.[34] 그러한 의미에서 그림의 기원은 눈멂이다. 현전과 부재를 동시에 지시

그림 17 조세프-베누아 쉬베, 「부타데스 혹은 그림의 기원」

하는 그림자는 이중의 기호이다.

마찬가지로 서양 회화사에 자주 등장하는 자화상을 보자. 자화상 속에 재현된 화가의 형상은 대개의 경우 정면을 응시하고 있다. 자신의 형상을 응시하기 위해 그의 앞에는 거울이 놓여 있을 것이다. 그는 거울을 보고 자신을 그린다. 따라서 그림 속에 그려진 화가의 시선은 그림을 보는 혹은 그리는 시선이 아닌 거울에 비친 자신을 응시하는 시선이다. 그가 그림을 그리는 동안 그는 자신의 형상을 볼 수 없다. 또한 자신을 보고 있는 동안은 그림을 그릴 수 없다. 결국 자화상 속에 그려진 화가의 형상은 자신이 보고 있는 거울 속의 자신의 형상에 대한 기억을 복원한 것이며, 따라서 보이지 않는 것을 그린 것이다. 그렇다면 자화상은, 더 나아가 회화 예술은 보았던 것, 기억된 것을 재현한 것, 즉 재현에 대한 재현이 된다.

Поодаль, как уступка белизне,
клубятся, сбившись в тучу, олимпийцы,
спиною чуя брошенный извне
взгляд живописца - взгляд самоувийцы.

Что, в сущности, и есть автопортрет.
Шаг в сторону от собственного тела,
повернутый к вам в профиль табурет,
вид издали на жизнь, что пролетела.
Вот это и зовется "мастерство":
способность не страшиться процедуры
небытия - как формы своего
отсутствия, списав его с натуры.

조금 떨어진 곳에서, 올림푸스의 신들은

마치 백색에 양보하는 듯, 소용돌이치며 먹구름이 되어 모여든다.
등 뒤로는 밖으로부터 던져진 화가의 시선을,
자살자의 시선을 느끼면서.

사실상, 그것은 자화상이다.
자신의 몸으로부터 한 발짝 떨어져
당신을 향해 옆모습을 보이고 있는 간이의자,
멀리서부터 바라본 삶의 풍경, 이미 날아가 버린 삶의 풍경이다.
자신의 부재의 형상과도 같은,
그것을 자연으로부터 베껴내면서
그러한 비존재의 과정을 두려워하지 않는 것.
"대가의 기술"이란 바로 이런 것이다.

이오시프 브로드스키, 「카렐 빌링크의 전시회에서」

브로드스키의 위 시는 마법적 리얼리즘을 보여주는 네덜란드의 화가 카렐 빌링크(Carel Willink)의 작품에 대한 것이다. 화가의 그림들을 다시금 재현하면서 브로드스키는 이 시 속에서 회화 예술의 본질에 대한 성찰을 보여준다.

올림푸스의 신들의 폐허가 된 조각상들을 그리는 화가의 시선은 그림의 내부에 있지 않다. 이것을 브로드스키는 '자살자의 시선'으로 정의한다. 무대로부터의 퇴장과 그로 인한 침묵이 죽음을 의미하는 라신(J. Racine)의 극에서와 마찬가지로 대상을 재현하기 위해 화가는 그림의 재현의 공간으로부터 스스로를 배제한다. 설령 그림 속에 화가 자신의 형상이 존재한다 해도 그것은 그림 속의 폐허의 풍경과 마찬가지로 멀리서 바라본 지나가버린 삶의 풍경, 자살자의 죽음 이전의 삶의 형상이다. 그림 속에 재현된 자신의 형상은 따라서 자신의 삶을 자신으로부터 분리하여 본 모습으로서, '자신의 부재의 형상'에 다름 아니다. 그림 속에 재현된 조각상들의 폐허는 조각상 고유의 재현의

그림 18 카렐 빌링크의 그림

※출처 : http://www.carel-willink.nl

폐허이며, 자신의 형상 역시 거울에 비친 자신의 모습이라는 일차적 재현의 반복이다. 이 과정은 결국 재현의 부재의 과정을 그리며, 그런 의미에서 빌링크의 그림은 재현에 대한 재현이라는 회화의 자기 반영성을 극단적으로 현시한다.[35] 이것을 브로드스키는 '대가의 기술'이라 칭한다. 이러한 자신의 부재의 과정을 그 어떤 공포도 없이 그려낼 수 있는 능력이야 말로 브로드스키가 추구한 시의 이상이었다. 결국 빌링크의 그림에 대한 브로드스키의 해석은 자신의 시학에 대한 마니페스토와 다르지 않다. 또한 브로드스키의 시는 그 자체로서 이미 재현된 것으로서의 회화를 다시 한 번 자신의 텍스트를 통해 재현하는 이중적 재현의 장이 되고 있다.

이 때 브로드스키의 시처럼 조형예술 작품을 언어예술로 표현해 낸 것을 엑프라시스(экфрасис)라 일컫는다. 이 용어에 대해 학자들은 서로 다소 상이한 정의를 내리고 있지만 대개의 경우는 언어예술 작품에 묘사된 조형예술을 의미한다. 이러한 엑프라시스의 가장 큰 특징은 재현된 것을 다시금 재현한다는 데에 있다.[36] 이것은 추상적인 언어를 통해 구체적인 형상을 재현하는 것이며, 시간 속에서 펼쳐지는 언어예술 속에 묘사된 형상성을 통해 회화의 공간성의 굴레를 벗어나게 하고 동시에 언어예술의 시간성을 공간화하는 것을 말한다. 본 것을 말하는 이와 같은 엑프라시스의 행위 역시 결국은 '이미 본 것'으로서의 기억을 텍스트 속에 재현하는 것이 된다. 엄밀한 의미에서 이것은 이미 본 것을 재현한 조형예술작품을 한 번 더 재현하는 다층적인 재현이 된다. 시 텍스트 속에서 흘러가는 시간은 그 안에 자리하는 조형예술의 시간에 의해 넓어지며 때로 그것에 의해 시간 예술의 미래로의 벡터를 저지당하고 과거를, 기억을 영원히 텍스트 속에 보존하게 한다. 브로드스키를 비롯하여 아크메이즘의 영향을 드러내는 많은 시인들의 작품 속에서 엑프라시스 행위가 큰 의미를 지녔던 것은 바로 세계문화라는, 때로는 러시아의 문화적 전통이라는 거대 텍스트를 자신들의 인용의 장으로 삼으면서 그것을 지향하고 그것에 대한 기억을 자신의 텍스트 존에 현존하게 하려했던 아크메이즘 고유의 문화적 의식과 무관하지 않다. 이처럼 엑프라시스는 텍스트 속의 텍스트로서, 재현의 재현으로서 중층적인 텍스트 구조를 통해 시간의 흐름에 맞서 자신의 텍스트의 한 지점을 일종의 영원한 예술적 공간으로 변화시키려는 노력과도 같은 것이었다.

망명시인으로서 조국의 기억을 시 텍스트 내부에 다시 재현함으로써 언어의 현존을 통한 시간의 극복을 말하려 했던 브로드스키가 자주 자신의 텍스트를 러시아 문학전통을 대표할 수 있는 다양한 인용들, 혹은 러시아인들의 삶을 구성하는 언어적 물들로 채우는[37] 엑프라시스의 시도를 보여준 것 역시 이러한 관점에서 이해될 수 있다.

20세기 후반 러시아의 문학과정 속에는 과거의 모더니즘 전통에 대한 강한 지향을 드러내며 그것을 다시금 자신들의 텍스트 속에 복원하고자 하는 의지가 존재했다. 이들 역시 기존의 문학 전통과의 강한 상호텍스트성을 드러내며 자신들의 텍스트를 끝없는 인용의 장이 되게 하였다. 그들의 텍스트는 인용된 기호들이 벌이는 극중극적인 유희를 통해 그러한 기호들의 사라짐을 막으려는 문화적인 노력을 행하는 장이 될 수 있었다. 이 때 작가는 모더니즘 문학전통의 박물관을 조직하는 큐레이터와 같이 그것을 수집하고 다시 재현하는 방법을 통해 전통의 계속을 추구한다.

비토프(Bitov)의 『푸쉬킨의 집』[38]은 바로 푸쉬킨(Pushkin)으로부터의 러시아 문학전통의 박물관이며 이 때 작가는 러시아 문학사를 재평가하고 재배열하는 큐레이터로서 문학평론가의 형상으로 작품 속에 존재한다. 이 작품의 각 장의 제목은 러시아 문학사의 대표적인 작품들의 제목들로 이루어져 있으며 작가는 텍스트 차원과 메타텍스트 차원의 분열된 형상을 통해 러시아 문학 전통 속에 포함되며 동시에 그것으로부터 거리를 두고 관조자의 위치를 점하게 된다. 이것은 소비에트의 기호가 되는 쓰레기와 같은 물들을 수집하고 그것을 다시금 조형예술의 공간 속에 위치시킴으로써 현존하게 하는 후기 카바코프의 창작 행위와 다르지 않다.

반면, 소츠-아트와 모스크바 개념주의를 비롯한 러시아의 급진적 포스트모더니즘은 사회주의 리얼리즘의 다양한 언어기호들을 다시 재현하는 과정을 통해 그것의 텅 빈 기호적 본질을 폭로하는 탈신화화의 과정을 보여주었다. 부재하는 현실을 가리는 가면으로서의 소비에트 신화를 부정하면서, 개념주의 시인들은 익숙한 기호들을 전혀 다른 콘텍스트 속에 위치시키는 낯설게 하기의 과정을 통해 소비에트 신화의 공허를 폭로하고자 했다. 신화의 부재를 드러내는 복사본으로서의 기호를 반복적으로 재현하는 행위는 재현의 재현들이 이루는 유희로서의 포스트모더니즘적 텍스트 행위의 본질을 보여주었다. 관조자 작가의 텍스트-무대에는 단지 언어기호들만이 존재했다. 그것은 점차 문자들, 재현들이 이루는 "기호들의 무대", 혹은 "텍스트의 무대"로 변해간다.

모스크바 개념주의를 대표하는 프리고프(Prigov)나 루빈슈테인(Rubinstein)의 시는[39] 보다 분명한 극장적 구조를 보여주며 그들의 텍스트-무대는 발화주체가 규정되지 않는 대중의 말들의 카오스로 채워진다. 텍스트의 주인공은 바로 다양한 언어들이다. 개념주의자들의 목적은 결국 모두가 서로 다른 다양한 작품 경향에도 불구하고 동일한 목적을 지니는데 이것은 바로 언어가 스스로의 텅 빈 기호적 본성을 드러내게 하는 것이었다. 등장인물들의 직접화법을 물화시켜 도입하고 한 무더기의 카드들을 통해 세계-텍스트의 미니어춰를 그려내고자 했던 루빈슈테인의 카드시 속의 언어들은 카바코프의 설치예술 속에 전시된 소비에트의 기호로서의 물과 다르지 않다.

그러나 카바코프의 후기 작품이 단순히 기호의 공허함을 폭로하는 데에 머무르지 않고 이후 그것들에 내재하는 기억을 되살리고 기호의 현존을 추구했던 것과 마찬가지로 개념주의 시인들이 보여주는 사물들의 목록은 사라져 가는 사물의 기억들을 이전의 해체적 극공간으로서의 언어의 무대를 통해 현존하게 하는 엑프라시스와 유사한 것으로 변해간다. 리포베츠키(Lipovetsky)가 지적하고 있듯이 러시아 포스트모더니즘의 역사는 문학전통, 좁게는 은세기 문학이라는 이상향, 잃어버린 낙원으로의 회귀가 불가능하다는 비극적인 인식의 과정을[40] 드러낸다. 이는 또한 '아름다운 시대의 종말'을 목도한 시인 자신의 외재성에 대한 인식과 그럼에도 불구하고 이전의 아름다운 세계, 곧 문화적 이상향을 향하려는 강한 파토스 간의 줄다리기였다. 마지막 개념주의자 키비로프(Kibirov)의 「작별의 눈물 사이로(Сквозь прощальные слезы)」는[41] 소비에트의 일상으로부터의 물들의 목록과 대중문화 코드들의 카탈로그를 보여주며 러시아 문학전통을 희화화하고 그에 대한 아이러니를 드러내는 개념주의의 일반적 방법론을 공유하고 있지만 동시에 강한 감상성, 상실에 대한 애도의 모티브를 통해 개념주의로부터 한 걸음 더 나아간다. 인용과 스타일의 혼합, 민중가요의 구절들을 그대로 차용하는 개념주의적 특성에도 불구하고 인용의 목록들을 작가의 서정으로 변화시키는 키비로프의 텍스트는 카바코프의 '서정적 물' 속에 내재하는 노스탤지어를 공유한다.

소츠-아트를 대표하는 망명 예술가인 코마르와 멜라미드(Komar & Melamid)는 80년 들어 「향수어린 사회주의 리얼리즘 연작(Nostalgic

Socialist Realism)」이라는 일련의 작품들을 발표하였다. 여기에는 「사회주의 리얼리즘의 기원」이라는 제목의 작품이 포함되어 있다. 이 작품은 앞서 데리다의 그림의 기원에 대한 논의에서 언급한 바 있는 「부타데스 혹은 그림의 기원」을 비롯하여 회화예술의 탄생을 다루고 있는 일련의 작품들을 패러디한다. 스탈린의 그림자는 조세프 쉬베의 그림 속의 연인의 그림자에 대응되며, 그의 형상을 그리는 여인의 형상은 부타데스의 형상에, 사회주의 리얼리즘은 그림에 대응된다. 이렇게 해서 이 그림은 사회주의 리얼리즘이 곧 스탈린의 형상의 그림자를 그리는 여인의 시도에 의해 탄생했음을 말하는 다분히 아이러니적이고 희화화된 내용을 담는다.

그림 19 코마르와 멜라미드, 「사회주의 리얼리즘의 탄생」, *Nostalgic Socialist Realism series*, 1982-83

※출처 : 코마르와 멜라미드의 홈페이지 http://www.komarandmelamid.org

그러나 이 그림을 조금 더 자세히 살펴보면 이 그림 속의 스탈린의 형상은 이미 스탈린에 대한 재현으로서의 조각상과도 같은 것임을 알 수 있다. 그것은 이들의 다른 작품들에서도 계속해서 반복되는 스탈린이 아닌 스탈린의 기호이다. 즉, 이 그림에서의 사회주의 리얼리즘의 탄생이란 스탈린의 형상의 그림자를 그리는 행위가 아닌, 스탈린의 재현으로서의 스탈린의 조각상의 그림자를 그리는 '재현의 재현'에 의한 것임이 폭로된다. 즉, 그림 속의 여인이 그림자를 그림으로써 영원히 보존하려 했던 스탈린의 형상은 스탈린 그 자체가 아닌 스탈린에 대한 일차적 재현으로서의 기호였음이 드러난다. 이처럼 이 그림 속에서 역시 재현은 이중적이다. 그것은 이 그림이 조세프 쉬베의 그림과의 상호텍스트적 유희를 보여주고 있기 때문이기도 하거니와, 또한 스탈린의 형상이 그들의 그림이나 기타 사회주의 리얼리즘적 성상화로서의 스탈린의 초상화에서 늘 반복되던 바로 그 형상이기 때문이기도 하다. 이렇게 해서 이 그림은 스탈린의 기호 숭배, 혹은 스탈린의 재현에 대한 숭배로서의 사회주의 리얼리즘의 본질을 폭로한다.

그러나 스탈린의 기호를 영원히 현전하도록 하는 재현의 행위를 그리는 이 그림 역시 기호를 재현하는 행위를 또 다시 그리는 '재현'의 행위가 된다. 현전과 부재의 이중의 기호로서의 그림자를 그리는 행위가 대상의 존재의 사실을 말하는 것이 아니라, 오히려 그것을 현전하게 하는 행위였음을 알리면서 이들은 역시 부재하는 소비에트의 기호를 자신들의 그림의 주제로 삼는다. 이 그림을 포함하고 있는 연작의 제목이 「향수어린 사회주의 리얼리즘 연작」이 될 수 있는 것은 바로 이러한 다층적인 재현에 의해서이다.

코마르와 멜라미드의 그림은 20세기 러시아 아방가르드 예술의 反재현적 경향에 역행하는 극단적 재현성을 띤다. 이것은 카바코프의 사물과도 같다. 카바코프의 사물이 소비에트의 기호로서 카바코프의 작품 속에서 다시 재현되듯이 코마르와 멜라미드의 극단적 재현은 사회주의 리얼리즘의 기호 그 자체로서 다시금 재현된다.

이처럼 20세기 러시아 예술은 재현의 자기반영성을 극도로 드러내고 재현 자체를 반성함으로써 재현의 한계를 넘어선다. 기호는 다른 어떤 것을 지칭하는 기호이기를 넘어서 사물이 되며, 이러한 물들의 현존을 통해 예술은 존재론적인 지향의 장으로 변화한다.

4. 재현의 유토피아를 넘어서

말레비치의 검은 사각형을, 곤차로바의 신원시주의 회화를, 뒤샹의 그 유명한 「샘」을, 프란시스 베이컨의 얼굴이 지워진 초상화들과 고기 덩어리들을, 카바코프의 쓰레기 더미를 과연 아름답다고 할 수 있는가? 예술의 조건으로서의 아름다움이 과연 이들의 속성이 될 수 있겠는가? 그렇다면 이들을 예술이 되게 하는 것은 무엇인가?

그림 20 프란시스 베이컨, 「소리치는 교황의 머리를 위한 연구」

료타르는 구상성을 상실한 현대예술의 정신을 기존의 재현적 예술의 본질로서의 '미'와는 구별되는 '숭고'로 규정하며 현대 비구상적 예술을 숭고의 부정적 묘사로 정의한다.[41] 그것은 가시적인 것의 묘사를 포기

함으로써 묘사될 수 없는 것이 존재한다는 것을 드러내는 것이다. 이들 20세기의 새로운 예술들은 미적인 재현의 장이라기보다 그것을 부정하는 하나의 철학적 마니페스토와도 같았다. 이들은 자신들을 바라보는 새로운 관점을 요구하고 지금까지 예술의 영역이 아니었던 철학의 영역으로 나아가려고 했다. 그것은 사실 예술의 새로운 존재론에 대한 요구였다.

기존의 재현의 회화에 대한 반대급부로서, 반재현적인 회화의 이콘으로서 말레비치의 그림이 지향한 것은 비대상성, 비재현성 그 자체였다. 그의 텅 빈 공간은 아무것도 재현하지 않음으로써 비재현성 그 자체를 재현하려 했다. 회화 예술은 결코 순수한 재현일 수 없음을 폭로하면서 스스로 그러한 비대상성의 유사로서의 재현이 아닌 비대상성 그 자체가 되려 했다. 말레비치의 회화적 시도와 동일한 것이 당대 러시아 문학에도 존재했다. 오베리우 예술가들이 지향한 ㅇ의 기획이 그런 것이었다. 그들이 가장 전일적이고 순수하고 영원하며 완전한 실체로 제시한 것은 텅 비어 있음을 의미하는 ㅇ이었다. 이들 역시 재현할 수 없는 것을 재현하고자 했다. 그것은 재현함으로써가 아닌 재현을 부정함으로써만, 그림으로써가 아닌 지움으로써만 가능한 것이었다.

가장 숭고한 것으로서의 비극 속의 죽음이 연극의 재현적 공간 밖으로의 퇴장을 통해서만, 즉, 극예술의 본질인 언어의 부재로서의 침묵을 통해서만 보여질 수 있었던 것처럼, 이들은 문학과 회화의 재현적 영역을 벗어나는 부정의 방법을 통해서만 예술의 숭고한 존재론을 말할 수 있었다. 그런 의미에서 료타르의 견해는 20세기 초반 러시아의 비구상적 예술의 본질을 정확히 지적해 낸다.

재현의 세계란 현실 세계와의 유사성을 지향한다. 그러나 말레비치나 오베리우 예술가들에게 자신들의 예술의 공간은 현실과는 다르지만 동시에 현실과 동등한 권한을 지니는 또 하나의 세계였다. 따라서 이들의 예술텍스트는 자족적인 고유의 공간이 될 수 있었다. 그것은 세계의 질서가 아닌 예술가의 권한에 의해 구성되는 새로운 세계로서의 예술세계였다. 그들은 바로 그 세계의 형상을, 그것의 원리를 재현하고자 했으며 그런 의미에서 그것은 말할 수 없는 것에 대한 재현, 극단적인 재현이자 창조와 명명의 행위가 될 수 있었다. 카바코프의 말과 이미지는 그러한 새로운 창조행위의 표본이었다. 비어있는 세계에 새롭게 사물을 위치시킴으로써 그것을 존재하게 하는 창조에의 지향은 아방가르드의 예술적 이상의 좌절 이후 사실상 러시아 예술가들에게서 더욱 절실한 것이 되었다. 그것은 세계와의 완전한 일치라는 재현의 유토피아 외부의 '다른' 유토피아에 대한 지향으로서의 예술지상주의였다.

그 속에서 기호는 더 이상 재현의 도구에 머무르지 않는다. 엄밀히 말해서 이들 작품의 기호는 기호로서의 위상을 넘어 사물이 되려고 한다. 그것은 의미하는 것이 아니라 현전하는 것, 그것 자체의 현존으로 새로운 세계를 구성하는 것이다. 러시아의 정치적, 역사적 특수성 속에서 예술의 유토피아를 창조하고 그것을 새로운 물들로 채워가며, 지금 여기라는 순간을 그려내려는 예술의 존재론에 관한 지향은 곧 이들 예술가들의 삶의 창조의 과정과 다르지 않았다.

2장

변화와 생성의 리얼리티: 파벨 필로노프의 "네오리얼리즘"

필로노프, <동물들>

1. 필로노프와 시간-이미지

2006년 페테르부르크 러시아국립박물관에서는 필로노프(Павел Филонов, Pavel Filonov, 1883-1941) 특별전이 열렸다. 박물관 안에는 독립적인 또 하나의 전시실이 설치되어 있었고 마치 극장 안으로 들어가듯 휘장을 걷고 들어간 방은 검은 벽으로 둘러싸인 완전한 어둠이었다. 어둠 속에서는 단조로우면서도 불안한, 기괴한 음향이 흘러나왔다. 필로노프의 화폭들만이 부분 조명 아래 강렬한 색채로 빛나고 있었다. 단색의 소묘 작품들에서조차 화면을 가득 메운 세밀한 선들이 만들어내는 무늬들은 현란했다. 조성 없는 중얼거림 같이 들리는 음악은 필로노프의 그림을 스캔해서 그 형과 색채를 음악으로 번역하는 일종의 공감각(共感覺) 기계의 작품이라고 했다. 필로노프의 1910-20년대 그림 7-8편이 음악의 재료로 사용되었다. 1938년 기술자인 무르진(Murzin)이 고안하였고 1958년에 실제로 만들어졌다는 이 기계는 발명가가 가장 존경했던 음악가 알렉산드르 니콜라예비치 스크랴빈(Aleksandr Nikolaevic Skryabin)의 이름

그림 1 「쇼스타코비치의 교향곡 1번」(1935)

첫 글자를 따서 ANS(AHC)라고 불렀다. 기계가 만들어내는 음악은 실제로 조성의 경계를 넘나들며 불꽃과도 같은 혼돈을 관조적 음색으로 표현한 스크랴빈의 음악과 매우 닮아 있었다. 또한 그것은 필로노프의 그림이 주는 느낌과도 교묘하게 일치했다. 필로노프의 그림들은 전시장에서 조용히 울리는 음악과도 같이 몽환적이면서도 전위적이었으며 이교적인 기괴함에도 불구하고 종교적이었다.

그림에도 빈틈없이 선과 색으로 채워진 필로노프의 그림들이 무엇을 그리고 있는지는 쉽게 알 수 없었다. 반복적으로 사람을, 그것도 특히 머리를 집중적으로 그리는 그의 그림은 마치 그것이 재현하고 있는 대상에는 별 관심이 없다고 말하는 것 같았다. 동물이나 사람이나 그 얼굴이 그 얼굴이었다. 남자와 여자도 구분이 되지 않았다. 그 모든 것은 필로노프의 그림에서 하나의 덩어리를 이루고 있는 듯 보였다. 점차 그러한 대상들마저도 배경의 색채와 장식적인 무늬들, 심지어 나중엔 눈의 결정과도 같은 투명하고 차가운 안개 속에서 하나로 용해되었다. 반대로 그것은 배경으로부터 튀어 나온 부조(浮彫)라거나, 혹은 거대한 물질로부터 형상을 얻어 솟아오르려 몸부림치는 대상의 애벌레처럼 보이기도 했다. 화면의 한 점도 비워놓지 않아 색으로 넘쳐나는 필로노프의 그림은 말레비치의 검은 사각형이 보여주는 미니멀리즘의 정반대 지점에서 무대상성(беспредметность)을 향하고 있었다.

필로노프의 그림은 추상에 머무르지 않았다. 칸딘스키(Kandinsky)와 말레비치, 로드첸코(Rodchenko)와 타틀린(Tatlin) 등의 아방가르드 예술가들에게서 익숙하게 보아 왔던 형태적 요소들마저도 그것의 과잉 속에서 새로운 덩어리를, 희미하게나마 새로운 대상을 만들고 있었다. 해체되고 분할된 형태들은 이질적 시공의 단위들처럼 소용돌이치며 결합되었다. 필로노프의 그림은 오히려 정적인 공간이 아닌 색과 형태가 분해되고 결합되는 감추어진 구조들을, 그 움직임 자체를 그리는 듯 했다. 숨 막힐 정도로 빽빽하게 채워진 그림에는 공간 뿐 아니라 시간 또한 넘쳐났다. 시간의 움직임을 그리고 있는 그의 그림은 음악적이었다.

보리스 필냑(Pilnyak)의 장식주의 산문을 관통하고 있는 눈보라의 언어적 재현의 리듬처럼, 알렉산드르 블록(Blok)의 서사시 「12(Двенадцать)」의 등장인물들의 행렬을 휘감으며 서사시의 배면에서 지속적으로 울리고 있는 혁명의 눈보라처럼 필로노프 그림의 형태와 색은 그 자체의 물질적 한계를 초월하여 시간의 음악을, 생성과 소멸의 리듬을 그리고 있었다.

그의 작품 「세계의 만개함의 꽃들(Цветы мирового расцвета)」(1915)이나 「봄의 공식(Формула весны)」(1922-23)은 무한소(無限小)에 가깝게 미세하게 분할된 가상의 시간을 상정하지 않고는 볼 수 없고 따라서 회화 예술의 공간성으로 재현될 수 없었던 사건, 즉, 싹이 나고 자람, 꽃이 핌 같은 동태적인 현상들을 회화 평면에 담아내려는 시도라 할 것이다. 마치 영화적 시간처럼 공간화된 정지된 시간들의 장면들, 즉, 활짝 핀 꽃, 피고 있는 중의 어느 한 순간의 꽃이 아니라 꽃이

그림 2 「봄의 공식」(1922-23)

피는 "사건 그 자체" 혹은 그 사건 전체의 시간 그 자체, 혹은 탄생의 순간들의 총합을 재현하기 위해 필로노프는 더 이상 분해할 수 없을 만큼의 작은 단위의 물질들을, 더 정확히는 원자들의 유기적인 엉김을, 세포분열과도 같은 결합과 증식에 내재하는 힘과 리듬을 그린다. 필로노프의 그림은 또한 파괴와 생성의 에너지를, 그 과정에서의 물질의 미묘한 떨림이나 공기의 진동을 재현한다.

그는 젊은 시절의 유럽 여행 이후 서구의 물질주의와 기계문명을 비판하며 유기주의적 철학과 신화적 세계관으로의 회귀를 이야기했다. 그의 사상에는 당시 러시아에 널리 알려져 있던 베르그송(Henri Bergson)의 직관적이고 유기체적인 세계인식이 반영되어 있다.[1)] 원자 단위로 분해된 듯한 조각들의 엉김 속에서 마침내 희미하게 그 모습을 드러내는 형상은 마치 베르그송의 "창조적 진화(l'évolution créatrice)" 개념에 대한 삽화와도 같다. 합리주의의 공간화된 시간 사유 패러다임에 반기를 들며 선율과 같이 흐르는 '지속(durée)'으로서의 시간을 상정하고 그러한 지속 가운데 쉼 없이 움직이는 진화와 생성의 과정에서 생명의 본질을 발견하는 베르그송의 사유는 필로노프의 "세계의 꽃피움"을 향한 꿈에 내재된 창조의 의지와 다르지 않다.

필로노프의 분석적이고 해부학적인 예술의 궁극에는 절대적 종합으로서의 세계의 형상을 그리려는 그의 지난한 순교자적 노력이 반영되어 있다. 1883년 가난한 가정에서 태어나 1941년 봉쇄된 레닌그라드의 한 다락방, 추위와 배고픔 속에서 생을 마감한 필로노프에게 창작은 구도의 과정과도 같았다.[2)] 동시대인들의 증언에 따르면 그는 얼마든지 가난하지 않게 살 수 있었다. 그러나 그는 주문을 받아 그리는 그림과 자신의 고유한 예술 활동을 완전히 분리했으며 자신의 예술 작품은 절대 팔지 않았다. 그것은 후대 자신과 자신의 제자들의 그림이 영원히 보존될 수 있는 "박물관의 이상"을 위해 남겨졌다. 그는 자신의 프롤레타리아로서의 계급적 태생을 자랑스러워했으며 프롤레타리아에 의해 새롭게 건설되는 새로운 세계에 대한 유토피아적인 꿈을 포기하지 않았다. 그러나 많은 소련 예술가들이 그러하듯이 이러한 사회주의적 꿈을 1930년대 이후 실제 소련 사회는 받아들이지도 이해하지도 못한다. 필로노프는 1941년 12월 봉쇄된 레닌그라드의 추위와 굶주림 속에서 생을 마감한다.

필로노프는 1910년대에 "청년연맹(Союз молодежи)"과 출판사 "학(Журавли)"을 통해, 1920년대에는 국립예술문화연구소(ГИНХУК)의 공간 속에서 흘레브니코프, 크루촌늬흐(Kruchenych), 말레비치, 마튜쉰 등과 함께 작업하였고, 그 이후에도 오베리우를 비롯한 페테르부르크의 전위적 문화의 중심에 서 있었다. 다른 어떤 화가들보다 많은 제자와 추종자들을 거느리며 예술적 스승으로서의 삶을 살기도 했다.

그는 어려서부터 정교신앙과 러시아 민속예술의 영향 속에서 성장하면서 이콘과 루복의 원시주의로부터 민속예술의 촌스러운 장식성에 이르는 모든 요소들을 흡수하였다. 표도로프(Fedorov)를 비롯한 러시아 우주론 철학의 공동체주의와 유토피아주의의 영향도 간과될 수 없다.[3] 그는 물질의 변화와 생성, 죽음과 이 세계에서의 몸의 부활 등에 대한 믿음 등에 있어서 표도로프의 철학적 유산을 직접적으로 드러내었다. 게다가 그는 끝까지 이 모든 것을 프롤레타리아라는 계급적 테두리 안에서 실현하고자 했다. 이처럼 필로노프에게는 이율배반적인 극단들이 공존했다. 그의 분석적 방법론이 궁극적 종합을 지향하고 있었듯이 그의 아방가르드적이고 미래주의적인 예술 방법론은 현실에 대한 관심과 슬라브주의적 신화, 공동체의 이상으로부터 분리되지 않았다.[4] 그는 입체주의와 미래주의, 원시주의, 광선주의 등 당시 아방가르드의 형식적 실험들을 따랐고 뒤러(Alberecht Durer), 보쉬(Hieronymus Bosch) 등의 서유럽 회화의 영향을 드러내기도 했지만, 동시에 다른 어떤 화가들보다 러시아의 민속적 전통에 가까이 있었다. 필로노프의 삶과 예술은 러시아 아방가르드의 이중적 기원과 모순적 양가성을, 그리고 그들의 비극적인 운명을 체화한다.

이 글에서는 이처럼 모순적인 극단들을 유기적인 전체로 통합하는 필로노프의 예술 작품들과 선언적인 글들을 통해 그의 예술철학을 고찰한다. 특히 초이성적 언어로 다분히 신화시학적 이상을 표현하려 했던 미래주의자 흘레브니코프의 영향을 강하게 드러내는 그의 서사시 「세계의 자라남에 대한 노래(Пропевень о мировой проросли)」를 그의 회화 작품들과의 관계 속에서 분석한다. 1915년 창작된 이 시는 전쟁과 혼돈의 폐허 위에서 생성되는 새로운 생명의 문제를 향해 나아가고 있는 바, 이 작품의 창작 이후 2년여의 참전 기간 동안 전쟁의 참상을 목도한 필로노프는 이후 새로운 세계의 '공식들'이라는 명칭이 부여된 선언전인 작품들로 선회하는 것을 보게 된다. 마치 폐허의 조각들에 남아 있던 생명의 입자들이 엉겨 붙어 새로운 유기체를 만들어 내는 것과 같은 '공식들' 연작을 통해 필로노프가 해체적인 분석예술로부터 유기체적 전체성의 우주의 부활을 꿈꾸며 생명의 시학으로 나아가는 과정을 고찰하는 것 또한 이 글의 목적이라 할 것이다.

2. 필로노프의 예술이론과 네오리얼리즘

이 글은 처음 20세기 초반 러시아 문학사 연구에서 간과되어 왔던 새로운 리얼리즘의 문제를 살펴보는 과제의 부분으로 기획되었다. 19세기 리얼리즘 산문과도, 1930년대 이후의 사회주의 리얼리즘과도 분명히 다르고 극단적인 아방가르드적 실험과도 차별되는 20세기 초반 산문의 새로운 경향들을 리얼리즘으로 이해할 수 있게 하는 요소가 무엇이며 그 안에 반영된 현실이란 과연 무엇인가를 고찰하는 것이 연구의 시작이었다. 현실과 동떨어진 마법적 리얼리즘이나 내러티브의 끊임없는 시적 일탈, 일상을 비웃고 희화화하는 풍자적 웃음 속에 상당히 왜곡된 현실이 그려지고 있음에도 불구하고 그것은 리얼리즘이라 명명되었다. 20세기 초반의 새로운 문학은 더 이상 반영적인 리얼리즘에 머물러 있지 않고 새롭게 변화한 현실에 대한 인식론적 장으로 변화되어 갔으며 따라서 진정한 실재 인식을 위해 기존의 리얼리즘 문학의 타성은 쉽게 해체되었다.

네오리얼리즘에 대한 이론적 기틀을 마련한 자먀틴(Zamyatin)은 새로운 산문 속에 묘사된 낯설게 왜곡된 현실에 대해 다음과 같이 말한 바 있다.

> 현미경으로 들여다 본 자신의 피부는 ... 왜곡되고 끔찍하지만, 무엇이 진정한 피부의 모습이고 무엇이 더 사실적일까. 매끄러운 분홍빛의 피부인가, 아니면 이 분화구와 균열된 틈 투성이의 피부인가? ... 리얼리스트들은 그저 평범한 눈으로 보이는, 사실이라고 여겨지는 현실을 묘사했지만, 네오리얼리스트들은 마치 도구 없는 눈에는 보이지 않는 인간 피부의 진정한 구조처럼, 무엇보다도 표면 아래 감추어진 삶의 색다른, 진정한 사실성을 묘사한다. 그렇기 때문에 네오리얼리스트들의 작품들에서는 세계와 인간에 대한 묘사가 종종 과장되고 기이하게 변형되어 있고 환상적이어서 놀라게 되는 것이다.[5]

네오리얼리즘 산문에 대한 자마틴의 이러한 설명은 그대로 필로노프의 회화에 대해서도 적용될 수 있다. 명백한 추상성과 그로테스크에도 불구하고 필로노프의 작품을 감히 리얼리즘이라 칭할 수 있는 것은 필로노프가 생각한 진정한 실재가 바로 위의 자먀틴의 언급처럼 대상의 보이는 것 너머의 또 다른 실재를 가리키고 있기 때문이다. 공간화된 시간이 아닌 지속으로서의 시간과 그 리듬이라거나 대상의 외피 안에서 소용돌이치며 생성과 소멸을 계속해 가는 보이지 않는 세계의 진화의 움직임이야말로 필로노프가 자신의 작품을 통해 형상화하려 했던 눈에 보이지 않지만 엄연히 존재하는 또 다른 실재였다.

20세기 초반 러시아 문학사가 상징주의를 필두로 한 모더니즘과 아방가르드의 새로운 형식적 실험들을 중심으로 기술되었다면 러시아 미술사 역시 유미주의적인 예술세계파(Мир искусства)와 칸딘스키, 말레비치 등의 아방가르드, 타틀린, 로드첸코를 위시한 구성주의(конструктивизм) 등 급진적 형식적 실험들을 중심으로 연구되었다. 필로노프에 대한 연구가 상대적으로 미흡했던 것도 이러한 예술사 기술의 문제와 무관하지 않을 것이다. 급진적 형식적 실험들 가운데에서도 현실에 대해 예술이 맺고 있는 관계에 대한 사유로부터 자유로울 수 없었던 네오리얼리스트 산문작가들이 그러했듯이 필로노프는 흘레브니코프, 크루촌늬흐, 말레비치, 마쥬쉰, 구로(E. Guro) 등과의 적극적 교류와 우호적인 관계에도 불구하고 스스로를 그들과 다른 과학적 방법론에 의거한 예술가라 칭했다. 심지어 그는 스스로를 리얼리스트가 아닌 자연주의자라 규정하면서 기존의 리얼리즘의 재현의 대상의 부동성과는 다른 움직임들의 총체로서의 자연을 그리는 것을 자신의 예술의 과제로 삼고 이로써 자신의 고유한 새로운 리얼리즘을 천명한다. 그에 따르면 "자연 속에 정적(靜的)인 것이란 없다(в натуре статики нет)."[6)]

나는 모든 사물들 속에는 형과 색이라는 두 가지 속성이 아닌 보이는 혹은 보이지 않는 현상들이 이루는 총체적인 세계가 존재하고 있다는 사실을 알고 있으며 그것을 분석적으로 이해하고 보고, 또 직관한다. 사물들 속에서 그러한 현상들은 현현하고 반응하며, 포함된다. 그 안에는 현상의 기원과 현존이, 수많은 속성들을 지닌 잘 알려져 있거나 숨겨져 있는 특징들이 내재한다. 내가 우리 시대 리얼리즘의, 좌파나 우파 모든 경향의 리얼리즘의 형과 색이라는 두 가지 속성에 대한 믿음을 부정하고 그것을 비과학적이며 죽은 것에 불과하다고 말하는 것은 바로 이 때문이다.
대신 나는 그러한 리얼리즘의 자리에 과학적이며 분석적이고 직관적인 자연주의를 놓으려 한다. 사물의 모든 속성들과 온 세계의 현상들, 즉, 인간의 내면의 현상과 과정들이라거나 무장해제된 눈으로 지각할 수 있거나 혹은 지각 불가능한 현상들에 대한 탐구자의 주도적인 권한을, 그리고 이것을 그려내는 대가(大家)의 완고함과 "생물학적으로 완성된 그림(биологически сделанной картины)"이라는 원칙을 개진한다.

「세계 개화의 선언(Декларация мирового расцвета)」[7]

이처럼 필로노프가 말하는 자연주의(натурализм)는 형과 색에 의존하는 리얼리즘의 한계 너머에 존재하는 새로운 실재, 즉, 변화와 생성의 지속적 시간 속에서 창조되는 새로운 실재와 그 법칙의 인식과 재현을 지향한다.[8] 이는 '장인정신'과 예술의 '완성도(сделанность)'라는 필로노프의 미학 개념들 속에도 분명히 드러나 있다.[9] 예술대학 입학을 준비하면서 그는 사빈스키(Savinsky) 교수로부터 인체에 대한 해부학적인 이해를 배웠고 이를 장인정신에 기반한 세밀하고 완벽주의적인 방법으로 표현해 내었다. 특히 초기 작품에서 인체에 대한 해부학적인 묘사가 두드러지지만 실상 그 이후에도 그는 평생 큰 붓을 사용하지 않았다. 그는 형태를 이루는 각각의 점들이 모두 완전한 원자와 같은 것이며 그 모든 점들이 완벽하게 묘사되어야 한다고 생각했다. 각각의 완성도 있는 점들이 모여서 완성도 있는 그림을 만들어 낸다고 주장했다. 어쩌면 그의 그림의 그로테스크한 외양은 원자 단위의 리얼리티에 대한 탐구의 결과일 수도 있다.

그의 이러한 완벽주의는 자연히 눈에 보이지 않는 것을 그리려는 열망으로 발전해 가게 된다. 그리고 마침내 그는 "보는 눈(глаз видящий)"과 "아는 눈(глаз знающий)"이라는 개념을 통해 회화 예술이 단순히 "보는 눈"의 한계에 머물 수 없으며 "아는 눈"을 통한 직관적 현실 또한 그려낼 수 있어야 한다고 생각하기에 이른다.[10] 이 때 "아는 눈"이란 눈에 보이지 않지만 진정으로 존재하는 실재에 대한 직관적 앎을 의미하는 것으로 이는 러시아 아방가르드의 '직관(умозрение)', 즉, 봄(видение)의 매개 없이 가능한 직접적 앎(узнавание)으로서의 직관과도 유사하다.

이처럼 "아는 눈"이 보는 진정한 실재란 말레비치의 검은 사각형이나 오베리우의 ○(ноль)과 같은 절대적 대상에 대한 인식의 방법론과도 동일한 목적론적 지향을 갖지만 이를 위해 필로노프가 취하는 방식은 상이하다. 그는 부정을 통한 선험적 인식이 아닌, 화면을 가득 채우는 경험적 방법론의 과정 속에서 진정한 실재에 이르고자 한다. 즉, 말레비치와 오베리우의 인식론적 절대가 이 세계 내에서는 현현될 수 없는 사변적이고 초월적인 것이었다면 필로노프는 원자의 차원으로까지 분해된 형태들을, 그 생성과 변형의 과정들의 총체를 화폭 위에서 직접 경험하게 함으로써 궁극적인 실재를 재현하려 한다.

필로노프가 오베리우 예술가들 중에서도 하름스, 베덴스키 보다 자볼로츠키(Zabolotsky)와 더 큰 유사성을 드러내고 있는 것은 그가 말하는 "아는 눈"이 초월적인 철학적 인식론의 문제가 아닌 현실에 대한 직관적인 이해를 지향하는 개념이기 때문이다. 필로노프의 "아는 눈"은 색과 형태의 표면적인 외피 이면에 존재하는 해부학적인 구조들에 대한 이해라는 보다 물질적인 차원의 직관으로부터 발전된 것이다. 그는 물질적 근원을 완전히 부정하지 않지만 그럼에도 불구하고 점차 그의 작품에서 "아는 눈"은 직관의 지평을 확장하여 유기적인 생명체로서의 세계의 생성과 발전 과정에 대한 인식이라는 유토피아적 비전을 향해 나아가게 된다.

하나의 생명체와도 같이 궁극적인 만개의 순간이라는 이상을 향해 나아가는 세계의 유기적 형상을 미세하게 해체된 물질들의 종합적 재현을 통해 새롭게 구성하려 했던 그의 회화적 실험은 탈역사적 추상주의의 한계를 넘어선다. 얼핏 대상성을 결여한 듯 보이는 그의 회화적 평면은 카오스적인 현실의 형상들을 새롭게 조직하여 그가 꿈꾼 이상적 세계의 현실을 창조해 내는 제의의 공간이었다. 그가 자신의 예술을 19세기 사실주의 회화나 소비에트의 사회주의 리얼리즘과 엄격히 구분 짓고 있음에도 불구하고 그에게서 고유한 리얼리티를 보게 되는 것은 이 때문이다.

그의 추상은 역설적이게도 원자 단위의 리얼리즘의 결과이다. 그가 질료를 다루는 과정에서 드러나는 장인정신 또한 그를 추상주의자보다는 리얼리스트에 가깝게 만든다. 그가 스스로 자신을 절대주의와 구성주의자들로부터 분리하고 피카소의 대상과 질료에 대한 피상적인 태도를 비판한 것도 이로부터 기인한다.[11] 가장 과학적이고 분석적인 예술적 방법론을 통해 새로운 현실의 창조를 꾀했던 필로노프의 '분석

예술론'은 20세기 초반 러시아의 고유한 문화적 토양에서 생겨난 '새로운 리얼리즘'에의 지향을 반영하고 있다.

3. 폐허로부터의 삶: 서사시 「세계의 자라남에 대한 노래」

필로노프의 초기 작품에서 해부학적 자연주의는 루복, 이콘의 원시주의적인 기법과 공존하고 있었다. 근육과 핏줄의 세밀한 표현은 원근법이 부재하고 모든 대상들이 공간적 제약 없이 자유롭게 병치된, 지나칠 정도로 장식적이고 화려한 색채들 속에서 그로테스크해 보였다. 1914년에 그려진 「성(聖) 가족」이라는 제목의(이후 '농부 가족'으로 명칭 바뀜) 그림은 성서적인 함의와 전통 수공예품의 조야하면서도 화려한 색상이 원시주의적인 형상들과 결합되어 심지어 이교적인 느낌을 주기도 한다.

이콘의 구도와 기법들은 필로노프의 창작 전반에 걸쳐 중요한 영향을 미친다. 특히 이콘의 장식성과 원근법을 무시한 자유로운 구도는 필로노프 작품의 주된 특징이라 평가된다. 인간의 신체 또한 단순화된다. 남녀의 구별이 없어지는 경우도 자주 발견된다. 창작의 초기부터 필로노프를 사로잡았던 인간의 신체에 대한 해부학적 탐구는 시간이 지남에 따라 점차 인간의 정신이나 역사적 사건들에 대한 해체에의 시도로 바뀐다. 해부된 인간의 핏줄과 근육처럼 인간의 역사와 기억들 또한 조각조각 분해되어 화면을 가득 채운다. 1914-15년에 그려진 작품 「독일전쟁(Война с Германией)」에서는 인간의 형상이 거의 해체되어 보이지 않는다. 대신 해체된 인간은 하나의 큰 덩어리를 이루어 죽음과 폐허의 이미지를 만들어 낸다.[12]

1910년대 필로노프의 해부학적 그림들은 죽음의 이미지를 강하게 풍기고 있었다. 가령 그의 1909-10년에 그려진 자화상은 멜랑콜리아의 전형적 포즈를 취하고 있으며 해부학적인 손의 모양이나 배면에 그려진 노파의 형상은 뒤러의 작품을 연상시킨다. 특히 자화상의 아래쪽 뒤에 그려진 노파는 이러한 해부학적 자화상에 죽음의 이미지를 강하게 드리운다.

그림 3 「자화상」(1909-10)

그러나 필로노프에게 죽음과 부활, 갱생은 하나의 사이클을 이루며 진화한다. 1910년 중반 이후 이미 해부학적 죽음은 '유기적 분석 예술'의 이상으로 녹아든다. 죽음과 부패는 생물학적 해체를 가능하게 하는 것이었고 그 과정을 통해 원자의 단위로까지 분해된 물질들은 1910년대 후반의 작품들 속에서 마치 단단하게 결정화되어 영원한 생명을 얻게 되는 것처럼 보인다. 심지어 필로노프는 1910년을 지나면서 인간의 몸이 아닌 정신에 대한 해부학적 분석을 시도한다. 바로 이 시기 그는 머리를 자주 그리기 시작하였으며 점차 머리라는 대상 너머의 보이지 않는 정신의 변화와 움직임의 총체를 재현하고자 하는 듯 했다.

1915년은 필로노프가 에세이와 논고 등을 통해 개진해 온 자신의 고유한 예술론이 어느 정도 완성된 시기였다.[13] 이후 필로노프 작품은

그림 4 「남자와 여자」(1912-3)

그림 5 「성(聖) 가족」(1914)

여전히 해부학적 장식성을 드러내지만 이제 그것은 보다 자주 역사와 시간의 움직임을 표상한다. 인간과 세계의 경계 또한 무화된다. 대상들은 마치 역사와 시간이 이루는 색채의 소용돌이 속으로 합류해 들어가는 듯 보인다. 그의 작품에서 자주 발견되는 남성성과 여성성의 탈각과 양성인간과도 같은 형상[14] 역시 전일성의 창조를 향해 가는 과정으로 이해될 수 있다. 이 시기의 대표작인 「세계의 만개함의 꽃들」(1915)은 마치 세계의 모든 물질들이 녹아들어 화려한 꽃의 형상과 색채로 다시 부활하는 것을 그리고 있는 듯하다.

흘레브니코프의 「카(Ka)」의 영향을 드러내는 극 형식의 서사시 「세계의 자라남에 대한 노래(Пропевень о мировой поросли)」(1915)가 발표된 것 또한 이 시기였다. 죽음과 부활을 주제로 하고 있는 이 작품은 필로노프의 해부학적 창작 시기의 정점을 이루는 것인 동시에 그의 유일한 서사시이기도 하다. 이 작품은 1914-15년에 걸쳐 창작되었고 1915년

그림 6 「세계의 만개함의 꽃들」(1915)

마튜쉰의 지지 아래 잡지 『학』을 통해 발표되었다. 서사시에는 또한 필로노프가 직접 그린 삽화 4점이 포함되었다. 당시 미래주의자들 사이에서 이 작품은 나쁘지 않은 평가를 받은 것으로 전해진다. 특히 주제적, 언어적 측면에서 이 작품에 상당한 영향을 준 것으로 평가할 수 있는 흘레브니코프는 이 작품이 채 발표되기도 전에 작품에 대한 기대를 드러내었고[15] 심지어 크루촌늬흐는 초이성적 언어의 미래주의 학파에 대한 글에서 필로노프를 그 일원이라 칭하기도 하였다.[16]

그러나 엄밀히 말해 '세계의 자라남에 대한 노래'라는 필자의 번역은 정확하지 않다. "пропевень"이나 "проросль" 모두 미래주의자들의 초이성적 언어의 조어법의 영향을 받은 필로노프 자신의 신조어이다. '노래'라 번역된 пропевень은 어말어미와 접두사 про로 인해 명사인 '노래'보다는 노래를 부르는 상태의 지속됨에 대한 명사형처럼 느껴진다. 게다가 이 단어는 음성학적으로 '참회'를 의미하는 러시아어 단어 проповедь를 연상시킨다. 마찬가지로 проросль 역시 접두사 про로 인해 지속적이고 지난한 성장의 상태를 의미하게 된다. 이 글에서는 이를 염두에 두고 проросль을 동사의 명사형인 '자라남'이라 번역하였다. 이처럼 서사시의 제목은 해부학적 분석을 통해 조각들의 새로운 결합을 보여준 필로노프의 그림이 그러하듯 언어의 해체와 재결합을 통해 새로운 의미를 만들어 낸다. 즉, 필로노프는 이 글에서 초이성적 언어라는 미래주의적 방법론을 통해 자신의 회화 예술의 미학적 전략을 밝히고 있다.

제목뿐이 아니다. 흘레브니코프의 초이성적 언어보다는 덜 자의적이며 어근을 유지하고 있는 어휘들이 많아 좀 나은 편이지만 넘쳐나는 미래주의적 신조어들로 인해 여전히 이 작품을 읽는 것이 쉽지는 않다. 게다가 작품에는 구두점이 거의 없다. 제목을 이루는 두 신조어 단어에서 동시에 발견되는 접두사 про의 의미가 마치 작품 전체에 그 위력을 행사하고 있는 듯 등장인물들의 말은 길고 단조롭게 울린다. 등장인물의 말에는 통사적 측면을 무시하는 듯 보이는 반복적인 어말어미 형태들과 접두사들을 지니는 단어가 많으며 이러한 단어들은 구두점마저 없어 더 모호하게 이어진다. 이처럼 길고 멈추지 않는 신조어들의 행렬은 전체 서사시를 마치 하나의 제의적 주문과도 느껴지게 한다.

이 서사시는 당대 러시아 민중들 사이에서 널리 퍼져 있던 이야기로부터 그 모티브를 가져왔다. 창고지기 반카(Ванка Ключник)와 공작부인(Княгиня)의 사랑 이야기는 민중극이나 루복책의 단골 소재이기도 했다. 가령 공작부인은 창고지기인 반카와 사랑에 빠지게 되지만 이후 공작에게 그 사실을 들켜 반카는 처형을 당하게 되고 공작부인은 비탄에 빠져 죽게 된다는 것이 가장 전형적인 줄거리 중 하나였다.

필로노프는 이와 같은 반카와 공작 부인 이야기의 일반적인 사랑과 죽음의 구도를 따르면서 그것을 당시의 전쟁의 상황과 결합한다. 이 서사시는 '16번째 봄'과 같은 시간적 표현이나 이바노고로트(Ивангород), 프러시아(Пруссия) 등 실제로 존재하는 지명들을 통해 작품의 배경을 1차 대전이 일어나고 있는 1916년의 구체적인 시공간으로 한정하고 있다. 또한 엑스레이나 박테리아 같은 당대의 대표적인 과학적 발견이 작품 중에서 언급되며 모스크바 근교 도시 모좌이스크의 니콜스키 성당(Микола Можайский)이나 첸스토호프의 성모 이콘(Ченстоховская Богородица) 같은 고유명사들이 등장하고 일상의 삶의 구체적인 사물들이 열거됨으로써 작품은 마치 당시의 삶을 배경으로 하고 있는 듯 보이게 된다.

그러나 실제로 이 작품이 창작된 것이 1914-15년이라는 것을 고려한다면 이 작품에서 제시된 시간인 1916년은 엄밀한 의미에서 역사적 현실이 아닌 미래이다. 게다가 이 작품은 반카와 공작부인 이야기의 관례를 따르면서도 두 주인공들의 사랑이 아닌 그들의 죽음을 작품의 시작으로 삼는다.[17)]

작품을 여는 두 등장인물 '노래하는 소리(Запевало)'와 '귀띔하는 작은 목소리(Подголосок)'는[18)] 대조적이다. '노래하는 소리'의 말이 눈의 흰색과 밝음, 활기와 여성성을 특징으로 한다면, 이어지는 '귀띔하는 작은 목소리'는 마치 앞의 '노래하는 소리'의 말을 부정하듯 어둡고 검은 색채와 남성성, 죽음과 지옥의 암흑을 언급한다. 이처럼 작품 전체를 통해 계속되는 삶과 죽음의 이원성이 작품의 도입부에서 이미 분명히 드러난다.

작품의 전개 과정을 통해 전 세계는 어둠으로 뒤덮여 있으며 땅 위에는 전쟁터와 같이 시체들이 뒹굴고 있음이 드러난다. 등장인물들은 반카와 공작부인, 군인과 여자 등으로 대표되는 선한 세력과 사냥꾼, 사령관 등의 악의 세력으로 분리되어 대립하고 있으며 이들의 세계를 각각 빛과 어둠이, 흙과 쇠가 채우고 있다. 이처럼 이 서사시는 구제적인 시공간을 명시하고 있음에도 불구하고 그것을 초월하는 우주적이고 신화적인 모델을 따라 재구축된다. 개성이 최소화 된 채 선과 악으로 이분된 등장인물들은 지금까지 우리가 보아 왔던 필로노프의 해부학적 그림들을 채우고 있던 이름 없는 사람들의 군상과도 다르지 않다.

필로노프는 서사시를 통해 전세계적 죽음과 종말의 묵시록적 비전을 드러내었다. 전쟁은 1차 대전이 일어난 지명들을 명시함에도 불구하고 우주적 종말의 사건으로 확대된다. 공작부인은 작품의 처음부터 '죽은 여자'로 등장하며 반카는 이러한 죽음을 극복하기 위해 역설적으로 스스로 죽는 방법을 택한다. 필로노프는 서사시를 통해 이러한 세계 종말의 상황으로부터의 구원과 부활의 문제에 대해 말하고자 하였으며 그러한 의미에서 이 작품은 다분히 러시아 우주론 철학과 그 영향을 적지 않게 받은 러시아 상징주의의 연장선상에 있다고 할 수 있을 것이다. 상징주의자들의 여성성을 통한 구원의 이상이 이 작품에서 반복되는 것 또한 그러한 의미에서 이해할 수 있다.

남성성과 여성성의 합일은 작품의 제목과 1, 2부의 제목에서도 드러나 있다. 제목인 "Пропевень о мировой поросли"에서 про로 시작되는 두 단어 пропевень과 проросль은 각각 남성형, 여성형 명사이다. 이어 1부의 소제목인 "창고지기 반카의 노래(Песня о Ванке Ключинике)"와 2부의 제목 "아름다운 죽은 여인에 대한 찬양(Пропевень про красивую преставленицу)"에서는 '노래'를 의미하는 단어로 각각 여성 명사와 남성 명사를 사용하고 있다. 반면 노래의 대상이 되는 반카와 아름다운 죽은 여인은 각각 남성과 여성이어서 1부와 2부의 소제목은 각각 남성명사와 여성명사의 결합으로 이루어지게 된다. 이처럼 이 작품의 제목은 모두 필로노프의 그림의 주제이기도 했던 남성적인 것과 여성적인 것의 합일로서의 자웅동체의 형상을 시사한다.

특히 2부의 제목 "아름다운 죽은 여인에 대한 찬양"의 '아름다운 죽은 여인'은 솔로비요프(V. Solovyev)로부터 블록으로 이어지는 소피아 사상의 흔적을 담고 있다. 블록의 서사시 「12」이 창녀인 카치카(Катька)의 죽음과 흰 눈 위를 적시는 붉은 피라는 희생제의를 통해 눈보라가 휘몰아치는 묵시록적 세계의 구원자로서의 예수 그리스도의 형상으로 나아갔듯이 필로노프의 이 서사시에서 또한 구원은 여성성의 희생을 통해 가능하게 된다. 반카를 믿고 정교음악의 울림 가운데에서 죽음을 받아들이는 죽은 공작부인의 시신은 칼로 가슴을 십자로 가르는 제의의 과정을 거쳐 해체되어 땅위에 뿌려지며 이는 땅으로 흘러 들어 새로운 생명을 잉태한다.

반카는 작품에서 "땅의 아들(зем сын)"(266)이라 일컬어진다. 여성의 몸이 땅을 비옥하게 하는 젖과 살의 모티브로 변주되고 있는 것은 여성성을 통한 탄생과 부활을 암시한다. 서사시 전체에서 잉태한 자연의 모티브가 반복되는 것도 이러한 관점에서 이해될 수 있다. 인간의 죽은 몸은 원자 단위의 부분들로 해체되어 땅을 통해 새롭게 잉태된다. 그것은 나무처럼 땅으로부터 자라나 마침내 꽃의 형상으로 현현한다. 필로노프가 선언한 바 있는 형과 색을 초월하는 해체와 새로운 종합을 통한 '세계 개화'의 이상은 이러한 죽음과 부활의 순환의 사상을 내포한다.

반카와 공작부인은 땅을 매개로 하여 죽음과 부활의 순환에 참여하며 궁극적 합일에 이른다. 나무 아래의 아담과 이브를 그리고 있는 필로노프의 그림처럼 이 서사시의 남녀주인공의 합일은 반카의 마지막 대사의 땅으로부터 높이 자라나는 포도 덩굴과 마치 정맥처럼 대지를 따라 흐르는 포도주와 빵의 형상, 그리고 높이 하늘을 향해 날아오르는 영혼과도 같은 가벼운 노래의 선율이라는 유토피아적 비전 속에서 완성된다.

세계의 진정한 거듭남을 위해 전우주적 죽음이 피할 수 없는 것이었듯이 필로노프 창작의 해부학적 방법론은 그의 예술의 대상이자 목적이 되었던 세계의 변화와 생성의 과정을 위해 피할 수 없는 희생제의와 같았다.

4. 지속으로서의 삶과 직관으로서의 예술

미슬러는 필로노프의 창작 과정을 해체의 대상에 따라 다음의 다섯 단계로 구분하고 있다: ① 성스러운 형상 ② 몸의 형상 ③ 사상의 형상 ④ 진화의 형상. 크리스탈 ⑤ 우주적 '나'.[19] 초기 단계에서 성스러운 형상의 왜곡과 인간의 몸에 대한 해부학적 분석을 진행해 온 필로노프는 1920년대로 이행해 가면서 인간의 영혼과 사상에 대한 분석적 재현을 시도하였다. 그는 보이지 않는 인간의 정신의 움직임을 직관하고 그러한 직관을 가시화하려 했다. 이러한 그의 시도는 마침내 사회 진화의 과정을 결정의 형태로 형상화한 일련의 작품들인 "공식들(формулы)" 연작으로 이어지게 된다.

「봄의 공식(Формула весны)」, 「우주의 공식(Формула космоса)」, 「페트로그라드 프롤레타리아의 공식(Формула петроградского пролетириата)」, 「1904년에서 1922년 7월까지의 기간의 공식 - 러시아 혁명을 통한 세계 개화로의 전우주적 변혁(Формула весны Формула периода 1904 по июль 1922 - Вселенский сдвиг через Русскую революцию в мировой расцвет)」 등의 연작은 앞서 살펴본 「세계의 만개함의 꽃들」과도 같이 세계의 변화와 운동의 움직임을 결정의 형태로 형상화하고 있다. 화면 위의 한 점도 빈 공간이 없이 꽉 메워진 추상화된 선과 색은 형태 없는 초월적 추상이 아니라 모든 형태들이 단순화와 해체를 통해 재배열된 것으로서 이는 세계의 변혁을 통해 도래하게 되는 새로운 세계에 대한 필로노프의 비전을 보여준다. 당대의 자연과학적 성과였던 결정이론과 진화론 등의 영향을 드러내면서 필로노프는 직관의 눈을 통해 마치 투명한 결정을 통해 보듯 비가시적인 인간의 의식과 그 움직임을 관조하고 그것을 그리는 것이야말로 예술가의 소명이라 생각하였다. 1909-10년 자화상이 멜랑콜리아를 연상시키는 다분히 은둔자적인 개인으로서의 예술가를 그리고 있다면 1930년을 향해 가면서 필로노프는 예술가 자신의 형상을 작품을 채우는 점들 가운데로 녹여내면서 거대한 우주의 진화론적 흐름 속에 동참하고자 한다.

1920년대 중반 이미 추상의 정점에서 필로노프의 인간의 형상은 극도로 단순화되었다. 특히 이 시기에 이르면 인간의 머리만을 그리는 작품들이 나타났다. 인간의 머리는 마치 인간의 생각을 펼쳐 보이기라도 하듯 무수한 점들과 색으로 가득 채워졌다. 심지어 1930년대에 그려진 머리 연작에서는 인간의 머리가 마치 배경으로부터 만들어진 부조인 듯 배경과 분리되지 않았다. 단색의 소묘에서는 하나의 거대한 나무 껍질에서 인간의 머리들이 솟아 오른 것처럼 보이기도 했다. 1930년대 중반 이후 마침내 인간의 머리는 배경과 완전히 뒤섞여 하나가 된다. 인간의 생각을 해부학적으로 표현하려 했던 1920년대-30년대 초반의 머리 연작과는 달리 머리들은 이제 완전히 세계 속으로 용해된다. 인간의 머리가 곧 우주와 동질적인 것이 되는 것이다. 투명하게 빛나는 인간의 형상이 등장하는 것 또한 이 시기이다. 인간의 푸르스름하게 빛나는 투명한 근육과 피부 뒤로는 세계의 생성과 변화의 움직임이 비쳐 보인다.

필로노프의 그림에서 인간의 형상은 점차 해체의 과정을 겪는다. 인간의 근육과 피부에 대한 그의 해부학적 지식은 그것의 효과적인 해체를 위해 사용되었다. 그러나 선언적인 작품 「세계의 만개함의 꽃들」 이후 필로노프에게서 인간의 형상의 해체는 죽음을 의미하지 않는다. 오히려 그것은 앞서 서사시를 통해 살펴보았듯 부활과 갱생의 이미지를 가지며 새로운 세계의 창조의 주체가 된다. 그가 그로테스크한 점과 색의 덩어리처럼 보이는 그림에 다분히 계급적이고 혁명적인 제목을

그림 7 「머리」(1930년대)

그림 8 「얼굴들」(1940)

붙일 수 있었던 것 또한 이로부터 기인한다.

필로노프의 그림에는 빈 공간이 없다. 존재하는 모든 대상들은 해체되어 그의 그림 위의 공간들을 채운다. 마치 서사시 「세계의 자라남에 대한 노래」에서 해체되어 땅 위에 흩뿌려졌던 인간의 몸의 원자들이 집결하여 인간의 머리를 새롭게 만들어내는 것과도 같이 보인다. 이렇게 해서 나와 너, 나와 세계는 하나의 머리를 이루는 부분으로서 공통의 역사와 시간의 흐름 속에서 유기적인 전체로서 운동한다. 필로노프의 회화적 우주는 이러한 신화적 공동체를 실현하는 장이 된다. 점멸하는 무수한 색과 형태의 심연 가운데에서 보이지 않는 시간과 역사가 진행되며 세계는 유기적 성장을 계속한다. 필로노프의 그림은 세계의 유기적 성장이라는 비가시적 실재를 재현한다. 이 때 필로노프에게 회화적 평면은 그러한 이상적인 공동체적 삶을 향해 나아갈 수 있는 유일한 통로였다. 박물관을 지어 자신과 제자들의 예술적 공동체의 전 작품들을 영원히 보존하려 했던 필로노프의 실현되지 못한 꿈은[20] 세계의 부분들로부터 생성된 인간의 머리를 통해 전우주의 생성과 진화를 직관할 수 있다는 그의 믿음과 일맥상통한다.

필로노프는 「동력으로서의 예술의 내적 의미 개념(Понятие внутренней значимости искусства как действующей силы)」이라는 글을 통해 예술의 개념을 정의하며 나아가 하나의 학파라는 공동체 내에서의 대가와 제자들 간의 관계를 밝히고 있다.[21]

> 1. 예술이란, 그리고 예술이라 일컬어질 수 있는 각각의 작품들은 인간의 지성에 영향을 미치는 외적 조건들과 내적인 지적 소여들과 조건들의 총합으로부터 만들어지며 그것은 심리적, 일상적, 사회적 인자들과 계급적 삶과 사회의 요소

들에 영향을 미친다.

2. 예술이란, 그리고 예술이라 일컬어질 수 있는 각각의 작품들은 지성이 질료를 통해 파생되거나 결정화된 것이라 할 수 있다. 또한 그것은 지성의 진화의 파생물이거나 그것의 결정과도 같다. 예술은 지성의 전환과 진화, 그리고 움직임을 조직하는 힘과도 같다.[22)]

필로노프의 이 글은 그에게 예술이라는 것이 개인의 차원을 넘어서는 것임을 분명히 드러낸다. 이 글의 제 1, 2 명제는 집단의식에 의한 예술창작과 그러한 창작을 통한 사회의 변혁을 이야기한다. 이는 앞서 언급한 바 있는 원자로 분해된 정신성들의 총합으로 탄생한 머리의 형상을 다시금 연상시킨다. 필로노프가 강박적으로 그리고 있는 머리의 형상은 시대의 흐름 속에 함께 참여하는 공동의 의식에 대한 은유와도 같다. 그의 예술론은 마치 베르그송의 동적 존재론과[23)] 같이 유기체의 탄생이라는 힘의 작용 속에 함께 참여하는 의식의 지속 체험과 공동의 기억에 대해 말한다.

위의 필로노프의 논고가 예술적 완성도와 기억의 문제를 이야기하며 '학파'라는 공동체의 창작에 대한 논의로 이행해가는 것은 매우 흥미롭다. 필로노프는 이 글에서 '제자'를 대가의 완성도 있는 작품을 제작할 수 있는 잠재적인 힘으로 정의한다. 그의 표현에 따르면 "제자는 잠재적인 대가이다." 그는 학파라는 공동체 속에서의 공동의 기억과 경험을 통한 창작과 예술적 진화를 말하면서, 이러한 진화의 지속적 움직임 속에서 탄생하는 유기체로서의 예술을 지향한다. 그에게 박물관을 통한 영원한 삶이 의미를 지니는 것은 공동의 창작이라는 그의 예술관에 큰 영향을 주었던 표도로프의 흔적이기도 하다.

그림 8 「구성, 배」(1919)

필로노프는 유기체의 탄생이라는 예술 내적인 힘의 작용을 통해 세계를 인식하고 절대성을 관조할 수 있다고 믿었다. 말레비치의 개념주의 예술이 이 세계 너머의 초월적 세계를 지시했다면 필로노프는 회화적 평면 위에 바로 생명의 탄생과 죽음, 그 이후의 부활을 즉자적, 동시적으로 그리면서 이 세계 내에서의 천국이라는 불완전한 이상을 꿈꾸었다. 그가 사회주의 공동체에 대한 꿈을 천명하고 표도로프적 유토피아를 동경한 것은 당연한 결과였다. 추상성과 종교적 신비주의가 자연과학적 지식이나 사회주의의 이상과 자연스럽게 결합되고 통과제의와도 같은 혁명에 대한 절대적 믿음 속에서 새로운 세계를 꿈꾸는 것이 허락되었던 20세기 초반 러시아의 "초현실적인 현실"을 필로노프는 파괴와 새로운 창조를 통해 만개하는 유기적인 지속으로서의 삶에 대한 자연주의적 재현이라는 고유한 예술철학을 통해 분명하게 드러내고 있다.

3장

스트라빈스키의 〈봄의 제전〉: 러시아 은세기와 음악적 시간

레온 박스트의 스트라빈스키 <불새> 의상 디자인

1. '언캐니(uncanny)' 러시아

이 글은 20세기를 대표하는 전위적인 음악가이자 러시아 출신의 망명 작곡가 이고리 스트라빈스키(Igor Stravinsky)의 음악에 관한 것이다. 특히 1913년 초연된 그의 발레 뤼스(Ballets Russes) 대표작 <봄의 제전(Le Sacre du Printemps)>을 중심으로 그의 음악을 은세기 러시아 모더니즘의 문화적 맥락 안에서 읽어내는 것이 이 글의 목적이라 하겠다. 이는 또한 테오도르 아도르노(T. Adorno) 등에 의해 스트라빈스키에게 지워진 파시즘의 혐의를 유라시아주의라는 러시아 망명자들의 철학적 사유 구조 안에서 변론하려는 것이기도 하다.

<봄의 제전>이 1913년 5월 29일 프랑스 파리의 샹젤리제 극장(Théâtre des Champs-Élysées)에서 초연될 당시 일으킨 소동은 음악사에 남은 대표적인 스캔들의 하나로 우리에게 잘 알려져 있다.[1] 디아길레프(Diagilev)가 이끌던 발레 뤼스가 지금까지 보여준 참신하고 실험적인 형식들과 원시주의적인 생명력에 매료되었던 유럽의 관객들은 <봄의

그림 1 1913년 초연 당시 <봄의 제전>의 한 장면(출처: Telegraph)

제전>에 대해 큰 기대를 갖고 있었다. 드뷔시의 <목신의 오후(L'Apres-Midi D'un Faune)>에서 선정적인 춤을 선보여 논란이 된 니진스키(V. Nijinsky)의 새로운 안무나 박스트(Bakst), 베누아(Benois) 등 예술세계파(The World of Art) 화가들의 경이롭고 장식적인 무대 역시 이 작품에 대한 기대를 더 높였다. 각각 러시아 민담과 장터극을 소재로 하고 있는 스트라빈스키의 그 이전 발레 뤼스 작품 <불새(Firebird)>와 <페트루쉬카(Petrushka)>가 거둔 성공도 파리 관중의 관심이 <봄의 제전>이 초연되는 샹젤리제 극장에 집중되도록 한 이유였다.[2)]

그러나 당대의 유럽 관객들이 느끼기에 <봄의 제전>은 그 이전의 작품들과는 달랐다. 그들이 기대했던 '러시아적' 이국성은 이미 허용되는 그로테스크의 한계를 넘어서고 있었고 불길하게 울리는 관현악곡의 익숙하지 않은 리듬은 불안감을 느끼게 했다. 작품 시작을 여는 조용하면서도 날카로운 바순의 독주가 불러일으키는 묘한 불쾌감은 매우 자극적이었으며 뒤이어 무대 위에서 펼쳐지는 무용수들의 경련으로 마비된 듯한 몸의 반복적인 움직임은 공포스러웠다. 공연에 대한 당대의 많은 증언과 현재까지 남겨져 있는 자료들을 토대로 새롭게 재구성된 최근의 공연들만 보아도(물론 당시 초연의 그것과 완전히 동일하지는 않다 하더라도), 그것이 기존의 고전 발레와는 완전히 다른 것이었음을 알 수 있다. 마치 땅에 묶인 듯 발을 구르며 하늘을 향해 솟아오르려는 몸짓은 단조로웠지만 동시에 변칙적인 불안정한 음악의 리듬 안에서 계속되면서 마지막의 갑작스러운 파국을 향해 치닫고 있었다.[3] 그것은 기존의 발레 예술의 미학적 기대지평 안에서 창조된 새로움이 아닌 오히려 그것을 완전히 파괴하는 낯설고 폭력적인 에너지와 같았다. 유럽의 지성들이 이 작품의 원시적 생명력 가운데서 개인에 가해지는 폭력을 본다거나 야수파 회화의 포효하는 듯한 비명을, 입체파 회화의 왜곡되고 해체된 주체의 탄식을 듣는 것도 당연했다.[4]

<봄의 제전>을 둘러싼 소동은 유럽인들에게 이국적인 생명력으로서의 '러시아적인 것'이 얼마나 쉽게 기괴하고 낯선 공포로 전환될 수 있는지를 증명하고 있었다. 스트라빈스키의 발레 뤼스 전작들을 장식하고 있는 러시아적 양식화에 열광하던 서유럽 관객들은 정작 러시아성의 정수를 재현하고 있는 것이라 스트라빈스키 스스로 확신했던 작품 <봄의 제전>으로부터 거부감과 불쾌감을 느꼈다. 그러나 이 작품은 프랑스에서의 초연을 둘러싼 스캔들에도 불구하고 당대의 러시아 비평가들에게서는 가장 러시아적인 작품으로 환영받았으며 발레 뤼스가 지금까지 보여준 러시아풍에 대한 피상적 모방을 벗어나 진정한 러시아성의 본질을, 그 원시적 근원에 대한 탐구를 담고 있는 것이라 평가되었다.[5]

사실 <봄의 제전>이 다루고 있는 내용 자체가 유독 러시아적인 것인지는 생각해 볼 필요가 있다. 스트라빈스키의 발레 뤼스 전작들과

비교해 볼 때 <봄의 제전>의 줄거리만큼은 슬라브적 요소를 초월하는 유럽문화 보편의 신화적 제의에 오히려 더 가깝다. 스트라빈스키가 이 작품의 제목을 정하게 된 경로는 분명히 알려져 있지 않지만 가령 세기말 비엔나의 젊은 분리파 예술가들의 기관지 제목인 '성스러운 봄(Ver Sacrum)'을[6] 그가 모르고 있었을 것이라 생각하긴 어렵다.[7] 국가가 위험에 빠졌을 때 젊은이를 희생양으로 바치던 로마 제례로부터 차용하여 위기에 처한 문화의 재생을 위해 스스로를 제물로 바치겠다는 의지를 표명하고 있는 이들의 구호는 <봄의 제전>의 줄거리에서도 유사하게 반복되고 있기 때문이다.

그러나 서유럽의 관객들은 이처럼 플롯의 친숙함 이면에 어렴풋이 존재하는 낯설고 이상한 대상을 보았다. 익숙한 것, 혹은 적어도 그들 스스로 익숙하다고 여겼던 신화의 줄거리와 러시아적 양식화의 관례들은 <봄의 제전>의 강박적으로 전치된 리듬과 움직임 없는 춤 속에서, 레리흐(N. Roerich)가 창조한 이교적이며 관조적인 무대 안에서 어느 순간 낯선 것이 되어 그들을 마주하고 있었다. 이 때 그들이 느낀 이러한 야릇한 감정은 프로이트가 자신의 논문 「언캐니(The uncanny)」(1919)를[8] 통해 호프만의 작품을 분석하며 제기한 바 있는 미적 경험으로서의 기괴함과 유사한 것이었다. 이는 마치 지금까지의 발레 뤼스 작품들에서 언뜻언뜻 흐릿하게 보였던 자신의 알 수 없는 심연을, 망각된 흐릿한 기억을 본격적으로 대면하는 것, 다시 말해, 프로이트가 예로 들고 있는 호프만의 작품 「모래 인간」의 코펠리우스와도 같이 반복되는 대상, 자신의 욕망을 억압하면서 동시에 그 근원이 되며 자신의 억압된 금기와 무의식을 반복적으로 환기시키는 자기모순적인 대상을 전면적으로 응시하는 것과 다르지 않았다. 그것은 원시적 생명력으로 충만한 움직임의 무대 가운데서 죽음을 보는 섬뜩한 경험이기도 했다.

사실 1900년대 초 유럽에서 '러시아풍'은 언젠가 중국풍이 그러했던 것처럼 큰 인기를 누리며 귀족들의 문화적 장식품이 되고 있었지만 그럼에도 불구하고 그들의 러시아는 여전히 서구의 고질적 오리엔탈리즘의 구조 속에서 사유되고 있는 것에 불과했다. 서구 문명이 맞이한 위기의식 속에서 이국적이고 '어린' 러시아 문화의 매혹은 '전염병'이자 '위험한 열병'과 같았지만 동시에 새로운 힘과 에너지, 자유를 의미했다.[9] 이는 긍정적인 경우 현재의 유럽 문화가 자신의 문화적 유년기의 모습을 상기하도록 하는 자극이었다. 러시아성은 서구 문화가 인위적으로 부정해 온 자신의 문화적 원시성의 흔적이자, 합리주의적 서구 문명의 기저에 숨겨진 관능과 기괴함, 폭력 등의 무의식의 표출로 이해되었다.[10]

> 때때로 관능적인 흥분이 아시아적 마법으로 생명을 얻은 이들 페르시안 인형들을 사로잡아 몸부림치게 한다. 어린아이다움, 잔인함, 원시적인 호화스러움, 고양이와도 같은 몸의 유연성, 몸짓과 표정의 이국적임, 무대장치가 보여주는 폭력적이면서도 기괴한 음조, 군집한 검은 눈알들, 한 무리의 발작적 성격, 생각 없이 갑작스럽게 움직이고 팽창하는 군중, 이 모든 것이 여전히 러시아 발레의 특징임은 분명하다(Camille Mauclair).[11]

그러나 포스트니체 시대의 트라우마와 함께 가부장적 문화의 파괴를 향해 가는 과정에서 복권되었던 설명하기 어려운 분열적이고 부조리한 인간의 심연의 형상들은 매우 손쉽게 러시아적인 것과 결합된다. 프로이트가 급기야 1918년 『유아기 신경증에 관하여(From the History of an Infantile Neurosis)』에 소개하고 있는 '늑대인간 판케예프'(Wolfman)이라는 별명의 환자 판케예프(Pankeev)가 발레 뤼스의 다수의 구성원들과 마찬가지로 페테르부르크 출신의 유태계 러시아 귀족이자 망명자였다는 사실도 이러한 러시아성에 대한 당대 유럽인들의 해석의 문제와 무관하지 않아 보인다.[12] 프로이트가 기술하고 있는 늑대인간이 자신의 꿈을 대할 때 느낀 공포의 감정은 당시 유럽인들이 러시아 발레를 볼 때 느꼈던 기괴한 감정과 질적으로 동일하다. 이 때 프로이트가 자신의 오랜 환자 판케예프에게 자신의 감정을 이입하고 있음은 자명하다.

이는 옥사나 불가코바(O. Bulgakova)가 지적하고 있듯이 1920년대 이후 독일 표현주의 영화가 수용한 러시아적 기괴함이나 프랑스 문화에서 형성된 정체성 분열을 겪는 '러시아적' 주인공의 형상으로도 이어진다.[13] 폴 레니(Paul Leni)나 로버트 비네(Robert Wiene) 등의 표현주의 영화감독들은 러시아를 어두움과 악몽의 공간으로 그렸다. 이반 뇌제는 욕망과 잔혹성의 화신으로 묘사되었다. 도스토예프스키의 원작을 영화 하면서 주인공의 형상에 라스푸틴이나 타라스 불리바, 스페이드의 여왕 등의 기이한 이야기가 더해지기도 했으며 이는 점차 기행과 독재, 광기와 그로테스크의 아우라가 러시아라는 기호를 잠식해 가게 했다. 로버트 비네 감독은 1923년 <라스콜리니코프(Raskolnikov)>를 제작하였으며 그의 동생인 콘래드는 1924년 톨스토이의 <어둠의 힘(Power of Darkness)>을 영화화하는 등, 많은 러시아 사실주의 작품들이 영화로 제작되었다. 이러한 작품들에서 19세기 러시아 사실주의의 대표적 주인공들에는 신경증적이고 불안감에 사로잡힌, 정신적 폐허와 혼돈을 드러내 보이는 표현주의적 인간의 특징이 더해졌다. 그들의 정신적 상태에 대한 은유로서 영화 공간 역시 날카롭고 왜곡된 구성주의 건축을 닮은 기하학적 도형들로 채워져 분열적인 주인공의 황폐함을 형상

그림 2 로버트 비네 감독의 영화 <라스콜리니코프 Raskolnikov>(1923)의 한 장면

화하고 있었다. 이 때 당시의 비평가들은 이러한 도스토예프스키나 톨스토이의 주인공들이 보여주는 분열과 카오스, 광기와 신경증, 파괴와 퇴폐야말로 뿌리 깊은 '러시아성'의 결과물이라 여겼다.[14)]

프로이트가 평생 매달렸던 도스토예프스키와 그 주인공들에 대한 정신 분석 또한 단순히 병리학적인 것만은 아니었다. 그것은 오히려 민족정체성이라는 문화적 맥락에 의거해 있었다. 그가 자신의 연구 대상이었던 작가 도스토예프스키와 환자 늑대인간 판케예프를 하나의 "러시아적 인간형"으로 결합하고 있다는 사실은[15)] 이를 증명한다. 프로이트가 판케예프의 꿈을 기록하면서 지적하는 짐승에 대한 공포, 오이디푸스 콤플렉스 등의 요소들은 1928년 그가 『카라마조프가의 형제들』에 관한 논문모음집의 서문으로 발표한 「도스토예프스키와 부친살해(Dostoevsky and Parricide)」에 기술된 작가 도스토예프스키에 대한 정

신분석의 과정에서 반복된다.[16] 프로이트는 자신의 선조가 도스토예프스키의 선조들과 마찬가지로 러시아의 리투아니아 땅에 오랫동안 살았다는 사실에서 자신과 작가간의 묘한 동질감을 드러내기도 하였다.[17] 프로이트의 도스토예프스키에 대한 태도는 그의 러시아에 대한 감정만큼이나, 그의 동시대인들이 러시아적 원시주의를 대하는 태도만큼이나 양가적이었다.

J. 라이스(James Rice)는 프로이트에게 나타난 러시아의 형상을 추적하고 있는 자신의 책 마지막에 이르러 그의 전 생애에 걸친 러시아에 대한 관심을 가리켜 그것이 "금지된 영토, 아버지의 땅, 고대적인 독재와 현대적 제노사이드가 공존하는 곳, 자신의 가장 소중하면서 또한 문제적인 환자의 고향이자 도스토예프스키와 같은 위대한 예술가의 고향, 부친살해와 황제살해의 공간, 꿈을 현실로 육화하려는 혁명의 폭력적 에너지로 넘치는 세계"를 향한 지향이었다고 결론 내린다. 그러나 프로이트에게 있어 불가해한 폭력과 죽음의 공간이지만 그럼에도 불구하고 분명 인간정신의 심연과도 같은 미지의 땅으로서 파괴적인 자유의 에너지로 충만한 공간으로 이해되었던 러시아는, 라이스의 결론에 이르면 어느새 러시아 제국의 역사가 증명하는 독재와 허무주의, 테러와 혁명의 폭력성을 통해 프로이트의 정신분석학에 큰 영향을 준 전근대적 국가로 평가되고 있다. 이는 라이스 저작의 에필로그에서 제사로 사용된 프로이트가 쓴 편지의 한 구절, "나는 여전히 내가 떠나온 감옥을 매우 사랑합니다"와 교호하면서 러시아를 일종의 문명의 감옥으로, 극복되고 치유되어야 하는 원시성의 공간으로 규정하게 한다. 프로이트에게 러시아는 인간의 무의식이라는 벗어날 수 없는 감옥과 같은 곳이었으며 그것은 곧 도래할 인류의 운명이기도 했다는 그의 책 마지막 문장은 프로이트의 죽음 이후 유태인들이 맞이하게 된 민족

적 수난의 역사를 암시하면서 자연스레 러시아성의 문제에 파시즘과 전체주의의 형상을 덧씌우고 있다.[18)]

이처럼 서구와 구별되는 '동양'의 제국이자 서구의 문화적 타자라는 고유의 정체성이 주는 낯섦이 이후 러시아 역사가 보여주는 전체주의 체제로의 이행과 독재정치라는 역사적 현실에 맞닥뜨리게 되면서 점차 파시즘과 테러, 폭력성의 맹아로 평가되는 것은 서구의 학자들에게 있어 그리 드문 경우가 아닐뿐더러 사실 아도르노가 바그너(R. Wagner)와 스트라빈스키에 대해 공히 행하고 있는 비판의 궤적과도 크게 다르지 않다.

아도르노는 1948년 발표한 『신음악의 철학(Philosophie der neuen Musik)』에서 스트라빈스키를 비판하면서 음악이 주체를 부정하기에 이르는 <봄의 제전>에서 파시즘과 전체주의의 도래를 감지하였으며 쇤베르크의 무조음악에 대비되는 음악정신의 퇴행을 보았다. 그는 스트라빈스키의 음악에서 벌어지고 있는 인간이 음악에 저항하지 못하게 되는 사태, 즉 음악의 힘에 의해 지배되고 그것을 극복하려 하지 않는 지극히 순응적이고 종속적인 상황을 불편해 했으며 그것이 결국에는 이미 염두에 두고 있는 정해진 화해(일종의 변증법적 전망)의 대단원을 향해 가는 허위의식일뿐더러 당대의 사회경제적 조건에 영합하는 상업성의 결과물에 불과하다고 비판했다.[19)] 동일성의 원리가 낳은 시대의 비극을 극복할 수 있는 유일한 순수형식으로서의 음악이 전락하고 해체되며 개인 역시 사회의 객관적 정신이라는 폭력에 굴복되고 마는 결과를 스트라빈스키의 음악에서 본 것이다.

그러나 아도르노의 책이 발간된 1948년이라는 시기가 말해주듯이 엄밀히 말해 그의 이러한 비판은 서유럽의 근대적 역사발전 모델을 역행하는 러시아 역사에 대한 환멸, 더 나아가 그가 겪어야만 했던 전기적 경험과 무관하지 않다. '계몽'의 과정을 거친 현대 세계가 나치즘과 스탈린주의라는 재난의 징후들로 물드는 것을 목도한 그는 인류의 자연지배의 역사로서의 '계몽' 자체에 내재하는 테러의 단초를 발견해내었으며 인간의 문명사가 보여주는 벗어날 수 없는 고통의 문제를 '부정의 변증법'이라는 반성적 방법론을 통해 해방시키려 했다. 아도르노는 스트라빈스키의 음악이 진정한 예술적 사유에 이르지 못한 채 현대 예술의 치열한 고민과 자기 파괴적 실험성을 그저 흉내 내고 있을 뿐이라 지적한다. 쇤베르크의 음악적 엄격함이 철저히 스스로를 소외시키는 고행을 선택한 고독한 주체의 해방의 몸짓을 드러내고 있다면, 새로움을 가장한 스트라빈스키의 낭만주의는 그 어떤 진정한 부정도 성취하지 못한 채 여전히 야만 상태에 머물러 있는 불완전한 주체의 근거 없는 이상을 단지 폭력이라는 수단을 통해 관철시키고 있을 뿐이었다. 그는 '합리적 계기'와 '미메시스적 계기'의 불가능한 공존이 가능한 유일한 공간, 이를 통해 유토피아의 이상을 구현할 수 있는 순수성의 공간인 예술이 마법적인 비합리성의 폭력으로 변화하는 과정을 스트라빈스키의 발레에서 보았다. 뿐만 아니라 음악의 회화성을 중시한 스트라빈스키의 발레 음악에 대한 아도르노의 비판은 그가 바그너의 종합예술(Gesamtkunstwerk)에의 지향이 드러내는 총체성의 환상 가운데서 은폐된 민족주의적 낭만주의의 인상을 분리해 내는 과정과도 동일했다.[20)]

그러나 아도르노의 스트라빈스키 비판을 읽다보면 그가 자신의 글에서 조목조목 비판하고 있는 항목들이야말로 어쩌면 스트라빈스키 음악 미학의 가장 본질적인 부분들이 아닐까 하는 생각을 하게 된다. 가령 그가 주목하고 있는 파괴적 에너지와 주체의 상실, 개인의 소멸과 전체성을 향한 지향, 종교적 낭만주의에 가까운 총체적 종합예술의 추구 등의 특징은 다름 아닌 스트라빈스키의 음악을 환호한 러시아 비평가들이 중요한 의미를 부여하는 바로 그 지점이기도 했기 때문이다. 즉, 이들이 스트라빈스키에서 본 것은 서로 다르지 않았다. 단지 동일한 현상들이 각각의 역사적 경험의 맥락에서 다르게 해석되고 있을 뿐이다.[21] 서유럽의 평자들이 섬뜩하게 본 주체성을 잃은 개인의 좀비와 같은 몸짓은 러시아 평자들에게는 기존의 발레음악이 표현한 적 없었던 움직임과 힘을, 그 폭발의 긍정적 에너지를 재현하는 군중의 포효를 의미했다.[22] 그것은 아도르노의 비판과는 달리 예술의 미메시스적 절대를 향해 비상하는 또 하나의 부정의 방법론, 당시 러시아 은세기 문화 일반이 보여주는 새로운 비판적 리얼리즘이기도 했다.

이 글은 바로 이러한 동일한 현상을 다르게 읽도록 한 서유럽의 '섬뜩하고 이상한(uncanny)' 러시아에 대한 공포와 러시아 모더니스트들과 망명예술가들 사이에서 중요한 의미를 지녔던 유기적 총체성의 시학이라는 두 축 사이에서 스트라빈스키의 <봄의 제전>을 이해하는 작업이 될 것이다. 아도르노의 스트라빈스키에 대한 비판을 바탕으로 하여 그것을 러시아 문화의 맥락 안에서 새롭게 조명하는 과정으로서 <봄의 제전>을 당대의 미학적 실험의 프리즘을 통해 읽으려 한다. 이를 위해 먼저 스트라빈스키에게서 중요한 의미를 지니는 것으로 보이는, 그러나 그가 자신의 전기와 인터뷰 등을 통해 이들의 영향을 드러내기를 꺼렸던 이들에 관해 언급할 필요가 있을 것이다.

2. 스트라빈스키의 거짓말: '은세기'의 그림자

폴란드 귀족으로서 러시아에서 태어나 음악교육을 받았고 프랑스와 스위스에서 활동하다 2차 세계대전 이후 미국 시민권을 얻고 뉴욕에서 생을 마감하였으며 죽어서까지 이탈리아 베네치아에 묻힌 스트라빈스키는 에스페란토와 같은 음악으로 민족의 경계를 초월한 진정한 코스모폴리탄의 삶을 살았던 작곡가로 평가된다. 스스로 '캘리포니아 작곡가'로 간주되는 것을 선호했다고 하며 J. F. 케네디를 비롯한 미국의 저명인사들과 친분이 깊었고 심지어 1954년 발간된 『그로브의 음악과 음악가 사전(Grove's Dictionary of Music and Musicians)』에서는 그를 러시아 출신의 미국 작곡가로 정의하고 있기도 하다. 물론 그는 1962년 처음으로 모국 러시아를 방문한 자리에서 인간에게 가장 중요한 것은 그가 어디에서 태어났는가 하는 것이라고 공공연히 말하면서 자신은 평생을 러시아어를 사용하고 러시아어로 사고하였으며 당연히 자신의 음악에는 분명하지는 않더라도 러시아적 요소가 내재해 있다고 고백한다.[23] 이에 대해 연구자들은 자주 가면을 쓰며 자신의 본심을 밝히지 않는 스트라빈스키이지만 이것만큼은 사실로 보였다고 지적하고 있지만,[24] 그의 전사에 비추어 이를 전적으로 신뢰하기는 어렵다.

그럼에도 불구하고 망명 후 그가 처음으로 러시아를 방문하여 열었던 첫 공연의 첫 번째 곡이 자신의 첫 아내의 죽음에 바쳐진 <송가(Ode)>였다는 점은 의미심장하다. 물론 그가 이 작품을 아내에게 헌정한 것에 대해 이 역시 개인적인 것이라기보다는 일종의 음악적 형식의 제사(題詞)에 불과하며 그와 아내의 관계가 전혀 좋지 않았음을 지적하는 의견들이 있음에도 불구하고, 미국에 정착하여 가장 어려운 시간을 보내던 때 작곡된 이 작품이 가지고 있는 강한 비가적 정조와 노스탤지어를 고려한다면 떠나온 조국을 방문한 스트라빈스키의 회한을 짐작하는 것은 어렵지 않다. 더욱이 공연 2부를 연 작품 또한 아내를 잃은 주인공의 애가로부터 시작되는 발레곡 <오르페우스(Orpheus)>였다는 사실을 통해서도 그가 자신의 첫 러시아 공연에서 유형자로서의 자신의 상실의 삶에 대한 깊은 애도를 드러내고 있음을 확인하게 된다.[25]

밀란 쿤데라는 스트라빈스키의 고전주의로부터 음열기법에 이르는 다양한 음악적 형식들에 대해 그것이 일종의 가면이었다고 말한다.[26] 러시아 민담과 인형극을 소재로 한 발레, 그리스 비극을 주제로 하는 오페라와 바흐의 푸가, 오라토리오의 장중함을 보여주는 종교음악, 심지어 모차르트적 우아함을 표현하는 관현악곡과 쇤베르크를 능가하는 실험성을 드러내는 후기의 대표작에 이르는 다양한 음악적 형식들 가운데서 스트라빈스키가 자신의 진정한 얼굴인 망명자의 상실감을 지워버리고 있다고 지적한다. 그럼에도 그의 음악 안에서 러시아적인 요소들이 결코 사라지지 않고 변주되고 있음은 1990년대 후반부터 여러 연구가들에 의해 증명되어 왔다.

가령 <오르페우스>의 멜로디 라인이 보여주는 명백한 바흐적 기원에도 불구하고 제임스 크로스(J. Cross)는 그 가운데서 <봄의 제전>이나 <결혼(Les Noces)>과 같이 러시아 색을 분명히 드러내는 작품들의 특징인 민속음악의 반복적인 모티브를 추출해 내며 그것이 스트라빈스키에게서 상실과 애도의 알레고리로 기능하고 있음을 밝힌다. 그는 쿤데라의 의견에 동의하면서 스트라빈스키를 브로드스키나 나보코프(V. Nabokov) 등의 러시아 망명작가들과의 유비 관계 속에서 이해한다. 1920년대 이후 그의 복고적 성향이나 지나칠 정도로 건조한 형식주의는 브로드스키나 나보코프의 작품이 그러했던 것처럼 망명자의 실존적 공허를 가리고 있는 가면과 다르지 않다고 주장한다.[27] 또한 스트라빈스키의 대표적 연구가 중 한 명으로서 거의 1800페이지에 달하는 연구서의 저자이기도 한 R. 타루스킨(R. Taruskin)은 신고전주의적 표면 아래 은닉된 채 흐르고 있는 국민음악파로부터 계승한 민속적 멜로디와 림스키-코르사코프를 연상시키는 옥타토닉(octatonic) 음계 속에서, 스트라빈스키가 러시아 은세기 문화로부터 흡수한 다양한 예술적 실험들의 영향 가운데에서 이러한 러시아적 성격을 찾아낸다.[28] S. 사벤코(S. Savenko) 역시 스트라빈스키가 1860-70년대 출판된 아파나시예프(A. N. Afanasyev)의 러시아 민요와 민담에 대해 잘 알고 있었으며 이를 소재로 하는 노래들을 여러 편 작곡했음을 지적하면서 가령 <페트루쉬카>나 <봄의 제전>의 경우 러시아 민요의 전통적 다성적 멜로디 구조가 드러나 있음을 주장한다. 뿐만 아니라 연구자는 스트라빈스키의 음악에서 러시아 정교의 미사 음악의 흔적들도 어렵지 않게 찾을 수 있으며 당시 페테르부르크 문인들의 예술관으로부터 받은 음악적 영향들도 편지와 자서전 등의 자료들에서 발견되고 있음을 보인다.[29]

이처럼 스트라빈스키 음악은 그가 러시아를 떠나 1차 대전 이후 유럽에 정착하는 1910년대 말~1920년대 초 모습을 드러내는 신고전주의적 특징에도 불구하고 그가 태어나고 성장한 러시아적 토양 없이 온전히 이해될 수 없다. 오히려 발레 뤼스가 유럽인들 사이에서 불러일으킨 '러시아적 원시성'과 니진스키 개인의 관능적인 안무에 대한 열광은 당시 러시아 내에서 스트라빈스키 음악의 피상적인 러시아적 양식화를 비판하는 목소리를 높이는 결과를 초래했으며, 러시아 황실발레의 전통을 분명히 계승함에도 의도적으로 그것으로부터의 결별을 선언하듯 드러내려 했던 디아길레프의 의도 역시 발레 뤼스 예술가들의 反러시아적 성향을 지적하게 만들었다.[30] 반면 동시에 유럽에서 논란을 일으킨 <봄의 제전>의 경우 그 안에 녹아 있는 당대 러시아 문화의 형식들은 간과된 채 러시아 민족주의 이데올로기에 대한 예술적 표상이라 평가되었다.[31] 이어 1930년대 이후 사회주의 리얼리즘 비평의 시대에는 <봄의 제전>을 필두로 한 스트라빈스키 작품 전반에 대해 러시아 민요를 왜곡하고 과장하여 카니발의 거울에 비춰놓은 것이라는 조소와 함께 '음악적 데카당스', '형식주의'라는 비판이 제기되기도 했다.[32] 스트라빈스키의 작품을 다시 러시아 무대에서 만날 수 있게 된 것은 1950년대 중반이 지나서였다. 그가 자신의 초기 작품이 보여주는 러시아 모더니즘의 명백한 특성들과 거리를 두면서 망명 후 점차 고전주의의 음악적 형식들을 채택한 것은 이와 같은 러시아에서의 평가와 무관하지 않아 보인다. 이와 동시에 그는 1920년대 이후의 글과 인터뷰에서 의도적으로 러시아적 뿌리를 부정하고 그 역할을 축소함으로써 민족을 초월한, 순수예술로서의 음악적 형식 그 자체에 탐닉하는 작곡가로 평가되고자 했다.[33] 이 때문인지 그는 때로 분명 그 자신의 음악 형성에 있어 중요한 의미를 지니는 것으로 보이는 러시아 예술가들로부터의 영향을 의도적으로 부정한다.[34]

1) 스크랴빈과 러시아 상징주의

무엇보다 눈에 띄는 스트라빈스키의 거짓말은 바로 스크랴빈과의 관계에 대한 것이다. 그는 회고록을 통해 사람은 자신이 좋아하는 것으로부터 영향을 받는다고 말하면서 자신은 한 번도 스크랴빈의 '과한(bombastic)' 음악을 좋아한 것이 없다고 밝히고 있지만,[35] 이는 분명 사실과 다르다. 적어도 젊은 시절 스트라빈스키에게 스크랴빈은 그 누구보다 큰 영향을 주었음을 증명하는 자료들을 찾는 것은 전혀 어렵지 않다.

'종합예술(Gesamtkunstwerk)'의 이상을 외치던 시대, 시인들이 세계의 내적인 음악을 시 안에서 창조해 내려 했던 것과 마찬가지로 음악가들 역시 음악이 시적이고 회화적이며 극적인 것이 되길 원했다. 스크랴빈의 음악과 색채의 연관성에 대한 탐구 또한 당시 페테르부르크 예술가들 사이에서 전혀 낯선 것이 아니었다.[36] 스크랴빈은 뱌체슬라프 이바노프, Vya.(Vyacheslav Ivanov)와 교류하였고 시를 쓰기도 했다. 그가 직접 상징주의 시를 음악으로 만들지는 않았다 하더라도 '종합예술'로서의 음악을 통해 제의적 황홀경을 추구한 그가 상징주의자들로부터 받은 영향은 굳이 언급할 필요가 없을 것이다. 특히 1909-1910년에 걸쳐 작곡된 그의 작품 <프로메테우스(Prometheus: The Poem of Fire)>는 분명 발몬트의 시집『녹색의 정원(Зеленый вертоград)』에 포함되어 있는 불을 찬미하며 새로운 신을 소환하는 세 편의 시에 대한 답가였다.[37] 스트라빈스키 역시 발몬트의 이 시집에 포함된 시「별의 얼굴을 한 왕(Звездоликий)」에 곡을 붙인 합창곡을 1912년 발표했을 뿐 아니라, 이는 발레 <봄의 제전>을 통해 제사의식이 바쳐지는 슬라브적 이교의 태양신 야릴로(Ярило)의 형상으로 이어지는 라이트모티브를 만들어 낸다.[38]

유럽에서 활동하던 스크랴빈은 당시 페테르부르크에서 전설적인 인물이었다. 림스키-코르사코프에게 수학하며 그의 집에 빈번히 드나들었던 스트라빈스키가 그에 대한 많은 이야기를 들을 수 있었던 것은 당연했다. 그들은 1908-9년에 걸쳐 몇 차례 만나기도 했다. 1905년부터 시작된 은세기 페테르부르크 문화계의 스크랴빈 음악에 대한 열광은 그의 <법열의 시(Le Poeme de l'Extase)>가 페테르부르크에서 초연되었던 1909년 1월 정점에 이른다. 스트라빈스키는 동경의 대상이었던 스크랴빈에게 자신이 그의 음악을 직접 연주했으며 그를 자신의 공연에 초청하고 싶다는 내용을 담아 편지를 보내기도 했다. 합창곡 <별의 얼굴을 한 왕>과 <봄의 제전>이 창작되던 시기 스트라빈스키의 스크랴빈에 대한 숭앙은 절대적이었다. 그는 스크랴빈의 <프로메테우스>나

<법열의 시>를 면밀히 연구했고 이는 1910년대 초반 작곡된 <페트루쉬카>와 <봄의 제전>을 비롯한 여러 작품에서 차용된다. 특히 그의 민족주의적 색채의 음계들에는 교묘하게 스크랴빈의 흔적들이 녹아 있다. 심지어 타루스킨은 스크랴빈으로부터 변주된 '프로메테우스 코드'의 화성을 통해 상이해 보이는 스트라빈스키의 두 작품 <페트루쉬카>와 <봄의 제전>을 관통하는 러시아성의 실체를 추적해 낸다.[39] 스크랴빈은 페테르부르크 모더니즘의 시대 한 가운데서 성장하고 있던 음악가 스트라빈스키에게 음악적 준거이자 상징과 같았다.

그러나 이후 스트라빈스키는 스크랴빈의 명성이 페테르부르크에서 최고조에 이른 것이 1905년이라 회상하고 있으며,[40] 타루스킨은 이 부분에 대해 1900년대 후반 본격적인 작품 발표를 시작한 스트라빈스키가 자신의 작품이 스크랴빈의 직접적인 영향을 받지 않은 것이라는 점을 강조하기 위해 의도된 발언이었다고 주장한다. 타루스킨은 아울러 위 고백 뿐 아니라 스트라빈스키의 전기에서 스크랴빈과의 관계와 관련된 거의 대부분이 사실과 다르다고 지적한다. 이는 물론 1916년 출판된 사바네예프(L. Savaneyev)의 회고록을 통해 스크랴빈이 스트라빈스키의 작품에 대해 혹평하거나 무관심했음을 알게 된 스트라빈스키의 개인적 트라우마와 무관하지 않을 것이다.[41] 또한 스크랴빈이 스트라빈스키를 비롯한 젊은 세대의 음악에 대해 별 관심을 기울이지 않았을 뿐더러 그들의 음악을 진지하게 동등한 음악적 동료의 것으로 간주하려 하지 않았다는 사실도 큰 상처가 된 것으로 보인다. 점차 스트라빈스키는 스크랴빈 뿐 아니라 림스키-코르사코프의 전통에 대해서도 부정적인 태도를 취한다. 그리고 1920년 마침내 그의 신고전주의 시대를 여는 것으로 평가되는 발레곡 <풀치넬라(Pulcinella)>가 발표되기에 이른다. 스크랴빈은 그의 초기 창작을 정초한 시대정신의 상징인

동시에 그가 망명과 러시아 내에서의 부정적인 평가를 겪으며 이후 자신의 초기작을 비롯한 러시아 정신으로부터 거리를 두게 한 가장 중요한 요인의 하나가 되었다.

림스키-코르사코프의 충실한 제자로서 작곡가의 길에 들어선 스트라빈스키가 1900년대 초반 페테르부르크 모더니즘의 문화적 토양 위에서 성장한 것은 당연하다. 지난 세기 후반 이미 그의 스승과 선배 음악가들은 이동파의 리얼리즘 회화를 좋아하지 않았고 이후 예술세계파가 계승한 민속예술의 장식주의와 유미주의에 매혹되고 있었다. 세기말의 종말론적 분위기와 데카당스, 초기 상징주의자들의 신지학적 추구, 새로운 예술 형식에의 지향, 흘리스트(Хлысты)와 같은 이교 분리종파의 제의에 대한 관심은 페테르부르크의 젊은 지식인들의 삶에 밀접히 관련되어 있었다. 상징주의 시인들이 보여주는 예술창조에 있어서의 순교자적이라 할 정도의 신비주의적(theurgic) 긴장감과 신화적이고 제의적인 문학에의 지향은 사실 이미 스트라빈스키의 음악세계 형성에 있어 부정할 수 없는 영향을 준 일종의 시대정신(Zeitgeist)이라 할 만 했다. 이러한 상황에서 그가 러시아 민속에 대한 관심이나 신비주의적 이교도들의 제례의 영향을 분명히 보여주는 합창곡과 관현악곡을 비롯해 폴 베를렌(P. Verlene)과 발몬트(K. Balmont)의 시에 곡을 붙인 성악곡을 연달아 창작한 것은 자연스럽다. 그는 1900년대 초의 발몬트에 대한 관심에 이어 벨르이(A. Bely), 블록(A. Blok), 솔로비요프(V. Solovyev)와 쿠즈민(M. Kuzmin), 레미조프(A. Remizov), 더 나아가 아방가르드의 전위적 시인들의 작품에 이르기까지 당대의 문인들의 작품을 잘 알고 있었다.[42]

<페트루쉬카>가 1911년 프랑스에서 공연되었을 때 많은 이들이 이 작품에서 블록의 「발라간칙(Балаганчик)」(1907)의 반향을 읽은 것은

그림 3 <봄의 제전> 1막을 위한 레리흐의 3번째이자 최종 세트 디자인

당연했다. <페트루쉬카>는 물론 블록 뿐 아니라 당시 러시아 예술가들 사이에서 유행하던 민중극의 유희성과 그로테스크에 대한 열광을 그대로 보여주고 있었다. 그러나 <페트루쉬카>의 화려한 의상과 무대가 블록의 드라마가 보여주는 루복적인 소박함과는 거리가 있었음에도 불구하고 주인공 페트루쉬카의 실존적인 분열이 원시적 생명력과 결합되어 만들어 내는 기묘한 조화는 블록의 드라마와 매우 흡사했다. 발레 뤼스의 한 시즌을 평가하며 투겐홀드(Tugenhold)가 지적하고 있듯이 심지어 그것은 블록 뿐 아니라 고골과 도스토예프스키로까지 거슬러 올라가는 매우 '러시아적인' 어떤 것을 보여주고 있었다.[43] 그것은 유럽인들이 이 작품에서 본 러시아성과는 본질적으로 달랐다.

블록이 자신의 시와 에세이를 통해 드러낸 러시아 민족의 스키타이적 근원에 대한 사색 또한 1910년대 중반에는 이미 페테르부르크 지식인 전반의 문화가 되어 있었다. 레리흐가 원시주의적 제의에 대한 회화적 재현 가운데서 도달하려 했던 치유의 기쁨이란 바로 이러한 블록의 스키타이의 생명력에 대한 긍정과 유사하다. 막시밀리안 볼로쉰(M. Voloshin)은 당시의 회화 예술의 원시주의를 지적하면서 이것이야말로 미래의 예술형식이라 주장했으며 원시주의적 정향과는 다소 거리가 있었던 림스키-코르사코프마저 글라주노프(Glazunov)에게 쓴 러시아 오페라에 대한 글을 통해 고대 민족의 투박하고 거친 무언가를 요구하고 있다.[44] 가장 대표적인 '스키타이적' 음악가라 할 프로코피예프를 비롯하여 벨랴예프 서클에 속한 젊은 림스키-코르사코프의 제자들에게서 스키타이의 주제의 단순화되고 원시적인 멜로디의 흔적을, 게르쉔존(Gershenzon)과 고로데츠키(Gorodetsky), 발몬트의 시원적 고대와 원시성에 대한 탐닉의 영향을 발견하는 것은 어렵지 않다.

레리흐와의 공동 작업 가운데서 「원초연대기(Летопись временных лет)」에 기록된 원시적 이교 예식을 발레로 재현하려 했던 스트라빈스키의 <봄의 제전>은 이처럼 스크랴빈과 1세대 상징주의자들, 예술세계파로부터 블록과 벨르이를 비롯한 젊은 상징주의자들, 더 나아가 아크메이즘과 음악적 아방가르드에 이르는 1900년대 초반 페테르부르크 지식인들의 '시대정신'을 드러내는 종합예술로 기획되었다.

2) 루리에와 러시아 디아스포라의 포스트아포칼립시스

스트라빈스키가 자신의 미국 망명 시기 인정하기를 꺼렸던 또 한 명의 음악가는 아르투르 루리에(Arthur Lourié, 1892?~1966)였다. 스트라빈스키는 그의 죽음을 뒤늦게 <르몽드>지를 통해 접하고는 수브친스키(P. Suvchinsky)에게 편지를 쓰면서 자신이 평생 한 번도 루리에가 쓴 음악을 들어본 적 없다고 말하고 있다. 그러나 이는 분명 사실이 아니다.

1930년대 중반 갈라선 이후 30년 가까운 시간 동안 단 한 번도 서로 대화를 나눈 적 없긴 했지만 젊은 시절 자신의 음악적 대변자이자 그의 음악에 대한 평론가, 심지어 그의 조수 역할을 자처한 루리에와의 음악적 교류는 부정할 수 없는 사실이었다. 스트라빈스키 후기의 음악적 동지이자 자서전의 공저자로서 늘 그의 변론자가 되었던 로버트 크래프트(R. Craft)마저도 스트라빈스키가 적어도 루리에의 1920년대 말~30년대 초반의 두 작품인 <영적 협주곡(Concerto Spirituale)>(1929)과 <변증법적 교향곡(Sinfonia dialectica)>(1930) 만큼은 몰랐을 리 없으며 심지어 이 작품에 대해 그가 루리에와 수차례 논의했고 작품을 연주할 지휘자를 섭외해 주기까지 한 것으로 안다고 증언한다.[45] 심지어 스트라빈스키 연구가 중 어떤 이들은 어떻게 무명의 음악가인 루리에가 스트라빈스키 음악에게 지대한 영향을 미쳤다는 사실에 대해 아무도 의심하지 않으며 그것을 기정사실화 하고 있는지 의아해할 정도이다.[46]

루리에는 물론 지금 우리에게 뿐 아니라 위의 서방의 연구가들에게도 생소한 이름이지만[47] 1900년대 초반 페테르부르크 문화예술계에서는 상당한 입지를 차지하고 있었던 음악가이자 사상가였다. 마야코프스키가 "루리에를 모르는 사람은 바보(Тот дурье, кто не знает Лурье)"라고 말할 정도로, 그는 세기말의 데카당스로부터 러시아 혁명으로 이르는 격동의 시대 페테르부르크 젊은 엘리트들의 삶과 예술의 중심에 서 있던 인물이었다. 그는 유리 안넨코프(Yu. Annenkov)나 표트르 미투리치(P. Miturich) 같은 모더니스트 초상화가들이 즐겨 그린 페테르부르크의 댄디였으며, 아흐마토바(A. Akhmatova)의 연인이었고,[48] 카바레 "방황하는 개(Stray Dog)"의 대표 연주자였다. 그는 블록과 벨르이의 열렬한 독자였고 이들의 종말론적 비전을 공유했으며 혁명의 필연성을 긍정했다. 그가 블록의 「눈의 가면(Снежная маска)」과 「12(Двенадцать)」을 바탕으로 창작한 오페라-발레 <페테르부르크>(1920)는[49] 비록 온전하지는 않지만 일부분 남겨진 악보와 가사를 통해 그가 그 누구보다 블록에게 있어서의 혁명이 어떠한 것인지 잘 이해하고 있었음을 짐작하게 한다.

불협화음의 클러스터가 연출하는 시대의 소음 가운데서 희미하게 들리기 시작하는 4박자의 행진 리듬은 작품의 진행과 함께 점점 거세어지며 마침내 「12」를 바탕으로 한 2부에서 폭발하듯 전면화 된다. 원시주의적이며 해체적인 음악적 실험을 총동원한 이 작품은 스트라빈스키의 <봄의 제전>의 에너지를 보다 노골적으로 보여주고 있었다. 블록의 서사시와 마찬가지로 차스투쉬카(частушка)의 리듬과 가사를 살려 만들어진 아리아에서는 오히려 블록이 자신의 시의 압축적 언어 가운데 은닉해 둔 혁명에 대한 진정한 평가를 읽을 수 있었다. 눈보라와 같이 소용돌이치는 혁명의 에너지가 폭발하는 가운데 마지막 무반주로 들리는 외침 "신이여 축복하소서(Господи, благослови!)"는 블록 서사시의 불가해한 그리스도의 형상을 대체하면서 1920년 이미 더 이상 시를 쓰지 않았고 그 이듬해 생을 마감한 시인 자신의 절규를 대신 들려주었다.[50]

그는 또한 러시아 미래주의의 아버지로 간주되는 화가 니콜라이 쿨빈(N. Kulbin)의 총애를 받으며 흘레브니코프(V. Khlevnikov)를 즐겨 읽고 심지어 그의 문학을 음악으로 형상화하려 했던 아방가르드 음악가로서, 크로마티즘(chromatism)을 본격적으로 도입하고 무조음악의 가능성을 탐구했던 음악적 실험가이기도 했다.[51] 이러한 실험정신을 높이 샀던 혁명기 러시아 민중계몽위원회(Наркомпрос)의 위원장 루나차르스키(A. Lunacharsky)는 그를 음악분과 대표위원으로 임명한다.

1922년 러시아를 떠나 우여곡절 끝에 프랑스에 정착한 루리에는 파리의 러시아 디아스포라를 중심으로 활동하며 페테르부르크의 문화를 그대로 보존하는 박물관과 같은 역할을 자처한다. 유럽에 도착한 그는 바로 스트라빈스키를 찾았고 그들의 만남은 1924년 1월 브뤼셀에서 성사된다.[52] 그에게 스트라빈스키는 자신이 떠나온 페테르부르크와 그것의 문화적 텍스트의 화신이었다. 그는 10년간 스트라빈스키의 곁에 머물며 그의 조수이자 여행의 동반자로 함께 했다. 이 시기 그의 대표적인 음악들은 스트라빈스키의 영향을 분명히 드러내고 있다. 뿐만 아니라 그는 적극적으로 스트라빈스키를 자신 주변의 학자와 사상가, 작가들에게 소개시켰고 자신의 사상 또한 적극적으로 피력하였다. 특히 그를 통해 이루어진 가톨릭 사상가이자 네오토미즘의 신봉자였던 자크 마리탱(J. Maritain)과의 교류는 이후 스트라빈스키의 신고전주의적 음악 형식의 정립에 있어 중요한 역할을 한 것으로 평가된다.

작곡가 니콜라이 나보코프, N.(N. Nabokov)는 루리에를 '스트라빈스키의 그림자'라 불렀고 유라시아주의(Eurasianism)의 창시자 중 하나로서 스트라빈스키의 오랜 측근으로 남아 있었던 수브친스키나 스트라빈스키의 전기 작가인 스테픈 왈쉬(S. Walsh)는 그를 '스트라빈스키의 시종'이라 폄하하고 있지만, 스트라빈스키 자신도 1929년 경에는 루리에의 작품에 관심을 갖기 시작하고 그의 음악적 재능을 높이 평가한 것으로 보인다. 이 시기 루리에의 음악들은 분명 그의 페테르부르크 시기로부터의 연장선상에 있다.

1921년 블록의 죽음은 이들 페테르부르크 예술가들에게 찬란한 한 시대의 종말을 의미했다. 그것은 페트로그라트(Петроград)로 이름을 바꾸어 더 이상 존재하지 않게 된 페테르부르크에게 바쳐진 장례와도 같았다. 이 시기 페테르부르크를 떠난 루리에와 러시아 망명자들은 더 이상 존재하지 않는 페테르부르크에 대한 기억을 유럽의 디아스포라의 공간 안에서 부활시키려 했다. 1920년대부터 30년에 이르는 시기 푸쉬킨과 레르몬토프(M. Lermontov), 블록의 시를 바탕으로 작곡된 루리에의 음악은 페테르부르크에 대한 노스탤지어와 그에 대한 기억의 연장에 바쳐져 있다. 스트라빈스키의 음악은 루리에에게 바로 그러한 페테르부르크로 상징되는 러시아의 문화적 유산을 집약해 놓은 이상향과 같았다. 이 시기 이미 이들의 음악적 견해의 차이가 루리에의 저술들을 통해 감지되고 있었음에도 불구하고 루리에에게 스트라빈스키는 자신이 상실한 러시아의 형상으로서 일종의 강령처럼 존재했던 것 같다.[53)]

그러나 이들의 관계는 이후 서로의 정치적 견해의 차이와 개인적인 사건들로 인해 벌어지게 된다. 볼셰비키로서 러시아 혁명의 옹호자였던 루리에에게 정치적 우파였던 스트라빈스키는 지나치게 부르주아적으로 보였다. 또한 그가 소련의 공산주의 정권에 대한 반감에서 무솔리니를 비롯한 유럽의 파시즘을 공공연히 옹호하는 것도 못마땅했다. 루리에 역시 스탈린 정권에 대해 부정적이었지만 그럼에도 불구하고 그는 자신이 옹호했던 혁명 조국의 현실에 대해 여전히 애정을 버릴 수 없었고 또한 휴머니즘에 반하는 유럽의 파시즘에 동조할 수 없었다. 게다가 스트라빈스키 개인의 두 번째 결혼을 비롯한 인간적인 면에도 실망을 하게 된다. 루리에는 결국 1930년대 중반을 지나며 완전히 스트라빈스키와 의절하게 된다.[54)]

그러나 스트라빈스키의 초기 창작은 여전히 그의 음악적 이상향으로 남겨진다. 루리에의 미국 망명 이후의 저술과 음악은 여전히 스트라빈스키와의 음악적 논쟁으로 읽힌다. 그의 대표작이자 마지막 작품이기도 한 <크로노스에 경의를 표하는 장례 경기(Funeral Games in honor of Chronos)>(1964)는 작품의 제목이 암시하듯이 시간과 기억을 주제로 한다. 그리스적 소재 선택으로부터 박자 변화나 옥타토닉 음계, 악기의 연주 방식 등에서 명백히 스트라빈스키적 영향을 드러내고 있는 이 작품은 흔히 루리에가 페테르부르크의 은세기에 바치는 진혼곡으로 이해된다. 이 작품의 제목인 장례 경기를 통해 추모하는 죽은 영웅, 크로노스는 스트라빈스키를 위시한 러시아 은세기 문화를 가리킨다. 그러나 이 곡에서 루리에는 마치 스트라빈스키와 논쟁하듯, 작품 전체를 관류하는 스트라빈스키적 특성들과 평행하게 그것을 초월하는 절대적 멜로디를 발전시키며 작품의 피날레를 향해 나아간다.[55] 리듬의 변이와 조성의 파괴를 통해 기존의 음악적 형식을 해체해 온 스트라빈스키의 형식적 실험들은 마치 파멸한 영웅처럼 결국 루리에 자신의 고유한 '멜로디'라는 음악의 절대성에 무릎을 꿇는 것처럼 보인다.

그가 자신의 저술을 통해 밝히고 있듯이 멜로디는 시간에 대한 저항인 동시에 궁극적인 해방이다.[56] 그것은 시간의 파괴적인 힘에 저항하고 아름다운 음악적 이상향이라는 초월적 세계를 향해 가게 하는 음악의 힘이다. 루리에는 이 작품에서 크로노스를 찬미하는 동시에 그에 저항하고 그를 초월하는 멜로디를 전면화함으로써 사라지는 페테르부르크의 은세기에 대한 조의를 표하고 초월적이고 신비주의적 절대성을 부여받은 러시아적 기억의 영원성에 대해 말한다.[57] 스트라빈스키의 리듬이 흐르지 않고 그 자리에 음악적 형식으로 사물화되어 존재하고 있다면 루리에의 멜로디는 그러한 물화된 시간을 초월하고 포용하는 절대성으로 현현한다. 이는 시간의 종말을 영원한 기억으로 치환하는 것과도 같다. 푸쉬킨이 자신의 선조인 한니발을 소재로 쓴 미완성 소설에 곡을 붙인 마지막 오페라 <표트르 대제의 흑인(Арап Петра Великого, The blackamoor of Peter the Great)>(1948-61)을 은세기 러시아 문화의 기호들이 겹겹이 쌓인 팔림세스트로 만듦으로써 그 안에서 잃어버린 시간을 복원하려 한 것 또한, 종말에 직면한 세계, 즉, 상실한 러시아를 영원히 기억의 박물관 안에 봉인하는 작업과 다르지 않았다. 그러한 관점에서 이 작품과 아흐마토바의 「주인공 없는 서사시」의 유사성에 대한 모리츠(K. Móricz)의 지적은 정당하다.[58]

이처럼 루리에의 1920년대 이후의 모든 저작과 음악은 자신이 상실한 러시아의 과거와 어떤 식으로든 연결되어 있었다. 심지어 그가 1920년대 후반 스트라빈스키의 음악을 바탕으로 제시한 '신고전주의'라는 개념은 오히려 상징주의의 초월성에 가깝다. 그리고 이는 이후 다분히 음악사에 대한 그의 고유한 정치적인 해석을 향해, 더 정확히는 망명 사상가들의 유라시아주의에 대한 음악사적 전유를 향해 나아가게 된다.

그는 1928년 논문 「신고딕과 신고전주의(Neogothic and neoclassic)」에서 스트라빈스키의 음악을 쇤베르크의 신고딕적 시도와 구분하며 신고전주의에 대해 이야기한 바 있다.[59] 루리에의 이러한 지적은 2차 대전 이후 아도르노가 개진한 쇤베르크 對 스트라빈스키라는 현대 음악의 두 방향으로의 전개와 그 가운데서 스트라빈스키가 나아가고 있는 유사고전주의적 객관주의와 복고라는 퇴행에 대한 비판을 선취한다. 물론 루리에가 스트라빈스키의 편에 서서 신고전주의의 개념을 설명하는 것은 당연하다. 이 때 그는 스트라빈스키의 음악이 쇤베르크적 개인의 파편화된 개별성과 주관성을 극복하고 초월적이며 절대적인 음악의 이상을 지향하고 있음을 주장한다. 이는 아도르노가 스트라빈스키의 음악을 전체주의라 비판한 바로 그 지점이자 동시에 유럽의 관객이 <봄의 제전>의 개별성을 제압하는 군중의 춤과 희생자의 개성이 완전히 배제된 제의의 가운데서 본 공포의 원인이기도 했다.[60]

이처럼 루리에에게서의 신고전주의란 러시아 은세기의 종말을 마주한 포스트아포칼립스의 새로운 음악적 형식을 의미했다. 당연히 그와 스트라빈스키의 신고전주의는 이미 출발부터 많은 부분에서 어긋나 있었다. 음악의 물성(物性)을 강조했고 형식 그 자체에서 의미를 발견했던 스트라빈스키에게 러시아 시대의 종언이 새로운 예술적 형식미에 대한 요구로 이어졌다면, 루리에의 신고전주의는 절대적 조화와 합일이라는 과거 페테르부르크 텍스트의 이상을 향해 회귀하는 듯 보였다.

루리에는 이어 1930년대로 접어들면서 신고전주의라는 개념을 통해 음악사 자체에 대한 해체를 꾀한다.[61] 그의 음악사에 대한 서술은 사실 러시아 음악을 세계 음악사 안에 위치 지으려는 시도와 다르지 않다. 그는 1920년대 프랑스 음악과 러시아 음악의 유사성을 강조하였지만 1930년대 저술을 통해서는 게르만 음악과 라틴음악을 초월하고 음악사적 위기를 넘어설 새로운 변증법적 대안으로서의 러시아 음악을 이야기하기에 이른다.[62] 그는 지금까지 세계 음악사의 흐름을 결정해 온 화성과 리듬이 각각 스크랴빈과 스트라빈스키에 의해 해체되었고 이러한 해체의 과정을 통해 진정한 음악정신으로의 초월이 가능할 것이라 믿었다.[63] 이 때 이와 같은 해체의 궁극에서 새롭게 등장하는 새 시대의 음악적 원칙을 그는 신고전주의라 명명한다. 이는 레비두(K. Levidou)가 지적하고 있듯이 자먀틴(E. Zamyatin)이 피력한 리얼리즘, 상징주의, 네오리얼리즘으로 이어지는 문학적 변증법과도 유사하다.[64] 자먀틴의 네오리얼리즘은 새로운 실재에 대한 추구로서 이 때의 실재란 리얼리즘이 말하는 현실이라기보다 오히려 상징주의의 레알리오라(realiora)가 예술 작품 안에 현전하는 물화된 순간들로 사유된 것에 가깝다. 루리에의 이와 같은 음악사에 대한 비전은 러시아를 유럽의 위기를 구원할 새로운 가능성으로 이해하는 유라시아주의자들의 논지를 그대로 따른다. 그의 음악적 에세이가 매우 정치적인 은유들을 사용하고 있는 것도 이러한 관점에서 이해된다.

문제는 루리에가 자신의 음악적 변증법을 전개하면서 스크랴빈과 스트라빈스키를 기존의 음악전통에 대한 두 가지 안티테제로 사유하고 있는 데 반해 실제 스트라빈스키의 음악은 스크랴빈을 계승하지만 동시에 그것으로부터 벗어나고 있다는 사실이다. 스트라빈스키의 <봄의 제전>의 경우는 스크랴빈을 비롯한 러시아 상징주의자들의 종합주의적(synthetic), 제의적 예술로부터 출발한, 그러나 동시에 그것을 극복하고 그것으로부터 벗어나는 분석적 재해석에 가깝다. 그러한 의미에서 이는 상징주의적인 동시에 포스트상징주의적이다.[65] 가령, 러시아 문학사에 대입해 본다면 <봄의 제전>은 상징주의의 신화적 세계관과 테우르기즘, 미래주의의 해체와 전복의 에너지, 아크메이즘의 순수형식으로서의 음악의 물성(物性)에 대한 인식론적 전환의 과정을 동시적으로 포함하고 있으면서도 상징이나 의미화로서가 아닌 그 자체로서의 자족적 음악 예술의 물성을 음악 안에 그대로 담으려는 스트라빈스키의 새로운 시도를 예고하고 있다고 할 수 있을 것이다.

스트라빈스키의 1920년 이후의 신고전주의는 아크메이즘 시인들의 시적 진화가 보여주는 언어의 투명성과 명징한 형식에 대한 추구나 세계문화의 근원으로서의 헬레니즘에 대한 지향을 향해 나아가는 것처럼 보인다. 심지어 그의 후기 음악의 특징이라 할 수 있을 음악적 상호텍스트성과 자기 인용 또한 만델쉬탐(O. Mandelshtam)이나 아흐마토바의 시를 연상시킨다. 그럼에도 불구하고 본격적으로 신고전주의를 드러내는 1920년대 중반 이후의 작품들보다 스트라빈스키의 러시아 시대의 음악에서 신고전주의의 흔적을 읽어내는 루리에의 시도는 이미 이들이 1930년대 마주하게 된 음악적 이견을 짐작하게 한다.[66] 이미 1930년대 초반 루리에는 과거와 달리 신고전주의 양식의 대표자로 스

트라빈스키의 이름을 부르는 것을 주저한다.[67)]

루리에는 분명 포스트아포칼립시스의 음악가였다. 그러나 포스트아포칼립시스 시대 스트라빈스키의 신고전주의 음악은 루리에의 신고전주의가 강조한 음악의 정신성을 폭로하고 드러내는 '아포칼립시스'가 아닌 오히려 내적인 본질을 표면적인 형식적 조직 안에 감추는 '칼립시스(калиптика)' 미학의 전형을 따른다.[68)] 스트라빈스키의 잘 알려진 反바그너주의는 바로 그의 아포칼립시스적, 상징주의적 미학과의 거리를 암시한다.

한센-뢰베(A. Hansen-Löve)가 나보코프에 대한 자신의 논문에서 가져오고 있는 칼립시스의 미학이란 오디세이를 7년이나 돌보아 주지만 결국 그의 향수를 못 이겨 그를 놓아줄 수밖에 없었던, 불멸을 선사하는 능력을 지닌 물과 지상의 경계에 사는 님프의 이름 '칼립소'로부터 유래한다. '칼립시스' 미학은 오디세이처럼 잃어버린 조국과 잃어버린 문화 혹은 기억에 대한 향수 속에서 살아야 했던 망명 예술가들의 작품 속에서 특히 강하게 드러난다. 이러한 미학적 정향은 잃어버린 낙원을 그리워하며 그러한 기억으로부터 벗어나지 못하는 망명자의 내적인 비극을 정교하게 짜인 예술 형식으로 덮고 디오니소스적 내적 폭발을 아폴론주의의 정연한 외관으로 가리는 기만적, 모방적 창조행위의 원리가 된다. 초기 러시아 시기의 스트라빈스키 음악은 1920년대 이후 신고전주의시기에 이르러 음악적 형이상학으로부터 완전히 거리를 둔다. 음악가는 물화된 음악적 형식이 이루는 표층을 창조하는 주체가 되며 이 때 형이상학적 심층과 모든 종교적, 신화적 상징들은 탈신화화된다. 스트라빈스키에게 있어서 음악이 인간의 감정과 사상을 표상한다는 것은 환상에 불과하다.[69)]

혁명에 대한 가장 적절한 해석이자 새로운 시대의 리얼리티에 대한 재현으로서, 유럽 문화가 직면한 위기로부터의 구원을 가능하게 하는 러시아적 생명력의 원천으로서 루리에, 더 나아가 수브친스키의 유라시아주의적 음악론의 준거가 되었던 스트라빈스키의 <봄의 제전>마저도 이미 사물과 같은 예술, 무언가를 의미하고 상징하는 것이 아닌 음악적 형식 그 자체가 목적이 되는 자족적인 음악 형식 그 자체의 실험으로 읽힐 수 있는 많은 가능성들을 드러내고 있다. 미국 망명 이후 스트라빈스키는 초기의 표제음악적 시도로부터 한층 더 멀어진다. 루리에는 동시대의 많은 지식인들이 그러했고 예술가 개인이 자신의 예술적 실험에 대해 그러했듯 1910년대 스트라빈스키의 혁명적 예술 형식을 러시아 혁명이라는 정치적 행위로 전유했다. 그리고 그는 생애 마지막까지 자신의 음악적 영웅의 그림자를 간직한 채 그의 변절을 슬퍼하며 그의 파멸을 애도한다. 스트라빈스키 초기 작품의 해체된 리듬과 무조성의 혁명에서 그가 찾아내려 했던 음악의 보편 정신을 향한 변증법에 대한 믿음은 여전히 부정되지 않은 채 그는 자신의 음악으로 스트라빈스키의 자리를 대신한다.

3) 유라시아주의자 수브친스키와 음악적 시간

표트르 수브친스키는 미국 망명 이후까지 스트라빈스키 음악에 대한 변호인이자 평론가로 남은 유라시아주의자였다. 그는 루리에와 함께 스트라빈스키의 1920년대 프랑스에서의 망명 생활을 함께 했던 사상적 동지이자 스트라빈스키 음악에서 러시아적, 유라시아적 정수를 보았던 열렬한 지지자였다. 루리에는 수브친스키와 함께 유라시아주의의 기관지『유라시아(Евразия)』의 편집인으로 활동하였으며 또 다른 저널인『베르스타(Версты)』에 음악에 관한 글을 자주 발표하였다.[70]

스트라빈스키는 이번에도 역시 분명한 언급을 회피하고 있지만 수브친스키는 스트라빈스키의 1939-40년 하버드 대학 강연을 기록한 책 『음악의 시학(Poetics of Music)』의 실질적인 집필자로 간주되고 있기도 하다.[71] 실제로 이 책에서 개진되고 있는 독일 음악에 대한 비판과 그에 대한 대안으로서의 스트라빈스키의 음악, 음악적 시간의 문제에 대한 사유는 수브친스키 자신의 저작을 통해 발표된 그의 음악 미학을 그대로 반복하고 있다.[72)]

잘 알려져 있듯 유라시아주의는 1921년 수브친스키를 비롯하여 언어학자였던 트루베츠코이(N. Trubetskoi), 지리학자 사비츠키(P. Savitsky), 정교신학자였던 플로롭스키(G. Flolovsky) 등의 러시아 망명 지식인들을 주축으로 불가리아의 소피아에서 시작된 다분히 슬라브주의적인 민족주의 운동이다.[73] 그러나 이것은 또한 혁명전 러시아 모더니즘 운동의 연장선상에서 발원한 러시아 은세기 문화의 결과물이기도 했다. 상징주의의 신지학적 비전과 미래주의자의 유토피아주의, 이와 결합된 스키타이주의는 새로운 가능성으로서의 아시아를 주목하게 하였으며 유라시아라는 개념을 주조했다. 블록의 스키타이, 벨르이의 동(東), 흘레브니코프의 아시아로부터 부는 바람 등의 형상 가운데서 위기의 유럽을 대체하는 새로운 가능성으로서의 유라시아가 태동하고 있었다. 이들의 첫 번째 저널 『동(東)으로의 탈출(Исход к Востоку)』의 표지에는 블록의 시 「쿨리코보 들판에서(На поле Куликовом)」를 암시하듯 질주하는 말의 휘날리는 갈기가 그려져 있다. 수브친스키의 음악론 역시 루리에가 그러했듯 블록을 위시한 상징주의자들의 예술관에 그 기원을 둔다.

유라시아주의의 형성에는 20세기 초반 러시아 예술과 사상 전반에 배어 있었던 베르그송주의의 영향 또한 지대했다. 서구의 물질주의와 기계문명을 비판하며 유기주의적 철학과 신화적 세계관으로의 회기를 꿈꾸었던 러시아 모더니스트에게 베르그송의 직관적이고 유기체적인 세계인식은 그 무엇보다 설득력을 가졌다.[74] 원자 단위로 분해된 듯 보이는 조각들의 엉김 속에서 희미하게 모습을 드러내는 전체성의 형상은 베르그송의 "창조적 진화(l'évolution créatrice)" 개념을 반영한다. 합리주의의 공간화된 시간 사유 패러다임에 반기를 들며 선율과 같이 흐르는 '지속(durée)'으로서의 시간과 그러한 지속 가운데 쉼 없이 움직이는 진화와 생성의 과정에서 생명의 본질을 발견하는 베르그송의 사유는 조각난 세계들이 새롭게 엉겨 새로운 총체적 연속체로서의 유라시아를 형성하는 과정 안에 반영된다. 이는 곧 러시아 혁명의 이데올로기로, 러시아성을 끝까지 보존하려 했던 망명예술가들의 삶과 철학으로, 심지어는 러시아를 동과 서를 하나로 아우르는 유기적 전체로 이해하려 했던 망명 철학자들의 유라시아주의로 이어지게 된다.

유럽 문명에 대한 위기의식으로부터 출발하여 슬라브적 기원의 복원과 더 나아가 유라시아로서의 러시아라는 고유의 총체성의 회복을 통해 진정한 문화적 구원을 성취하려 했던 이들 모더니스트들은 스스로에게 새로운 문화창조 주체로서의 사명을 부여하였다. 1920년대 초반 유라시아주의자들은 구세계가 해체되어 가고 있으며 도래할 새로운 세계의 선지자가 될 것임을 믿고 있었다. 은세기 문학과 예술을 영감의 원천으로 삼으면서 이들은 도래할 파국의 순간과 이러한 통과제의를 거쳐 이르게 될 새로운 세계를 꿈꾸었다. 수브친스키가 스트라빈스키를 현대 예술의 이상을 대표하는 음악가라 생각한 것은 바로 이 때문이었다. 그는 혁명의 파국과 사회적 변화를 담고 있는 그의 음악형식에서 진정한 모더니즘을 보았다. 그는 종교적 낭만주의와 이상주의를 모더니즘 미학에 대한 열광과 결합하면서 개별성을 극복한 전체성의 미학적 힘이 드러난 새로운 형식의 예술이야말로 새 시대의 예술적 형식이라 주장하였다. 즉, 새로운 예술형식은 기존의 미학적 관례를 벗어나 시간과 공간과 질료의 한계를 극복하고 예술의 새로운 지평을 드러내 보일 수 있어야 했다.

사실 망명 사상가들의 유라시아주의는 매우 넓은 스펙트럼을 갖는다. 그들은 다양한 직업과 배경을 가지고 있었다. 그러나 그들은 세기말의 위기감과 전쟁, 혁명의 기억을, 즉, 글렙 스트루베(G. Strube)가 말한 "파국의 의식(catastrophic consciousness)"을 공유하고 있었다.[75] 유라시아란 서유럽의 문화로 대표되는 파편화된 세계를 극복하고 본원의 총체성을 회복하기 위해 이들이 가져오고 있는 러시아의 숙명이자 본질이었다. 발레 뤼스에 참여한 많은 러시아 망명예술가들과 더 나아가 동일한 문화적 토양에서 성장한 유라시아주의자들 모두에게 거대한 러시아 제국의 유라시아적 본질은 서구의 문화적 식민 지배를 벗어나 역사의 새로운 단계로 도약할 수 있는 가능성이자 힘이었다. 수브친스키에게 발레 뤼스의 정점을 장식하고 있는 가장 러시아적이자 유라시아적인 작품 <봄의 제전>은 그러한 슬라브적 총체성의 신화로 나아가기 위한 불가피한 문화적 파국의 희생 제의로 읽혔다.

유라시아주의자들 가까이에서 그들에게 지대한 영향을 주었던 형식주의자들의 논의를 수용하면서 수브친스키는 각각의 부분들이 결합하여 그것들의 단순한 결합 이상의 전체를 만들어 내는 구조주의적 일원론(Structural monism)을 전개했다. 그에게 러시아 혹은 유라시아라는 개념은 부분들이 모여 하나의 유기적 전체를 이루는 통합체로 사유되었다. 혁명 또한 원인과 결과, 사상과 행동, 목표와 수단, 우연과 필연 등의 대립된 계기들이 결합되어 그 이상의 결과로 폭발하는 역사적 사건이었다.[76] 이는 또 다른 유라시아주의자였던 카르사빈(L. Karsavin)의 '교향악적 사회(symphonic society)'라는 유토피아적 개념에서도 반복된다. 이는 개별자를 넘어서는 전체성으로서의 교향악적 주체와 교향악적 질서에 대한 추구였던바 분명 전체주의적 혐의로부터 자유로울 수 없는 것이었다.[77] 즉, 수브친스키의 구조주의적 일원론은 그것이 명백히 미학적인 차원을 지시하고 있음에도 불구하고 정치적 의미의 전체주의와 동일한 사유 구조에 기반한다. 이는 이들 유라시아주의자들의 언어학적, 지리학적 유기체로서의 유라시아 개념이 전체주의 체제, 혹은 국가로 사유될 수 있는 충분한 빌미가 된다. 스트라빈스키의 경우 그가 공공연히 드러낸 무솔리니를 비롯한 유럽의 파시즘에 대한 옹호는 분명 그의 음악의 미학적 전체주의로 확대 해석될 수 있는 여지를 남긴다. <봄의 제전>에 등장하는 개별성을 상실한 집단적 춤이 바로 그러한 전체주의의 표현으로 읽히고 희생물의 개인적 감정을 철저히 배제한 마지막 제의를 전체주의의 집단적 광기로 몰아갈 수 있는 것은 바로 유라시아주의의 유기적 전체성에 대한 정치적 해석을 바탕으로 한다.

그러나 수브친스키는 스트라빈스키의 작품에서 상징주의의 신화적 통합과 전체주의 이상의 것을 보았다. 그리고 이것은 바로 그가 스트라빈스키에 대한 해석에 있어 루리에와 차이를 드러내는 지점이었다. 이는 스트라빈스키 음악의 시간에 대한 그의 분석에서 분명히 드러난다. 루리에가 음악의 리듬과 멜로디를 통해 시간을 사유했던 것과 마찬가지로 수브친스키 또한 크로노스(chronos)라 지칭하는 음악적 시간 개념을 발전시킨다. 이는 상대성 이론을 비롯한 당대의 물리학적 발견의 영향을 분명히 드러내는 음악적 시공간(space-time) 개념으로서 바흐친(M. Bakhtin)의 흐로노토프에 상응하는 음악적 개념이다.[78] 수브친스키는 특히 음악의 시간에 대해 이 개념을 적용하면서 일종의 소리-시간(sound-time)의 연속체를 상정한다. 이 경우 소리는 음악이 현현하는 일종의 '공간'이 된다. 그가 주장하는 음악적 시간은 절대적인 '진정한' 시간이라는 시간의 이데아로서 이는 일반적인 심리학적 시간과 구분된다. 그는 바그너의 음악이 심리학적 시간을 표현한다면 스트라빈스키의 음악은 그것을 초월하는 시간의 절대성을, 즉, '존재론적 시간(ontological time)'을 표현한다고 지적한다.[79]

이는 신고딕과 신고전주의를 구분하며 신고전주의에서 음악의 종교적 영성에 이를 수 있음을 믿었던 루리에의 논의를 연상시킨다. 이 때 이들이 가치론적 방점을 부여하는 '존재론적 시간'이나 '신고전주의'라는 개념이 분명 상징주의적 세계관을 바탕으로 하고 있음은 부정할 수 없다. 그러나 수브친스키의 스트라빈스키의 해석은 루리에의 경우와는 달리 심리주의를 배제한다. 분명 그가 이해한 스트라빈스키의 <봄의 제전>의 세계는 개인의 감정이 부재하는 전체성을 드러내지만 이 작품이 심리주의적 시간이 아닌 시간 그 자체를 그리고 있는 것이라 한다면 아도르노 등의 비판은 무의미해진다. 여기서 개인의 감정은 억압되는 것이 아니라 단지 표상되지 않는다. 상징주의의 우주적 합일과 총체성에 대한 재현이 언제나 그 세계의 가운데서 영원한 이데아를 향해 가는 주체를 문제 삼고 그의 정념과 고통을 조명했다고 한다면 스트라빈스키의 <봄의 제전>은 상징주의적이지만 동시에 그것을 초월하는 예술적 질료 그 자체로서의 음악적 시간을 다룬다.[80] 그 안에서 과거-현재-미래로 이어지는 종말론적 시간은 무화된다. 오히려 이는 음악적 시간의 절대적 현재라는 제한된 공간 안에서 과거와 미래를 통합해 낸다. 스트라빈스키의 <봄의 제전>의 마지막 장면이 갑작스러운 끝냄이 될 수밖에 없는 것은 당연하다. 심리주의나 시간의 선적 전개를 초월하는 동시적, 수직적 시간은 전개되거나 해결되지 않고 종결된다. 즉, <봄의 제전>의 마지막 제의는 시간의 작용에 대한 내러티브를 종결하는 종교적 행위와 같다. 어쩌면 이는 오히려 순수 형태의 혁명이라는 시간적 경험에 한층 더 가깝다.

수브친스키는 결국 음악의 '존재론적 시간'을 의미하는 크로노스의 개념을 통해 신비주의적 시간의 실재를 그려내는 스트라빈스키의 음악적 성취를 발견해 낸다. 이것은 앞서 지적한 자먀틴의 신사실주의를 연상시킨다. 그것은 절대적 시간을 그것의 매우 구체적이고 실제적인 움직임에 주목하여 그려낸 스트라빈스키의 사물로서의 시간, 혹은 물화된 시간의 리얼리즘이었다. 그러한 의미에서 수브친스키의 스트라빈스키 해석은 루리에의 상징주의적 세계관에 의거한 해석을 넘어 포스트상징주의를 향해 열려 있다. 그가 마지막까지 스트라빈스키 음악의 변론자로 남아있을 수 있었던 것은 바로 이러한 이유에서일 것이다. 그는 스트라빈스키 음악의 두 가지 벡터, 즉 종교적이고 신지학적인 상징주의적 지향과 그 어떤 추상주의도 배제하는 예술 형식의 질료성 그 자체에 대한 탐구의 불가능한 공존을 그 누구보다 잘 이해하고 있었던 것으로 보인다. 수브친스키의 음악적 시간에 대한 사유는 러시아 은세기 문화의 흐름을, 즉, 상징주의와 포스트 상징주의, 더 나아가 아방가르드와 이를 계승하는 후기 아방가르드로의 이행과정을 일찍이 1910년대 통시적으로 자신의 작품 안에서 선취했던 스트라빈스키의 음악 세계에 대한 가장 정확한 해석이었다.

3. 전체성의 리듬과 발레 예술의 0(零)도

<봄의 제전>의 무대에서 집단성과 전체주의를 본 서구의 비평가들과 달리 유라시아주의자들에게 그것은 카르사빈의 교향악적 사회와 같은 유기체의 형상과 같았다. 안무가였던 니진스키가 창조한 집단의

춤은 각각의 무용수들의 개별성이 부재하는 일반적인 전체성의 움직임과는 거리가 있었다. 그는 하나하나의 파편화된 개인들이 만들어 내는 총체로서의 리듬과 움직임을 창조하려 했다. 이처럼 조각난 행위들과 이들 내부를 채우는 에너지, 에너지가 만개하듯 폭발하여 이루는 하나의 전체 '되기'의 과정은 바로 앞선 장에서 논의된 필로노프의 그림을 연상시킨다.[81] 작은 조각들로 분해된 형상들이 모여 만들어 내는 필로노프의 거대한 추상 혹은 구상의 공간은 마치 시간으로 포화되어 있는 것 같은 느낌을 준다. 그의 그림은 음악적이다. 그의 그림의 형태와 색은 그 자체의 물질적 한계를 초월하여 시간의 음악을, 생성과 소멸의 리듬을 그리고 있었다. 이 때 이러한 리듬은 스트라빈스키의 <봄의 제전>에 나타난 파괴와 창조가 뒤엉켜 새로운 세계를 향해 가는 양가적이고 제의적인 리듬과도 유사했다.

필로노프의 작품 <세계의 만개함의 꽃들(Цветы мирового расцвета)>(1915)이나 <봄의 공식(Формула весны)>(1922-23)에서 필로노프는 영화적 시간처럼 공간화된 정지된 장면들, 즉, 활짝 핀 꽃, 피고 있는 중의 어느 한 순간의 꽃이 아니라 꽃이 피는 "사건 그 자체" 혹은 그 사건 전체의 시간 그 자체, 혹은 탄생의 순간들의 총합을 재현하기 위해 더 이상 분해할 수 없을 만큼의 작은 단위의 원자들의 엉김과 그 안에 내재하는 리듬을 그리고 있음을 보았다.

스트라빈스키의 <봄의 제전>은 필로노프가 그렸던 힘과 흐름을 재현하는 음악적 시도라 할 것이다. 서사와 그것에 반주되는 음악, 그 음악을 구상화하는 춤이라는 연속체가 아니라 이 모든 것이 동시적이며 분리되어 있지 않은, 즉, 서사와 음악과 춤이 동시적이며 중층적으로 엉겨있는 순간들을 통해 구성되는 무대를 창조함으로써 발레 예술의 형식 자체에 대한, 나아가 음악이란 무엇인가 하는 근원적인 질문을 제기한다고 생각되었다. 그러한 의미에서 <봄의 제전>은 발레 뤼스에 대한 일반적인 평가와는 달리 바그너적 종합예술과 거리를 두고 있을 뿐 아니라 심지어 종합예술의 이상에 대해 도전적인 질문을 제기하고 있었다.

> 그것은 2개의 장면으로 되어 있었다. 그러나 그 어떤 실질적인 플롯도 가지고 있지는 않았다. 단지 원시적인 제의의 연속을 보여줄 뿐이었다. 단 한 번의 예외를 빼고 나면 그 어떤 개별적인 춤도 존재하지 않았다. 그것은 하나의 거대한 앙상블과도 같았다. 스트라빈스키의 음악은 사실 춤추기에 전혀 적합하지 않았다. 그러나 디아길레프에게도 니진스키에게도 그것은 전혀 문제되지 않는 듯 보였다. 그들의 목적은 바로 이러한 리드미컬하게 움직이는 무리들의 연속을 보여주는 것뿐이었다. (S. L. Grigoriev)[82]

1막의 대지에 대한 찬양과 2막의 희생 제의로 이루어진 이 작품에는 고전적 발레의 모든 요소들이 부재한다. 플롯이라 할 만한 것도 없었고 개성을 가진 주인공들도 등장하지 않는다. 발레 언어를 구성하는 관례화된 몸짓이나 남녀가 한 쌍을 이루어 추는 2인무도 전혀 찾아볼 수 없었다. 아도르노는 이 작품에서 음악이 집단적 제의의 형식에 흡수되어 간다고 비판했지만 실제로 무용수들의 몸짓은 전혀 음악을 지배하는 것으로 보이지 않았다. 오히려 음악과 몸짓이 결합되어 하나의 분리될 수 없는 리듬을 만들어 내고 있었다.

아도르노가 비판적으로 지적하고 있듯이 <봄의 제전>은 풍부한 리듬의 변칙과 도치로 인한 활력에도 불구하고 실제로 전혀 리듬의 진행을 보여주지 않는다. 떠들썩한 무용수들의 움직임에도 불구하고 무대 위에서는 아무런 행위도 사건도 일어나지 않는다. 움직이지만 정체된 리듬이라는 역설은 마치 "앞으로 나아갈 수 없음"을 말하는 것처럼 보였다.[83] 아도르노는 이에 대해 "실제로 아무 일도 일어나고 있지 않은데 공연히 잔뜩 긴장하고 있는 우스꽝스러운 동작"이라고 폄하했다.[84]

그러나 달리 보면 그것은 어떤 종류의 서사나 의미로부터 자유로운 순순한 움직임 그 자체를 의미한다. 발레예술의 모든 관례들이 제거된 발레예술의 '0도', 발레예술의 가장 기본적이고 본질적인 단위로서의 "음악과 결합된 몸짓 그 자체", "리듬 그 자체"만이 무대 위를 지배한다. 그야말로 이것은 무대상적 발레였으며 그러한 의미에서 러시아 아방가르드의 절대주의적 지향을 선취하고 있었다. 니진스키가 지적하고 있듯이 그의 춤은 "엄밀한 의미에서 발레가 아닌, 완전히 새로운 리듬의 음악적 안무의 구성체이자 전적으로 음악에 묶여진 몸짓의 형식"이었다.[85] 그러한 몸짓들이 모두 음악에 묶여 있는, 즉, 음악에 의해 지배되는 음악 내적인 것이라면 결국 스트라빈스키의 <봄의 제전>은 앞서 지적한 수브친스키의 '존재론적 시간'이라는 음악예술의 본질을 다름 아닌 음악 그 자체를 통해 표상하고 있다 할 것이다.

<봄의 제전>의 무대는 입체적이지 않다. 등장인물들의 움직임의 반경 역시 매우 좁았다. 주술사의 원에 갇힌 채 계속해서 상승의 의지와 그 좌절을 몸짓을 통해 보여주는 선택된 처녀는 마지막 군중에 의해 높이 들어 올려져 희생제물이 됨으로써 <봄의 제전>의 유일한 진정한 움직임이라 할 수 있는 수직적 상승을 만들어 낸다. 봄은 사실 작품의 그 어디에도 존재하지 않는다. 오히려 무대를 채우고 있는 것은 봄을 향해 가는 노정에서의 불안과 희생, 봄을 맞이하기까지 세계가 겪는 격동의 에너지처럼 보인다. 대지에 결박된 인간의 수직적 비상은 최종적 제의로서의 죽음에 의해서 가능한 것, 결국 <봄의 제전>이라는 음

악의 끝에서야 성취되는 것임이 작품의 구조를 통해 드러난다.

막이 오르면서 시작된 기이하고 불안한 리듬과 최소화된 단위행위의 계속되는 반복 속에서 발레 예술의 관례나 등장인물, 플롯이 사라지는 것은 기존의 발레 예술 자체의 죽음과 새로운 형태의 예술을 맞이하기 위한 해체와 파괴의 과정으로 이해될 수도 있다. 선택된 처녀의 죽음이라는 무대 위의 상징적 사건을 향해 가는 불안하고 집단적인 리듬은 새로운 예술과 새로운 시대를 향한 통과 의례로서 기존의 예술형식으로 재현될 수 없는 절대성을 무대 위에 표상하는 부정의 방법론과도 같았다. 그러한 의미에서 <봄의 제전>의 무대는 새로운 세계를 향해 가는 과정의 공간, 새로운 시간의 탄생의 공간이었다. 반복적인 리듬과 그 리듬의 반복 속에서 집적되는 힘이 이 작품의 가장 중요한 요소가 되는 것은 당연했다.

음악은 그러한 새로운 시간의 현전을, 지속으로의 시간의 움직임을 직관적으로 그려낸다. 스트라빈스키는 사물의 질서를 확립하는 것, 인간과 시간의 관계를 구축하는 것이야말로 음악의 본원적 기능이라 믿었다.[86] 그는 오스티나토(ostinato)의 반복적인 리듬과 멜로디, 디아토닉(diatonic) 음계를 림스키-코르사코프로부터의 러시아적 옥타토닉 음계의 전통과 병치시키고 상충하게 함으로써 만들어진 불협화음을 통해, 현재의 시간의 흐름과 그것을 밀어내며 새롭게 등장하는 새로운 시간을 작품 속에 현전하게 했다. 각각의 무용수들이 하나의 전체를 이루어 창조해 내는 지속으로서의 시간 속에서 에너지는 점점 커져 팽창하고 마침내 제의의 절정에서의 폭발을 맞이한다. 해체와 파괴의 끝에서 만나게 되는 이러한 빅뱅과도 같은 폭발은 예술적 시간의 혁명으로서 다가올 역사적 혁명의 경험을 예고하고 있었다.

4. 스트라빈스키는 위험한가?[87)]

이 글은 <봄의 제전>의 발레가 아닌 그 음악만을 들으면서 느꼈던 불규칙한 리듬의 낯선 진행(혹은 反진행)과 반복, 그 안에서 팽창하는 듯 느껴지는 힘이 주는 감각적 충격으로부터 시작되었다. 그리고 과연 그것이 아도르노를 비롯한 서구의 학자들이 설명하듯 개성이 소멸되어 궁극의 전체로 수렴되는 전체주의적 미학의 전형을 보여주고 있는가 하는 의문을 갖게 되었다. 아도르노는 이 작품이 개인의 고통에 공감하지 못하며 개인의 비극을 전체성으로 승화시킨다고 비판하지만 개인의 고통의 문제는 이 작품의 관심사가 되지 못하는 듯 보였다. 이 작품은 사실 비극적으로 느껴지지 않았다. 더 정확히 <봄의 제전>은 이미 개성이나 주관성, 개인의 감정과는 별개로 존재하고 있었다.

스트라빈스키는 음악은 본질적으로 춤이라고 말했다. 사실 서양 고전 음악의 많은 장르들이 춤곡이다. 음악은 애초부터 그 안에 움직임을 담고 있을 수밖에 없다. 적어도 음악은 시간의 춤이다. 그러나 <봄의 제전>에는 선적인 움직임은 존재하지 않는다. 발레 무용수들의 반복적인 수직적 도약은 스트라빈스키의 음악이 담고 있는 움직임을 구상화한 가장 적절한 동작이라 생각되었다. 그것은 변칙적으로 치환되고 변형되지만 변화와 진행으로 이어지지 않는 이 작품의 리듬을 표현하는 움직임이었다. 리듬의 변칙은 균질적인 동작을 파괴하는 경련이나 뒤틀림과 같았다. 그러한 의미에서 <봄의 제전>은 사실 아도르노가 비판한 바그너적 종합예술의 의도된 피날레를 향해 가는 신화적 서사로 전혀 보이지 않았다. 차라리 이 작품은 "그 남자가 집에서 나왔다"라는 한 문장으로 서사 전체를 대신하거나 붉은 머리의 남자에 대해 서술하면서 그의 존재를 해체해 무(無)에 이르게 하는 하름스

(D. Kharms)의 「우연한 사건들(Случаи)」 연작에 그려진 내러티브의 0도, 즉, 말하기 자체, 소설의 형식 그 자체의 의미에 대한 폭로와 유사해 보였다.

움직이지만 진행되지 않는 것. 그 자리에 머무른 채 이전의 것을 지양하고 이후의 것을 예고하며 대단원을 향해 가는 변증법적 서사를 부정하면서 존재와 동시에 그 안에 배태된 부재의 가능성을 보여주는 진행 없는 움직임은 심지어 아도르노의 부정의 변증법에 대한 예술적 표상으로 읽힐 수 있겠다. 그럼에도 불구하고 그가 스트라빈스키를 비판한 것은 러시아와 러시아 음악에 대한 선입관과 소련 체제에 대한 비판, 스트라빈스키의 반유태주의나 파시즘과 관련된 전기적인 사건들과 무관하지 않을 것이다.

스트라빈스키의 <봄의 제전>은 상징주의의 제의적 시간을 다루지만 이를 동시대의 다른 예술가들과는 다른 차원에서 조명한다. 이 작품은 상징주의적 시간에 대한 것이 아니다. 오히려 그 시간 자체이다. 수브친스키가 피력한 '존재론적 시간'은 스트라빈스키의 음악 가운데서 그 '형상'을 얻어 실재가 된다. 마지막의 희생제의는 분명 세계의 변화를 맞이하는 순간이지만 그것은 엄밀히 말하자면 시간의 끝으로서의 파국에 가깝다. 제의라는 죽음의 형식 이후의 시간은 어차피 그 이전과는 다른 시간일 것이다. 제의 이후에 대한 낭만주의적 이원론을 상정한다 해도, 스트라빈스키의 음악이 제의 이후의 세계를 부정하지 않으며 죽음을 통해 그 이후의 세계로 도약하고 있다고 해도, 그것은 사실 스트라빈스키의 관심사가 아니다. 그에게는 그러한 폭발을 가능하게 한 시간들의 집적이 의미 있을 뿐이다.

그런 의미에서 스트라빈스키는 아도르노가 비판했던 거짓 화해나 거짓 기다림과는 사실 거리를 둔다. 아도르노가 계몽의 끝, 에이도스를 향해 나아가는 변증법적 사유의 궤적을 음악 전통에서 발견하고 그러한 궁극의 총체성을 향한 과정에서 행하여지는 희생을 비판하려 했다면 이 때 오히려 스트라빈스키야말로 그러한 합리주의의 음악에 대한 대안이 될 수 있을 것이다. 그의 음악적 시간은 매순간으로 현전하기 때문이다. 전체를 위해 개별자를 희생하는 전체성의 환상이 아니라 개별자의 존재가 집적되는 가운데서 발생하는 유기적 전체로서의 형상을 향해 나아가는 세계의 리듬이기 때문이다. 그 안에 기다림이란 있을 수 없다. 그것은 아도르노가 비판한 바그너적 라이트모티브가 아니라 동일한 리듬과 그것의 변형의 반복, 멜로디의 중첩이며, 동일성을 강요하는 것이 아닌 보이지 않지만 서서히 다가오는 변화의 리얼리티이다. 이는 분명 고통의 스펙타클이지만 그것이 전체를 위해 개체를 부정하는 파시즘의 고통은 아니다. 유럽 문화의 끝에 선 계몽주의와 합리성이라는 궁극에서 도달하게 되는 동일성의 절대화로서의 파시즘이 아니라 고유한 개별자들이 이루어 내는 하나의 전체라는 생물학적이고 때로는 종교적인 경험으로서의 유라시아주의이다. 즉, 그것은 변증법적 종합이 아니라 최종을 염두에 두지 않는 변화 그 자체이다. 분열된 주체를 표상하는 분열된 형식이자 변화하지 않지만 파국을 향해 쌓여감으로써 변화를 불러내는 시간의 움직임이다. 즉, 그러한 힘들이 집적되어 폭발하는 혁명이다.

유라시아주의자들이 환영했던 혁명이란 어쩌면 이와 유사한 경험이었을 것이다. 소련 체제라는 결과물을 이유로 러시아 혁명이 환원적으로 이해될 수는 없다. 대부분의 유라시아주의자들이 반대했던 소련이라는 (아도르노식으로 말하자면) '나치의 원파시즘의 정수'와는 분명 다르다. 물론 유라시아주의는 그것이 지닌 탈유럽적, 탈식민주의적 가치에도 불구하고 또 다른 대안을 주장한다는 점에서 충분히 위험성을 지니고 있지만 적어도 그것이 스트라빈스키의 음악이 보여주는 유라시아주의의 특성은 아니다.[88] 이 작품에는 총체성을 위대함으로 보는 환상이 존재하지 않는다. 이러한 유라시아주의를 창조해 낸 러시아 모더니즘 문화의 정수이자 그것에 영원한 생명을 부여하려 했던 망명 예술가들의 문화적 강령을 간과할 수 없지만 그럼에도 스트라빈스키의 음악은 어떤 이데올로기에 대한 표상이기에 앞서 그 자체로서의 음악으로, 음악적 시간의 순수성으로 현전한다.

4장

트이냐노프의 〈외투〉는 어떻게 만들어졌는가: 새로운 영화 언어의 탐색

골츠가 그린 고골의 <외투> 일러스트레이션

1. 고골의 「외투」와 무성영화의 조건

이 글에서는 고골(N. Gogol')의 단편 「외투(Шинель)」(1938)를 바탕으로 트이냐노프(Yu. Tynyanov)가 시나리오를 쓰고 펙스(ФЭКС)의 대표자인 트라우베르그(Trauberg)와 코진체프(Kozintsev)가 연출한 1926년 작 영화 <외투(Шинель)>를 다룬다. 아직까지 장르 고유의 언어를 찾지 못하고 문학에 대한 보충적인 삽화에 머무를 수밖에 없었던 영화 예술의 언어적 특수성에 대한 본격적인 탐구의 과정에서 트이냐노프와 펙스의 대표자들이 고골의 작품을 영화화하기로 선택한 것은 매우 흥미롭다. 영화는 아직까지 무성영화였으며 반면 고골은 러시아 문학사에서 도스토예프스키와 더불어 가장 수다스러운 작가들 중 하나라 생각되기 때문이다.

게다가 1918년 에이헨바움(Eihenbaum)은 자신의 선언적 논문인 「고골의 외투는 어떻게 만들어졌는가(Как сделана Шинель Гоголя)」를[1] 통

---

*이 글은 박현섭 교수와의 공동저작으로서 <러시아연구> 21권 1호에 발표되었다.

해 고골 작품의 음성학적, 구연적 특성을 지적한다. 고골에게는 무엇보다 말의 울림과 그것이 만들어내는 느낌, 그리고 그러한 울림들이 어우러져서 나타나는 산문의 구연적인 성격이 중요했다. 고골은 러시아 문학사에서 자신의 소설을 가장 잘 낭송하는 사람 중 하나였으며 자연히 그의 산문의 언어는 발화 순간의 울림과 그러한 울림을 만들어내는 화자의 표정과 몸짓까지 재현하는 독특한 내적 구조를 갖게 된다. 즉, 그의 산문은 단순히 사실을 전달하고 설명하는 과거 지향적 내러티브라기보다 극적 현재성을 실현하고 있는 역동적 텍스트였다. 고골 단편의 언어유희와 스카즈(сказ) 기법 속에는 산문어의 서술적 기능을 뛰어넘어 언어적 인상과 그 울림 자체를 통해 언어의 직접적 현존으로 나아가는 산문어의 새로운 재현 원리가 내재한다. 말은 의미의 굴레로부터 빠져나와 소리의 원칙에 따라 재구성된다. 고골의 외투의 그로테스크조차도 많은 경우 이러한 음성적인 측면으로부터, 그의 독특한 어조가 불러일으키는 시각적 환상으로부터 기인한다. 이러한 관점에서 고골이야말로 그의 시적이며 비유적인 언어적 특성으로 인해 시각적이며 서사적인 영화언어로 번역되기 가장 어려운 작가라고 지적한 에이젠슈테인(Eisenstein)의 언급은 타당하다. 무성영화 시기 러시아 고전 작품들이 활발히 영화화되는 과정에서 가장 덜 영화화된 것이 고골이었다는 것도 이해할 만하다.

그렇다면 음성중심주의에 기대 있는 고골의 텍스트를 어떻게 무성영화라는 장르를 통해서 새롭게 형상화할 수 있을까? 고골 작품의 언어유희와 스카즈 기법 속에 존재하는 산문어의 서술적 기능을 뛰어넘는 언어적 인상과 그 울림 자체를 통한 언어의 직접적 현존을 어떻게 영화 언어로 옮겨놓을 것인가? 그리고 이러한 언어의 울림이 만들어내는 그로테스크한 무대와 희비극적 내용을 영화에서, 특히 무성 영화에서 무엇으로 대체할 것인가? 트이냐노프가 영화 언어에 대한 탐구의 과정에서 다름 아닌 고골의 작품을, 그것도 이미 에이헨바움이 음성학적이고 구연적인 그로테스크에 대해 상세히 밝힌 바 있는 작품 「외투」를 영화화하기로 한 것은 아마도 바로 이러한 질문에 답함으로써 영화의 고유성에 한 발 더 다가갈 수 있을 것이라 믿었기 때문인 것으로 보인다.

즉, 가장 음성학적인 작가 고골의 작품을 가지고 무성영화라는 장르를 만들어 내려는 트이냐노프의 시도는 영화를 구성하는 시각적 사물들을 통해서 시적 리듬과 유사한 고유한 영화적 리듬을 발견해낼 수 있을 것이라는 그의 믿음으로부터 기인한다. 그는 <외투>에서 영화를 구성하는 시각 기호들의 이중성을 적극적으로 드러내고 이를 통해 영화 기호 고유의 문제를 설명하고자 했던 바, 이 영화는 당시까지의 문학의 영화화 과정이 보여주었던 문제점들을 극복하고 새로운 영화언어의 지평을 열기 위한 영화적 선언과 다르지 않았다. 그가 다른 어떤 감독들보다 영화의 시각성과 볼거리를 중시했던 펙스의 대표자들을 통해 자신의 시나리오를 영화화하기로 한 것 또한 이러한 관점에서 이해할 수 있을 것이다.

이 글은 트이냐노프가 펙스와 함께 당대의 문화적인 콘텍스트 속에서 새롭고 종합적인 예술 형식으로서의 영화 언어를 창조하는 과정을 고찰한다. 그가 영화의 언어를 다른 예술 장르로부터 구별 지으며 시어를 비롯한 문학 언어의 음성중심주의를 극복하고 영화 장르 고유의 언어적 특수성을 무성영화라는 극단을 통해 실현해 가는 방식을 영화 <외투>를 통해 구체적으로 살펴보는 것이 이 글의 목적이다.

2. 펙스(ФЭКС)의 영화 미학과 트이냐노프의 영화론

20세기 초 러시아 문화의 극단적인 역동성은 때로 그것에 대한 기술을 어렵게 만든다. 어떤 한 문화적 경향이나 현상에조차 늘 동시적으로 그 자신에 대한 반성과 부정이 공존하기 때문이다. 난립하는 여러 경향들을 하나로 묶어내는 것이 어려운 것은 말할 필요도 없다. 그러나 반면 서로 대립하는 듯 보이는 현상들은 앞서 말한 내재적 자기 부정으로 인해 예상치 못한 유사성으로 수렴된다. 여러 대립적인 문화적 흐름들이 역설적으로 하나의 시대상을 만들어 내는 것은 바로 이 지점에서이다.

1920년대 혁명을 전후한 '문화 1'(V. Paperny)의 파괴력과 다원성은 러시아 아방가르드 예술가들을 중심으로 여전히 지배적이었으며 세기초 러시아 모더니즘의 전통은 여전히 잔존하고 있었고 동시에 좌익예술은 '문화 2'의 등장을 예고하며 새로운 리얼리즘에 대한 요구의 목소리를 내고 있었다. 레닌에 의해 최고의 예술 형태라 칭송되면서 스스로에 대한 성찰과 반성 없이 1910년대 양적으로 엄청난 성장을 이룩한[2] 가장 대중적인 매체인 영화 예술 또한 예외가 아니어서 서로 다른 예술적, 사상적 지향들이 각각 다른 예술 장르들을 매개로 영화 예술을 지배하고 있었다. 당시의 영화예술은 아직까지 회화와 연극을 모방하는데 그쳤으며 영화의 내용 또한 역사적 사건들에 집중되어 있었다. 상대적으로 젊은 장르였던 영화 예술의 고유한 언어와 재현의 방법론에 대한 진지한 탐구는 본격화되지 않았다.[3] 영화가 문학이나 회화, 연극과 구별되는 지점이 과연 무엇인가 하는 문제의식은 1920년대에 이르러 비로소 여러 영화인들에 의해 사유되기 시작하였으며 그래서인지 영화를 문학이나 회화 등의 다른 예술장르와 구별 지으려는 의

지는 더욱 거세었다.

가령 베르토프(Dziga Vertov)는 1910년대 말 영화에서의 연극적 표현법을 배격하면서 '영화-눈(Kino-eye)' 이론을 지지하는 성명을 발표하였으며 1922년 사실적인 소재들과 예전의 뉴스 필름을 창조적으로 새롭게 결합하여 『키노-프라브다(Кино-правда)』라는 주간 뉴스 영화를 만들기 시작했다. 아직까지 연극무대에서 일하고 있던 에이젠슈테인 또한 1923년 마침내 자신의 몽타주 이론을 마야코프스키가 편집장으로 있던 저널 『레프(ЛЕФ)』에 발표하고 이듬해 첫 영화 <파업(Стачка)>을 만들게 된다.[4] 영화사적으로 의미 있는 다양한 실험들은 이처럼 1920년대 들어 비로소 러시아 사회의 독특한 문화적 환경 속에서 성장해 가고 있었다. 특히 이러한 실험적 작품들과 영화미학에 관한 선언들은 아직까지 분명하지 않았던 영화 언어의 고유한 예술성의 문제에 대한 치열한 탐구를 드러내었다.

고골의 「외투」(1926)가 영화로 만들어진 것 또한 바로 이 시기였다. 오포야즈(ОПОЯЗ)의 일원으로서 러시아 형식주의 영화이론을 대표하는 트이냐노프가 이 영화의 시나리오를 썼으며 펙스(ФЭКС: Фабрика эксцентрического актера)의 젊은 감독 트라우베르그와 코진체프가 연출을 맡았다. 펙스에는 트라우베르그, 코진체프 외에도 유트케비치(Yutkevich), 크르이쥐츠키(Kryzhitsky)를 비롯한 일군의 젊은 연출가들이 참여하고 있었으며 트이냐노프도 <외투>의 공동 작업 이후 지속적으로 이들과 교류하며 시나리오 집필과 영화제작에 관여하였다. 훗날 「가면무도회(Маскарад)」를 비롯한 다수의 영화를 제작하고 연기한 게라시모프(Gerasimov)와 러시아 영화사 뿐 아니라 세계 영화사에서 가장 뛰어난 촬영감독 중 하나로 간주되는 모스크빈(Moskvin)도 펙스의 일원이었으며 작곡가 쇼스타코비치 또한 이들과 지속적으로 교류한

것으로 알려져 있다.[5)]

펙스는 1922년 레닌그라드(당시 페트로그라드)에서 결성된 그룹으로서 '기괴한 배우 공장'이라는 이들 그룹의 이름이 말해주듯이 낯설 정도로 독특한 예술 형식과 기존의 상식과 관례를 파괴하는 새로운 연출법을 지향하였다. 이들은 마니페스토를 통해 과거의 것과, 낡은 것, 부동의 것, 고상한 부르주아적 문화와 모든 권위적인 것에 대한 배격을 부르짖으며 새로운 예술형식에 대한 강한 요구를 드러내었다. 그로테스크할 정도로 새로운 볼거리를 창조하려는 이들의 지향은 작품 속에 서커스나 광대극 등의 요소를 적극적으로 도입하도록 하였고 이는 자연히 이들 작품이 연극적 조건성에 기반한 메이에르홀드 극장의 계승으로 보이게 하였다.

특히 이들이 첫 작품으로 올린 고골의 「결혼(Женитьба)」은 그러한 경향이 강했던 것으로 알려져 있다. 동시대인들의 회상에 따르면 이 작품에는 서커스나 뮤직홀 장르 고유의 볼거리들이 가득했으며 그러한 다분히 희극적인 기법들은 작품을 더욱 풍자적인 패러디로 만들었다. 연극의 조건성은 더욱 강해져 무대장치를 비롯한 모든 기존의 연극적 요소들이 제거되었으며 심지어 배우가 무대에 늦게 나타나는 등 무대는 실제 공연이라기보다 마치 리허설과 같았다. 무대 위의 모든 사물들을 관례화된 의미로부터 해방시켜 낯설게 하고 그것을 "알게 하는 것이 아니라 보게 함으로써(через видение, а не через узнавание)" 무대를 통해 창조되는 다른 어떤 것이 아닌 무대 그 자체를 창조하려 했던 펙스의 기획은 그 지나치게 해체적인 경향으로 인해 당시 평단과 관중들의 거센 비판을 받아야 했다. 그들 무대의 서커스와 발라간의 그로테스크함이[6)] 여전히 상징주의자들이 사용한 고딕적 이미지들의 흔적을 드러내고 있는 것이었다면 동시에 이들이 해방시키고자 하는 사물은 그야말로 미래주의자들의 자웅과 같았다. 낯설게 된 사물들은 인식론적 지평으로부터 멀어져 가는 동시에 그 자체의 사물로서 새로운 의미를 획득할 수 있었다.

이처럼 새로운 사물의 의미론에 대한 추구의 과정에서 펙스에게 연극적 무대는 공간적 한계를 드러내었고 결국 이들은 영화라는 새로운 장르에 집중하게 된다. 이들은 마침내 1924년 독특한 풍자적 코미디 영화(эксцентрическая комедия-шарж)인 <옥탸브리나의 모험(Похождения Октябрины)>[7]을 창작한다. 광고 문구와 이미 진부해진 선동적인 기치들이 해학적인 에피소드와 결합되어 웃음을 자아내는 이 영화를 통해 이들은 자신들의 영화 미학에 대한 본격적인 실험에 착수한다. 영화는 여전히 광대극과 카니발, 그로테스크에 대한 메이에르홀드적 기법들에 토대를 두고 있음에도 불구하고 새로운 낯설게 하기의 원칙을 향해 나아간다. 이는 이미 연극 무대에서도 예견되었던 바, 이들은 개별적 사물의 왜곡을 통해서가 아니라 그러한 사물들의 새로운 관계 설정을 통해 그것을 낯설게 하고자 했다. 즉, 일반적인 리얼리즘의 기호들을 전혀 새로운 맥락 속에 놓이게 함으로써 이들은 관례화된 도상적인 기호에 불과한 사물이 전혀 새로운 의미를 향해 '움직이도록' 만든다. 가령, 네도브로보(Nedobrovo)의 회상에 따르면 이 영화에서는 집안에 가만히 놓여 있어야 할 정적인 사물들이 모터사이클의 움직임에 의해 동적인 것으로 변화하며 사물 자체는 완전히 사실적임에도 불구하고 낯선 것으로 변화한다.

이 때 이들이 말하는 영화적 사물들의 새로운 관계 설정은 다분히 1923년에 발표된 에이젠슈테인의 몽타주 이론과 맥락을 같이 한다. 연극 무대의 시공간적 제약을 극복한 사물들은 동시성이 아닌 연속성 속에서 다른 사물들과 결합하면서 새로운 영화적 의미를 만들어낸다. 사실상 줄거리라 할 만한 것이 없는 영화 <옥탸브리나의 모험>은 그 자체로 자족적인 기치들이 등장인물의 형상과 인접됨으로써 새로운 의미를 지니는 영화 기호로 변모하는 과정을 보여주었다. 영화적 재현의 문제에 대한 성찰은 이어 제작된 <악마의 수레바퀴(Чертово колесо)>에서도 계속되어 트라우베르그와 코진체프는 등장인물들의 표정을 일반적인 사물들과 교차 편집하고 서정적이고 멜로드라마적인 줄거리를 모험담의 구조와 결합하는 등 새로운 영화적 결합을 모색하였다. 등장인물들의 과장되고 그로테스크한 표정이나 '악마의 수레바퀴'라는 제목을 그대로 재현하는 듯 현기증이 날 정도로 과격한 쇼트의 교체와 이로부터 기인하는 남유(катакреза)적인 결합은 이후 펙스 영화 고유의 특징으로 자리 잡게 되었다.

이처럼 펙스는 몇 편의 영화를 거치면서 자신들의 고유한 연극적 방법론을 고유한 영화적 언어로 변형하고 도상기호로서의 사물 그 자체의 낯설게 하기가 아닌 몽타주를 통한 사물들의 새로운 결합 속에서 영화 언어의 고유성을 찾아내었다. 1926년 작 <외투>는 바로 이들이 습작 시기를 마무리 하면서 자신들의 영화 미학을 본격적으로 드러내는 선언적인 작품이었다.

이 때 흥미로운 것은 펙스의 영화 실험이 짧은 시간에 보여준 진화의 과정이 마치 1927년 발표된 에이헨바움의 영화론 「영화 양식의 제 문제(Проблемы киностилистики)」(1927)로부터 같은 해 발표된 트이냐노프의 논문 「영화의 기반에 관하여(Об основах кино)」(1927)로의 이행을 통시적으로 구현하는 것처럼 보인다는 사실이다.[8)] 트이냐노프가 이들에게 자신의 시나리오를 연출하도록 의뢰한 것은 이들이 습작 시기 영화들을 통해 도달한 영화 기호를 다루는 방식이 놀랍도록 트이냐노프 자신의 영화이론과 유사하기 때문이었을 수 있다.

에이헨바움의 주도하에 1927년 발간된 「영화의 시학(Поэтика кино)」에 나란히 수록된 에이헨바움과 트이냐노프의 논문은 많은 부분에서 매우 유사하다. 이들은 모두 궁극적으로 독특한 영화적 양식화와 몽타주를 통한 영화적 통사의 구축이 영화 예술을 다른 예술 장르와 구별 짓는 지점이라 말하고 있다. 단, 이들이 차이를 지니는 점은 얌폴스키(Yampolsky)와 김수환 등이 지적하고 있듯이 가장 일차적인 기호로서의 도상적 사물을 바라보는 시각에 있다.

에이헨바움의 「영화 양식의 제 문제」는 무엇보다 포토제니(фотогения)와 자움의 개념에 기대어 있다. 사진으로부터 영화로의 진화를 전제로 하고 있는 에이헨바움은 사진 속의 무의미한 사물이 영화에서 의미를 획득하게 되는 과정을 주목한다. 그는 영화의 쇼트들이 몽타주를 통해 결합되어 새로운 의미를 만들어 내는 영화적 의미작용의 문제에 있어 트이냐노프와 의견을 같이 하지만 그럼에도 불구하고 그러한 대상이 다른 사물들과의 관계 속에서 의미론적 전체를 이루어 가기 전 질료적인 상태가 지니는 또 다른 의미를 배제하지 않는다. 즉, 트이냐노프에게 영화의미론의 최소 단위가 쇼트이며 그것은 다른 쇼트와의 관계 속에서 의미를 지닌다면 에이헨바움에게 쇼트 혹은 쇼트를 구성하는 사진 속의 사물은 이미 그 자체로 자족적인 표의문자처럼 존재할 수 있는 가능성을 지닌다.

에이헨바움은 이처럼 쇼트 속의 정태적인 사물이 지니는 설명하기 어려운 '의미 너머의 의미', 즉, 일종의 포토제니를 영화적 '자움'이라 칭한다. 이 때 에이헨바움이 사용하고 있는 미래주의의 용어 자움은 표면적인 이성적 의미의 부재와 동시에 그것을 넘어서는 다른 초이성적 의미의 존재를 지시한다. 자움이 그러하듯이 쇼트를 구성하는 정적인 사물은 움직임이나 결합 이전에 그 자체로 자족적인 고유한 의미를 지니는 사물로, 더 정확히는 사물 이상으로 존재하게 된다. 따라서 그 사물은 마치 비대상성의 이콘처럼 그 도상성에도 불구하고 도상성의 한계 너머의 의미를 향해 도약할 수 있게 된다.

반면 고도로 조직화된 언어학적 사고에 기대어 영화의 태생적 한계인 사진과 회화 예술을 극복하고자 했던 트이냐노프에게는 무엇보다 시간성과 그에 의거하여 창조되는 영화적 슈젯의 재현이 중요하였던 바, 그는 영화 언어의 구조에 대한 효과적인 설명을 위해 이러한 포토제니의 개념을 희생하고 (초이성적이 아닌) 이성적 의미를 담지하는 사물들의 결합과 양식화를 통해 달성되는 새로운 키노제니(киногения)를 향해 나아가게 된다.[9)]

펙스의 영화 <옥타브리나의 모험>과 <외투>는 바로 포토제니와 키노제니를 대표하며 펙스의 영화 미학의 진화를 시사한다. 보다 루복적인 삽화의 성격을 강하게 드러내는 <옥타브리나의 모험>이 그 자체로 자족적이고 낯선 기호들의 결합에 의거해 있다면 <외투>는 가장 일상적인 사물들이 어떻게 영화적 결합을 통해 의미를 얻을 수 있는지를 증명한다.

<외투>가 제작된 1926년을 전후하여 트이냐노프는 영화 언어에 대한 성찰을 담은 단편적인 논문들을 연이어 발표했다. 1923년 논문 「일러스트레이션(Иллюстрации)」로부터 촉발된 그의 영화에 대한 탐구는 1924-5년의 단편적인 글들을 거쳐 1927년 영화 예술에 대한 대표적인 논문인 「영화의 기반에 관하여(Об основах кино)」를 통해 집대성된다. 즉, 트이냐노프가 「외투」의 시나리오를 집필한 것은 그가 영화 언어의 본질에 대해 집중적으로 탐구하던 시기였다. 트이냐노프의 영화 이론의 진화를 예감하게 하는 가장 중요한 논문 중 하나라 할 수 있을 「일러스트레이션」은 당대 영화의 삽화적 성격에 대한 트이냐노프의

비판적 시각을 드러내며 그의 향후 영화이론이 왜 키노제니를 지향할 수밖에 없었는지를 설명해 준다. 포토제니에 대한 트이냐노프의 부정은 영화 서사 너머에 존재하는 영화 속의 또 다른 의미론적 사물들을 배제하는 위험성을 내포하고 있음에도 불구하고 당대 영화 예술의 한계로서의 삽화적, 루복적 성격을 극복하고 영화 고유의 매체적 특성을 극대화하기 위한 극단의 처방이었다.

3. 루복적 삽화로부터 새로운 영화 언어로

1909년 고골 탄생 100주년을 기념하면서 바실리 곤차로프(V. Goncharov)가 「비이(Вий)」를 영화로 제작한 이래 고골의 작품들은 최근까지 코미디에서 스릴러, 수사물, 애니메이션에 이르는 모든 장르의 영화로 제작되었다.[10] 그러나 앞서 지적하였듯 영화사 초기부터 고골의 모든 작품이 다른 작가들의 문학작품보다 자주 영화화된 것은 아니었을 뿐더러 영화화된다 하더라도 일부 작품에 국한되어 있었다.

1900년대 초반 영화의 주관객은 도시 거주자들이었다. 이들 사이에서는 공포스럽고 기묘한 이야기들을 다루는 일종의 고딕 소설이 큰 인기를 누렸다. 세기말의 상징주의자들 사이에서 고딕풍의 소설이 창작된 것 역시 이와 무관하지 않다. 당시의 영화 제작자들은 이러한 대중의 기호를 간과할 수 없었으며, 자연히 이들은 이국적이고 신비주의적인 색채의 초기 고골 작품들에 관심을 보였다. 「비이」를 비롯하여 「무서운 복수(Страшная месть)」, 「5월의 밤(Майская ночь, или утопленница)」, 「크리스마스 전야(Ночь перед Рождеством)」 등의 이야기가 영화로 만들어진 것은 바로 그러한 작품들이 영화의 흥행을 보장할 수 있었기 때문이었다.

초기 영화에서 고골 작품 고유의 서사적 특성이나 비유적인 언어는 재현되기 어려웠다. 영화는 작품의 기본적인 줄거리를 전달하는 데 그칠 수밖에 없었고, 따라서 고골 작품의 다의성은 묵과된 채 가장 일반적인 해석에 의해 얻어진 줄거리들에 당대의 영화적 기법들이 결합되었다. 고골 작품에 특징적인 작가의 서정적 일탈이나 줄거리와 무관한 사색, 혹은 작품 속에 드러난 현실의 형상은 초기 영화 속에 반영될 수 없었다. 영화는 대개의 경우 당시 대중적인 인기를 누린 모험담(파불라 지향적인)의 구조를 따라 조직되었으며, 작품의 줄거리를 효과적으로 설명할 수 있는 압축적인 장면들의 나열에 불과한 것이 되었다.[11]

1910년대에도 괴담이나 신기한 이야기에 대한 대중의 관심은 여전했으며, 이를 반영하듯 민담적인 요소가 강한 「지깐까 근교 마을의 밤(Вечера на хуторе близ Диканьки)」에 속하는 이야기들이 세 차례 영화화되었다. 그러나 그럼에도 불구하고 무성영화의 전성기라 할 수 있는 1908-1919년 사이 고골의 텍스트를 바탕으로 한 영화의 수는 다른 고전 작가들보다 상대적으로 적었다. 여전히 시적이고 은유적인 고골의 언어를 효과적으로 형상화할 수 있는 영화적 기법이 존재하지 않았기 때문이다.

그러나 1910년대 스타레비치(V. Starevich)가 「지깐까 근교 마을의 밤」에 속한 이야기들을 바탕으로 제작한 두 편의 영화 <무서운 복수>와 <크리스마스 전야>는 고골의 서정적이고 구전적인 텍스트를 영화 언어로 표현하려는 새로운 시도를 보여주었다. 1912년 자신의 우화적이며 풍자적인 영화 <아름다운 류카니다, 혹은 하늘소와 사슴벌레의 전쟁(Прекрасная Люканида, или Война усачей и рогачей)>을 통해 스타레비치는 세계 최초의 3차원 애니메이션 기법을 선보였다. 이 외에도 점토 애니메이션과 유사한 새로운 시도들을 비롯한 다양한 영화 촬영 기법을 고안해 냄으로써 영화의 예술적 가능성을 넓혔고 심지어 실사 영화와 인형극, 애니메이션 기법을 결합하는 획기적인 시도를 행하였다.

그가 1913년에 제작한 <무서운 복수>는 세계적인 명성을 얻은 최초의 러시아 영화 중 하나로서 이 영화에서 그는 10여 차례에 이르는 다중 노출과 속사 촬영법, 시각적인 왜곡 등의 다양한 기법들을 구사하였고 이를 통해 고골 작품 고유의 환상적이고 신비로운 분위기를 창조하는 데 성공하였다. 같은 해 제작된 <크리스마스 전야>에서는 악마를 연기한 명배우 모즈주힌(Mozzhukhin)이 점차 작아져 주머니 속으로 들어간다거나, 하늘을 날아서 달을 잡는 등의 진기한 장면이 관객의 눈앞에 펼쳐졌다. 이 때 악마는 실제 배우의 형상과 인형, 혹은 손으로 그려진 실루엣 사이를 오가며 강한 조건성을 드러내었다. 특히 배우의 연기가 보여주는 극장성과 그로테스크한 조건성은 작품에 차용된 애니메이션 기법과 유기적인 조화를 이루며 고골의 판타지 세계를 재현해 내었다.

그림 1 스타레비치, 「크리스마스 전야」의 한 장면

그의 이러한 시도는 고골 작품의 영화화 과정에서 획기적인 전환을 가져왔다. 기존의 영화화 과정에서 간과될 수밖에 없었던 고골의 마법담적인 신비로운 분위기와 심리적인 묘사가 그의 영화를 통해 비로소 가능할 수 있게 된 것이다. 이후에도 그는 「비이」, 「초상화(Портрет)」, 「5월의 밤(Майская ночь)」, 「소로친 시장(Сорочинская ярмарка)」 등 고골의 대표적인 이야기들을 영화로 제작하였다. 그가 푸쉬킨이나 레르몬토프 등의 작가들에 비해 고골의 작품을 더 많이 제작한 것은 그의 새로운 영화 미학이 고골의 시적인 판타지의 세계를 그려내기에 적합했기 때문일 것이다.

이 때 스타레비치가 애니메이션을 사용하고 있다는 사실은 매우 흥미롭다. 로트만(Yu. Lotman)이 지적하고 있듯이 회화는 사진과 나란히 놓일 경우 조건적인 것으로 받아들여지면서 사진의 반명제로 작용하게 된다. 사진이 일종의 도상적 기호라면 애니메이션의 근간이 되는 회화는 그러한 도상적 기호에 대한 재현으로서 이차성을 띠게 되는 바, 이는 영화 세계의 환상성을 드러내는 효과적인 방법이 될 수 있었다. 즉, 스타레비치의 영화에 도입된 애니메이션은 사진에 기원을 두는 영화 예술의 한계를 넘어서며 영화가 지금까지 재현할 수 없었던 것들을 재현할 수 있는 가능성을 보여주었다.

스타레비치가 고골의 환상성을 묘사하는 데 있어서 사용한 애니메이션의 조건성과 그로테스크는 펙스의 극장적, 영화적 실험에서도 반복되었다. 연극무대 위의 마술과 광대극 등의 요소가 이차적 재현의 기호로서 연극적 리얼리티의 외부에 존재할 수 있었던 것처럼 그들의 영화 속 주인공들의 과장된 얼굴 표정이나 그로테스크하게 왜곡된 형상 또한 스타레비치의 영화에 도입된 애니메이션과 동일한 기호작용을 수행하고 있었다. 즉, 고골의 언어와 문체가 드러내는 환상성을 무성 영화의 언어로 번역하는 방법은 우선적으로 그것의 언어적 재현의 한계를 벗어나는 것이 될 수밖에 없었다.

트이냐노프가 자신의 논문 「일러스트레이션」을 통해 기존의 삽화적 영화에 대한 간접적인 비판의 시각을 드러내며 제시하는 매체간의 번역의 방법은 이처럼 유사성에 대한 강박을 버리고 전혀 다른 기호적인 특성을 따라 새로운 '표현'의 방법을 찾는 것이었다. 이 때 그는 언어 예술의 구체성과 회화적 구체성 사시의 차이를 지적하면서 고골의 예를 든다. 고골의 등장인물들을 묘사하는 화자의 구체적인 언어와 그것이 불러일으키는 역동성을 회화적 평면에 재현하는 것은 불가능하다. 고골이 「넵스키 거리(Невский проспект)」에서 묘사하고 있는 거리의 풍경을 회화 예술로 옮겨 놓는다 해도 고골 작품 서두의 거리를 채우고 있는 사람들에 대한 환유적 열거의 과정에서 드러나는 언어적 리듬은 회화적 평면 위에 재현될 수 없다. 이러한 문제의식에 의거하여 그는 영화 <외투>에서 거리의 풍경을 묘사하면서 등장인물들을 화면 속으로 사라지고 다시 나타나는 유령이나 그림자, 혹은 투명 인간과 같이 만들어 고골의 작품 「넵스키 거리」의 도입부를 새로운 영화 언어로 창조해 낸다.

이처럼 문학 작품을 영화로 만드는 과정에서 가장 중요한 것은 문학 작품의 파불라에 대한 충실한 번역이 아닌 문학 작품의 슈제트와 그러한 슈제트를 가능하게 하는 문체를 영화적 표현으로 새롭게 재현하는 것이었다. 트이냐노프가 자신의 시나리오 「외투」를 "고골의 「외투」"가 아닌 "영화로 된 고골 식 이야기(Киноповесть в манере Гоголя)"로 정의한 것은 바로 이러한 이유에서였다. 그는 가장 고골적인 문체를 창조하기 위해 고골 작품들에 산재한 모티브들을 자유롭게 차용하여 이 시나리오를 만들어 낸다. 즉, 그가 시나리오를 통해 형상화하려 한 것은 고골 작품의 줄거리가 아니라 고골 산문 고유의 스타일과 정신이었다. 그는 고골의 신비로운 세계와 시적인 언어를 영화 속에 담아내고자 했던 바, 이를 위해 고골의 산문 「외투」의 줄거리가 희생되는 것은 불가피했다.

> 영화 <외투>는 고골의 유명한 작품에 대한 삽화가 아니다. 문학 작품을 설명한다는 것은 어려운 과제다. 영화는 문학적 방법과는 다른 고유의 방법과 장치를 가지고 있기 때문이다. 영화는 문학적 주인공이나 문학적 스타일을 새롭게 구현하고 그 나름의 방식으로 해석할 수 있을 뿐이다. 이것이 바로 우리가 고골의 작품에 의거한 이야기가 아닌, 고골 식으로 만들어진 영화 이야기를 상정하는 이유이다.[12)]

트이냐노프는 작품의 줄거리를 설명하는 영화적 일러스트레이션과 새로운 장르의 규범을 따라 구축되는 총체적인 작품으로서의 영화를 구별하였다. 그는 고골의 원작을 희생해서라도 고골의 세계를 영화적 언어로 새롭게 구축하는 것에 역점을 두었으며, 이로 인해 기존의 리얼리즘적인 일반적 이해해 기반하여 고골의 줄거리를 설명하는 영화적 시도들을 극복하려 했다. 이는 기존의 고골을 바탕으로 하는 영화들과 거리를 두고 있는 것일 뿐 아니라 당시 소비에트 사회를 지배하던 고골에 대한 리얼리즘적 해석으로부터도 위배되는 것이었다. 그의 영화는 당시의 평단에서 "현대화된 호프만적인 것"으로 폄하되었다.

고골 작품의 총체적인 분위기를 영화언어로 표현하려는 트이냐노프의 기획은 그가 그려내는 고골의 원작과는 상이한, 혹은 더 많은 이야기를 지닌 주인공 아카키 아카키예비치의 형상 속에서 드러났다. 고골의 이야기가 아카키 아카키예비치의 탄생 순간부터 시작되는 데 반해 트이냐노프의 영화에서 고골은 이미 성인이 되어 등장한다. 그의 젊은 시절은 플래시백 기법을 통해 조명될 뿐이다. 트이냐노프는 <외투>의 본격적인 줄거리를 자신의 시나리오 후반부에서만 차용한다. 주인공을 창조해 가는 영화의 전반부에서 트이냐노프는 원작의 줄거리를 과감하게 거부하며 오히려 고골의 「넵스키 거리」, 「이반 이바노비치와 이반 니키포로비치가 싸운 이야기(Как поссорился Иван Иванович с Иваном Никифоровичем)」, 심지어 푸쉬킨의 「청동기마상(Медный всадник)」과 도스토예프스키의 「분신(Двойник)」, 「백치(Идиот)」 등의 작품으로부터 차용한 모티브들을 도입한다.[13)]

영화 전반부의 가장 중요한 사건은 아카키 아카키예비치가 사랑에 빠지는 이름 모르는 여성을 둘러싸고 펼쳐지는 일종의 음모이다. 고골의 「넵스키 거리」나 심지어 블록의 「미지의 여인(Незнакомка)」을 연상시키는 아름다운 여성은 후반부의 아카키 아카키예비치의 사랑의 대상인 외투와 대칭을 이룬다. 고골의 「외투」에 대한 리얼리즘적 해석은 트이냐노프의 시나리오에서 부정되며 오히려 성적이고 심리적인 분위기가 영화를 지배한다. 고골의 영화화 과정이 그의 줄거리에 대한 삽화에 불과했던 것에서 한 걸음 더 나아가 트이냐노프는 고골 작품 고유의 심리적, 미학적 특성들을 고골 작품 전반으로부터 가져온 모티브들을 통해 새롭게 해석해낸다.

영화의 화면 속에 그려지는 그로테스크한 밤과 어둠의 세계 역시 이를 돕는다. 인형극 혹은 가면극 속의 꼭두각시와도 같이 그려지는 아카키 아카키예비치나 미지의 여인의 악마적이고 그로테스크한 주연(酒宴)은 20세기 초반 러시아 문학 속에서 역시 자주 발견되는 사악한 인형극의 세계를 떠오르게 한다. 인형극적이며 그로테스크한 분위기와 때로 부조리할 정도로 화면을 가득 채우는 사물들과 얼굴들, 군중들의 악마적인 형상을 통해 트이냐노프는 영화의 화면 위에 고골의 작품을 재현하는 것이 아닌 고골적인 의미의 새로운 현실을 창조해낸다. 트이냐노프가 스스로 지적하고 있듯이 고골 세계의 희극성은 인간과 사물의 이러한 그로테스크한 접점에서 생겨난다.

코진체프는 훗날 <외투>에 대해 회상하면서 그 작품이 이후의 펙스 그룹의 영화 미학에 큰 변화를 가져 왔다고 고백한다. 주인공의 양식화되고 극장적인 연기는 언어적인 텍스춰를 말 없는 몸짓으로 표현하는 새로운 가능성을 보여주었다. 에이헨바움이 지적한 바 있는 고골 스카즈의 상세한 언어적 디테일들은 이 영화에서 역설적이게도 과장된 판토마임의 공허한 몸짓과 거리를 배회하는 악마적인 그림자들, 춤과 아크로바틱의 현란함에 의해 대체된다.

고골의 작품 「외투」에서 아카키 아카키예비치의 현재를 규정하는 것은 다름 아닌 음성학적 이미지였다. 작품 속에는 그의 과거에 대한 그 어떤 정보도 존재하지 않았다. 마치 그의 현재의 형상은 그의 이름의 언어적 울림에 의해 결정된 필연적인 것으로 보였다. 고골 작품의 언어적, 문체적 특성이 슈제트의 차원에 영향을 미치는 것이다. 그러나 이러한 음성적인 측면을 재현하는 것이 불가능한 무성영화의 공간에서는 그의 현재를 규정하는 별도의 장치들이 마련된다.

트이냐노프가 지적하고 있듯이 언어 예술의 구체성이 시각예술의 구체성과 같을 수는 없다. 자연히 고골의 텍스트들에 기반하여 창작된 1부의 사건들은 고골의 「외투」를 비교적 충실하게 따르고 있는 2부의 내용을 조건 짓는 근거로서 고골의 「외투」의 음성적, 구연적 특성을 대신한다. 즉, 고골의 작품에서 음성학과 문체론적 특성이 아카키 아카키예비치를 만들어 내었다면 이것을 영화적으로 실현하고 있는 것은 바로 주인공을 둘러싸고 있는 페테르부르크의 안개 낀 거리의 그로테스크한 분위기와 리듬이자 또한 1부의 중요 사건이 되는 문서에 얽힌 음모와 범죄였다. 고골 텍스트의 스카즈적 특성들은 트이냐노프의 영화 언어로 변형되면서 한편으로는 영화적 슈제트와 차원에서, 다른 한편으로는 애니메이션에 가깝도록 변형되며 영화 속 리얼리티의 반명제가 되는 그로테스크한 이차적 기호들의 환상성을 통해 실현된다.

4. 보이는 말(*logovisio*): 문자 텍스트와 "의미론적 사물"

사실 작고 왜소하며 머리가 약간 벗겨진 '작은 인간' 아카키 아카키예비치의 보잘것없는 외모를 그대로 재현하는 것은 고골의 「외투」를 영화화 하는 데 있어 가장 쉬운 부분이라 할 수 있을 것이다. 그러나 트이냐노프는 영화 <외투> 고유의 사건과 영화적 양식화를 통해 고골 「외투」의 문체론적 환상을 대신하며 마치 화자의 음성 유희에 의해 태어난 것처럼 보이는 고골의 아카키 아카키예비치 형상을 영화적으로 재탄생시킨다. 그는 주인공의 외모를 재현하는 데에서 나아가 그를 설명할 수 있는 영화적 장치들을 마련해 놓는다.

이 때 현재의 그를 규정하는 가장 중요한 특성은 바로 그의 '서기'라는 직업이다. 게다가 1부의 가장 핵심적인 내용이자 이후 그의 운명을 결정하게 되는 사건, 즉, 그가 아름다운 여인의 모습에 홀려 문서를 위조하는 것을 가능하게 한 것 또한 그의 직업이었다. 그는 '표트르(Петр)'의 획을 긁어내어 '프롭(Пров)'으로 고친다. 마치 악마의 계략에 의해 영혼을 팔아버린 듯 아카키 아카키예비치는 문서를 위조하고 이 사건으로 수모를 겪으며 이후 갑작스럽게 늙어버린다. 뿐만 아니라 그에게 문자를 정서하는 일에의 몰두와 외투에 대한 애착, 여인에 대한 사랑은 동일한 의미장 안으로 수렴된다. 그가 펜의 깃털로 자신을 쓰다듬으며 여

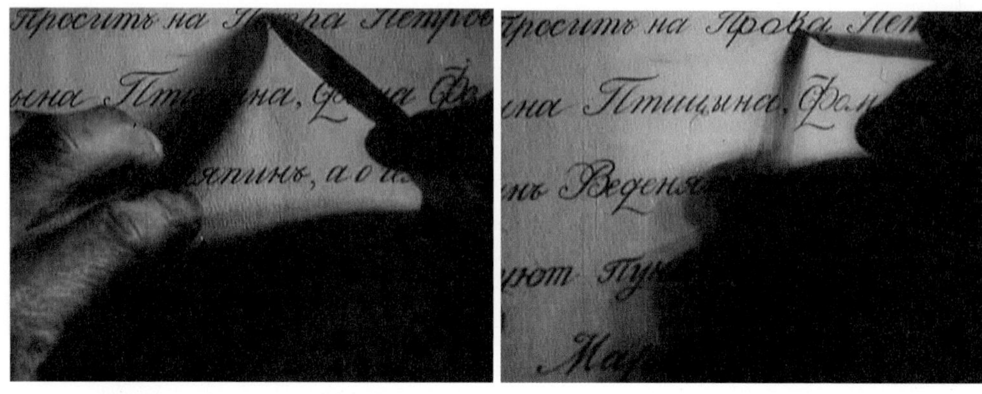

그림 2 Петр를 Пров로 고치는 장면

인의 형상을 떠올리고 혼자 움직이는 외투가 여인의 형상으로 변할 수 있는 것은 이 때문이다. 외투나 여인, 펜, 문서 등은 단순히 아카키 아카키예비치를 둘러싸고 있는 사물이 아니며 작품의 파불라에 대한 보충적인 일러스트레이션으로서 존재하지 않는다. 오히려 그러한 사물들은 사물 자체를 지시하지 않으며 슈제트의 차원을 구성하는 새로운 의미론적 사물로 변한다. 다른 모든 일을 마다하고 서기 일에만 몰두하는 주인공의 형상은 영화에서 반복되는 펜의 깃털과 그를 둘러싸서 관객들의 시야로부터 그를 가리는 문서 더미들에 의해 극대화된다. 아카키 아카키예비치에 대한 보충적 일러스트레이션으로서 환유적 기호에 머무를 수도 있을 펜의 깃털과 문서 더미는 영화 속에서 점차 그에 대한 은유로, 심지어는 그를 잠식하고 대신하며 심지어 영화의 화면 전체를 덮어 버리는 독립된 등장인물로, 심지어는 아카키 아카키예비치의 분신이자 잠재적인 적으로 변화한다.

이처럼 자기지시적인 도상이길 넘어서 적극적으로 슈제트 구성에 참여하는 의미론적 요소가 된 사물들은 화면 위에 등장하는 인물들과 대등한 기호로서 영화적 리듬을 창조해 낸다. 트이냐노프가 서로 다른 두 언어, 가령 시각적인 언어와 음악적 언어의 병렬적 결합에 대해 회의적이었음에도 불구하고 이들의 매체적 특성의 공존을 인정하고 있음은 그의 이론적 저작들을 통해 지속적으로 발견된다. 이는 특히 그의 시어 연구에 대한 태도에서 드러난다. 트이냐노프의 영화 이론 또한 많은 부분 그의 문학연구의 출발이 된 시어의 연구에 기대어 있음은 잘 알려져 있다. 그는 시를 구성하는 휴지부와 그래픽적인 요소 등 시어에 상응하는 모든 표현적 층위를 시학의 연구 대상으로 삼았다. 이는 러시아 아방가르드 시인들과 말라르메, 아폴리네르 등의 프랑스 시인들에게서 나타나는 시의 시각화 실험에 대한 트이냐노프의 관심으로부터 기인하는 듯 보인다.

시어 연구에 있어 시의 일차적인 음악성 뿐 아니라 그것의 조형적 특성까지 하나의 표현 단위로 주목하는 경향은 앞서 언급한 논문 「일러스트레이션」에도 반영되어 있다. 뿐만 아니라 이 논문에서 트이냐노프는 언어 예술을 일차적인 것으로 상정하고 그것과의 관계 속에서 조형 예술의 독립성을 말하지 않는다. 그에게 보다 중요한 것은 두 기호 체계의 독립성이고 이러한 독립적인 체계가 어떻게 하나로 결합될 수 있는지의 문제였다. 즉, 이것은 언어 기호와 조형 기호 사이의 새로운 관계맺음을 암시하는 것이다.

이는 반대로 그가 영화에서 문자텍스트를 다루는 방식에서도 드러난다. 영화 예술의 초기부터 많은 학자들이 영화에 삽입된 자막의 문제를 주목했다. 초기에 구연으로 낭송되어 영화 화면과의 동시성을 확보했던 언어 텍스트는 어느 순간 자막이 되어 영화 안에 삽입된다. 구연된 언어가 자막으로 변화하는 그 기원의 문제를 보더라도 자막은 마치 언어 텍스트에 더해진 일러스트레이션이 그러했듯 영화의 세계 외부에 독립적으로 존재하는 또 다른 기호체계, 특히 사진으로부터 출발한 영화 예술의 언어와는 전혀 다른 음성 언어의 체계에 의거해 있다. 언어 텍스트에 더해진 일러스트레이션처럼 영화 속의 자막은 영화라는 분명히 시각적인 기호들의 세계와 독립하여 존재하는 언어기호의 세계로서 이 때 그것의 조형적인 특성은 간과되었다. 즉, 자막은 분명히 문자로 존재하며 조형성을 지니고 있음에도 불구하고 일차적으로 음성언어의 환상을 불러일으키는 것을 목적으로 하고 있었다. 영화를 보는 관객들이 자막의 내용을 지각하는 과정에는 그것의 음성적 발화의 순간이 개입된다. 배우의 입술의 움직임에 대한 보충적 설명으로서 자막은 마치 동시녹음되지 않은 배우의 음성과 같았다. 에이헨바움이 레스코프(Leskov)의 「므첸스크 군의 맥베드 부인(Леди Макбет Мценского уезда)」를 바탕으로 한 영화 「카테리나 이즈마일로바(Катерина Измайлова)」(1927)에 대한 자막 작업 과정에서 레스코프의 문체론적 특성에 비추어 스카즈 화자의 구어적이고 유희적인 언어로 이루어진 문장을 삽입하려 했던 것은 이러한 관점에서 이해될 수 있다. 마찬가지로 자막에서 글자의 크기가 목소리의 크기를 나타낸다거나 등장인물의 대사보다 화자의 말이 보다 정서된 문자로 되어 있는 것은 명백히 삽입된 자막의 조형성이 음성언어로 번역되는 상황을 시사한다.[14] 즉, 기본적으로 시각적인 장르인 영화 예술에서 삽입된 자막은 역설적이게도 조형성을 희생함으로써 사진에 대한 언어적 일러스트레이션으로 환원되었다.

음성 언어에 기반한 언어 예술인 시 장르에서의 조형성을 주목한 바 있는 트이냐노프는 이번엔 반대로 시각 예술인 영화에 삽입된 언어 텍스트에 관심을 드러낸다. 특히 그의 언어 텍스트에 대한 관심은 음성학적인 환상으로부터 자유로울 수 없으며 따라서 영화의 시각적 기호들 외부에 일종의 메타적 기호 체계나 일러스트레이션으로 존재하는 자막의 영역을 넘어서 영화의 장면들 속으로 직접 개입하는 말, 즉, 보이는 말로서의 문자 텍스트를 향한다.

영화 속의 간판이나 각종 문서들이 자막의 기능을 하는 경우는 당시의 무성 영화에서 자주 발견되었다. 러시아 아방가르드 예술가들이 그린 거리의 풍경 속에 포함된 상점의 간판들처럼 영화 장면들 속에는 언어적이며 동시에 조형적인 기호들이 드물지 않게 존재했다. 그러나 트이냐노프는 이를 전면화시킨다. 위에서 언급한 조형성을 넘어서는 간판들 뿐 아니라 주인공이 외투를 만들기 위해 필요한 예산 내역이나 그가 읽는 문서가 전면화된다. 특히 영화 속에서 아카키 아카키예비치가 사랑에 빠지는 여인의 얼굴과 동일시 되는 사물로서 그가 정성들여 쓰는 장식적 문자들은 마치 주인공의 얼굴이 그러하듯 클로즈업 되면서 화면 전체를 채운다.

뿐만 아니라 앞서 지적하였듯 문자를 지우고 새로 쓰는 행위는 작품의 가장 중요한 사건이 된다. 표트르를 프롭으로 바꾸는 것은 이 영화 속에서 단순히 문자를 바꾸는 것이 아니라 슈제트와 인물을 변형하는 것에 해당한다. 고골의 원래 텍스트에서 가장 중요한 사건이 아카키 아카키예비치가 외투를 잃어버리는 것이라면 트이냐노프의 영화에서 오히려 그것보다 더 일차적이며 근본적인 중요성을 지니는 사건이 되는 것이 바로 문서를 위조하는 것이다.

그림 3 아카키 아카키예비치를 뒤덮은 펜의 깃털

이 영화에서 문자 텍스

트는 구연되는 텍스트로서의 자막의 언어이기에 앞서 직접적으로 영화의 평면 속으로 도입되어 새로운 슈제트를 만들고, 더 나아가 등장인물을 변형하고, 창조하는 기호였다. 심지어 문자 텍스트의 은유적 사물인 깃털과 문서들은 아카키 아카키예비치를 뒤덮는다. 쓰러진 그의 몸 위로 던져진 무수한 깃털과 문서들은 화면 전체를 메우면서 그의 몸을 가려 그를 '보이지 않는 사람'으로 만든다. '보이는 사람'은[15] 영화 언어의 양식을 따라 '새롭게 변형된 사물'로서의 문자 텍스트에 의해 대체된다. 문자 텍스트 없이 영화 속 아카키 아카키예비치는 존재할 수 없다. 심지어 그는 문자와 동일시된다. 죽어 가는 아카키 아카키예비치의 형상은 마치 「광인일기(Записки сумасшедшего)」의 주인공이 썼을 법하게 보이는 힘없이 흐트러지고 점차 소멸되어 가는 듯한 무의미한 기호들의 클로즈업을 통해 그려진다. 흐트러진 문자들은 주인공의 힘없는 몸짓에 다름 아니다. 그를 영화 속에 존재하게 하고 또 부재하게 하는 것 또한 바로 의미론적 기호로 변형된 문자 텍스트였다.

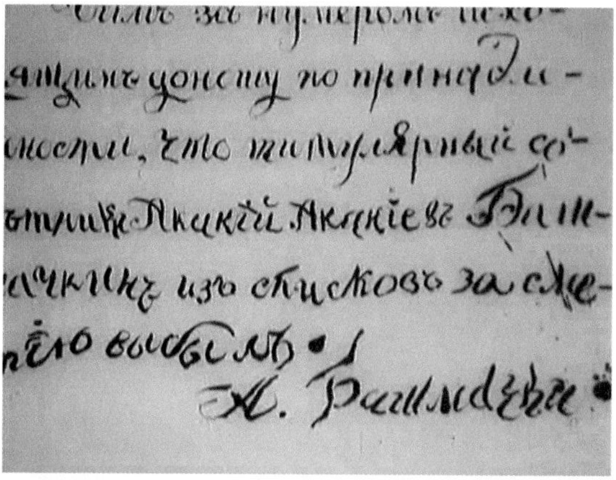

그림 4 힘없이 흐트러지는 아카키 아카키예비치의 글자들

이렇게 해서 트이냐노프는 화면 위에 보이는 있는 그대로의 사람을 영화 언어의 출발로 이해하는 발라츠(B. Balazs)에 대한 은닉된 논쟁을 드러낸다. 이 때 문자 텍스트가 아카키 아카키예비치의 운명을 결정하는 이 영화의 슈제트는 다시 한 번 에이헨바움이 자신의 논문에서 지

적한 바 있는 고골 텍스트에 묘사된 아카키 아카키예비치의 탄생과 명명의 과정을 떠올리게 한다. 음성적 울림에 의해 명명되는 고골의 주인공과 달리 트이냐노프의 주인공을 결정하는 것은 문자 텍스트, 그리고 그와 관련된 일련의 의미론적 사물들이었다. 스카즈적 어조의 환상이 아닌 활자의 장식적인 획들이 마치 주인공처럼 영화를 지배하는 이 영화를 통해 트이냐노프는 형식주의 시학 고유의 음성중심주의를 넘어서 영화 장르의 시각 예술로서의 본질을 단언한다.

이처럼 단어가 가시성을 얻는 것(логовизуальность), 즉 들리는 말이라는 제한을 넘어 영화적으로 변형된 '보이는 사물'이 되어 영화적 슈제트 속으로 편입되는 과정 속에서 '보이는 있는 그대로의 사람', 즉, '등장인물 그 자체(герой как таковой)'의 본질적 '형상(образ)'은 해체된다. 아카키 아카키예비치를 뒤덮은 깃털과 그의 얼굴을 관객으로부터 가로막는 문서 더미는 그가 영화 공간 속에 존재하고 있음이 분명함에도 그를 보이지 않게 만든다. 그것은 마치 가면(маска)과도 같다. 문서에 얽힌 사건 전후 주인공의 외모가 변하듯이, 또한 외투를 입고 있을 때와 벗었을 때 주인공의 행동과 표정이 달라지듯이 의미론적 사물들과의 관계에 따라 주인공은 변화한다. 주인공의 있는 그대로의 형상이란 환상에 불과하다. 주인공의 형

그림 5 아카키 아카키예비치를 시야에서 가리는 문서 더미

상은 기껏해야 그가 영화 속에서 끊임없이 쓰고 벗는 가면들의 총합이 될 뿐이다. 그 가면 뒤에 존재하는 것은 주인공의 고유한 형상이 아니라, 텅 빈 공허이다.

5. '형상'으로부터 영화적 수사(修辭)로

초기 형식주의자들의 강박적인 '형상(образ)'에의 집착은 20세기 초반 러시아의 문화적 상황과도 무관하지 않은 듯 보인다. 상징주의자들로부터 절대주의자들에 이르기까지 그들은 각기 다른 방식이었지만 보이는 것 너머에 존재하고 있을 무엇인가에 대한 미련을 떨쳐내지 못했다. 에이헨바움의 포토제니, 곧 영화적 자움에 대한 탐구 또한 그것의 엄밀한 영화적 정의와는 무관하게 완전한 자기동일성의 사물, 순수한 도상 기호에 내재하는 절대정신의 차원에 대한 지향을 내포하고 있다. 트이냐노프가 에이헨바움과 구별되는 지점은 바로 이러한 '형상'에 대한 태도이다. 트이냐노프의 키노제니는 오히려 불변의 형상이라는 텅 빈 기호 위에 끊임없이 덧씌워지는 변형되고 왜곡된 가면들이 이루는 현상학과 같다.

시어를 더욱 생생하게 만드는 것이 단어의 형상이 아니라 오히려 그것의 변형이라 여겼던 트이냐노프는 영화가 문학과 달라지기 위해서 또한 형상의 변형과 왜곡이 필수적임을 강조한다. 그가 등장인물들과 사물들을 변형, 왜곡하여 영화적으로 의미 있는 사물이 되게 하고 그것의 과격한 남유적 결합을 꾀한 것은 바로 도상적 기호로서의 근원적 형상이 아닌 영화 기호가 된 가면들의 교체를 통해서 영화가 만들어질 수 있다고 생각했기 때문이다. 트이냐노프는 있는 그대로의 사물을 조명이나 카메라 워크를 통해 의미론적인 사물로 변화시키고 그것에 고유한 영화적 문체를 부여하는 것에 관해 많은 관심을 기울였으며 이는 펙스의 대표적인 촬영감독 모스크빈에 의해 영화 속에서 실현되었다.

아카키 아카키예비치를 채색하는 많은 가면들은 명암과 카메라 각도의 콘트라스트를 통해 창조될 수 있었다. 마지막 장면에 등장하는 조명을 끄는 사람의 형상은 펙스에게 익숙했던 극장적 조건성의 표현만은 아니다. 그것은 아카키 아카키예비치라는 텅 빈 기호가 조명과 카메라 워크라는 영화적 기법들을 통해 비로소 존재의 형식을 얻게 됨을 암시하며 그의 죽음을 영화적 화면으로부터의 퇴장과 동일시한다. 가면을 벗기는 것은 본래의 형상을 보이는 것이 아니라 오히려 사라지게 하는 것이다. '아카키 아카키예비치 그 자체'는 영화 속에 존재

그림 6 마치 무대장치의 조명을 끄듯 거리의 가로등을 끄는 영화 마지막 장면

하지 않는다. 고골적 원형마저도 완전하지 않다. 그는 영화적 사물들과의 관계 속에서 계속해서 새롭게 규정된다.

> 잘못 쓰고 지우는 것, 마치 한 무리의 이름들에 이어 또 다른 이름들이 나오듯이 간판 위에 또 다른 간판의 글씨가 나타나는 것, 또한 영화 언어로 말하자면 화면이 디졸브 되는 것, 이는 텍스트들과 의미론적 층위들이 충돌하고 상호 침투하는 경우다. 이 때 바로 이러한 텍스트들의 충돌이야 말로 트이냐노프 영화의 가장 기본적인 구조 원리였다(Цивьян, 1986).

영화 속의 간판의 원래 글씨가 지워지고 다른 글씨가 나타나듯이 아카키 아카키예비치는 고골의 외투로부터 빠져나와 페테르부르크를 중심으로 하는 많은 문학 텍스트들의 가면들과 마주한다. 그와 그를 둘러싼 페테르부르크의 풍경은 곧 푸쉬킨으로부터 고골, 도스토예프스키에 이르는 페테르부르크 텍스트들의 팔림세스트가 된다. 이 영화 속에 도입된 많은 텍스트들은 트이냐노프가 창조한 영화적 가면들의 다양한 얼굴들과 다르지 않았다. 형상이 아니라 그러한 형상으로부터 계속해서 미끄러지는 양식화된 수사적 가면들이 영화를 이끌어 간다. 가면들의 교체를 이끌어 내는 영화적 테크닉으로서의 디졸브(наплыв)는 치비얀이 지적하고 있듯이 문학적 상호텍스트성에 대응하는 영화적 기법이다. 간판의 팔림세스트처럼 영화의 평면 위에서 가면들을 디졸브되며 겹쳐지고 또 교체된다.

이처럼 가장 본질적인 도상 기호로서의 사물 그 자체, 즉, 에이헨바움의 영화적 자움에의 환상을 떨쳐내고 계속해서 화면 위에서 디졸브되는 가면들과 텍스트들의 팔림세스트에 의해 비로소 창조되는 키노제니의 원리를 보여주는 이 영화 <외투>는 트이냐노프 자신의 영화 이론을 실험하고 선언하는 영화 언어 그 자체에 대한 영화라 할 수 있다. 원래의 텍스트를 쓰고 지우고 다시 쓰고 그것을 변형하는 아카키 아카키예비치의 지난한 작업은 치비얀 역시 지적하고 있듯이 시나리오 작가의 그것과 닮아 있다.

이 영화 <외투>는 이후의 펙스의 작업에 많은 영향을 주었다. 에이젠슈테인의 영화 이론 역시 펙스의 영화 미학에 일정 부분 빚지고 있다. 모두는 아니더라도 1920년대 말에서 30년대 초의 많은 러시아 영화들이 다름 아닌 트이냐노프의 영화 "<외투>로부터 나왔음"은 부정될 수 없을 것이다.[16)]

5장

아방가르드와 시각시(視覺詩): 20세기 러시아 시의 시각적 실험에 관하여

카멘스키, <강철시멘트의 서사시>

1. 시각시(視覺詩)란 무엇인가?

이 글은 20세기 러시아 시에 나타난 다양한 시각적 실험들, 더 정확히 말하면, 원칙적으로 언어예술인 시와 시각예술인 회화가 하나의 시적 평면 위에 결합된 시각시(визуальная поэзия)를 주제로 한다.

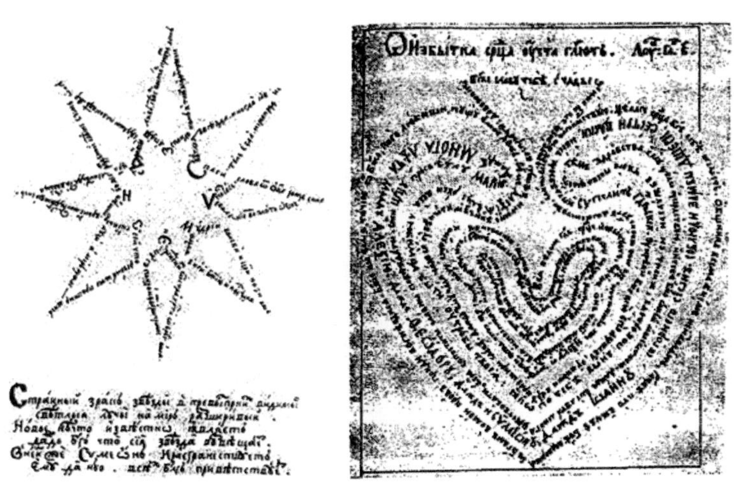

그림 1 시메온 폴로츠키의 그림시

이 때 시각시란 흔히 러시아 바로크의 대표자로 평가되는 시메온 폴로츠키의 그림시(фигурная поэзия)나 프랑스 초현실주의의 선구자 기욤 아폴리네르와 보즈네센스키의 칼리그람(calligram),[1] 마야코프스키(Mayakovsky)의 계단시를 비롯한 다양한 시적 실험들에서 보여지는 시행의 시각화 현상(визуализация стихотворения) 뿐 아니라, 크루촌늬흐의 「지옥에서의 유희」(Игра в аду)에서와 같은 시와 삽화의 결합, 그리고 아예 이제 시라는 테두리를 넘어서 회화에 더 가까워져 가는 카멘스키나 치체린(Chicherin) 등 러시아 아방가르드 작가들의 급진적 실험 및 1960년대 언더그라운드의 네오아방가르드를 대표하는 리 니코노바(Rea Nikonova, Ры Никонова)와 세르게이 시게이(Serge Segay, С. Сигей) 등을 중심으로 진행된 개념주의적 시도까지를 포함하는 포괄적인 것이다.

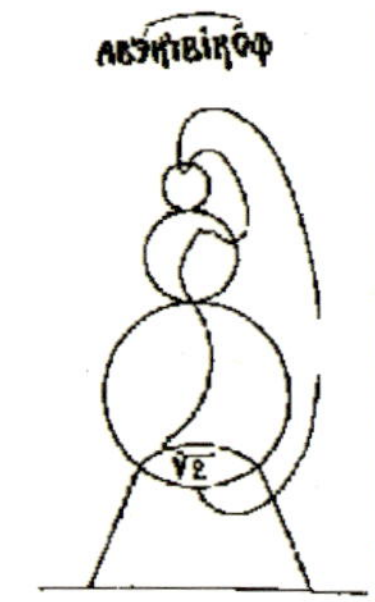

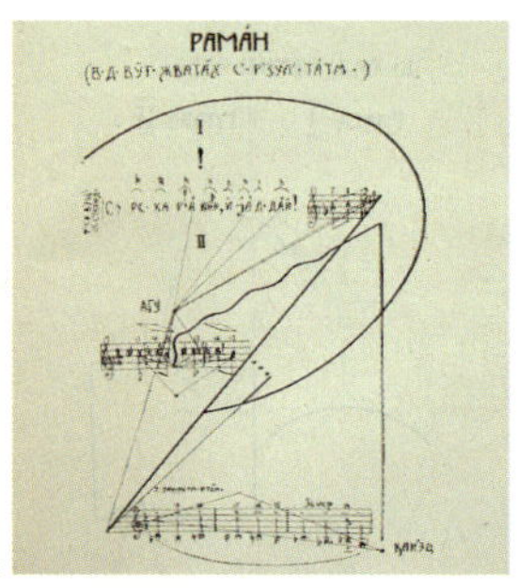

그림 2 치체린의 구성주의적 시각시

그림 3 크루촌늬흐, 「지옥에서의 유희」

'그림시(фигурная поэзия)'라는 용어는 엄밀한 의미에서, 시메온 왕자의 탄생을 그리스도의 탄생과 동일시하고, 시의 내용을 이미 고착화된 기독교적 상징인 '별'의 형상과 결합함으로써 시가 형상과 내용으로 동시에 말하게 하는 시메온 폴로츠키의 작품이나(그림 1),[2] 비에 대한 내용을 비가 내리는 형상을 통해 표현하는 아폴리네르의 칼리그람 같은 것을 지칭한다. 따라서 "Авэки викоф"라는 자움(заум)을 제목으로 하며, 언어기호가 아닌 선과 면으로 이루어진 시각적 구성만을 보여주는 치체린의 작품(그림 2)이나 언어가 최소화된 회화적 평면을 보여주는 릐 니코노바와 시게이의 작품을 그림시라 할 수는 없다. 오히려 이것은 언어기호와 형상의 이원론 자체를 파기하고 있는 새로운 시각적 시도로서 보다 넓은 개념의 '시각시(визуальная поэзия)'로 간주될 수 있을 것이다.[3)]

러시아 시사에서 이러한 시각적 전통이 처음으로 나타난 것은 17세기 시메온 폴로츠키에 이르러서이다. 벨라루스 출신의 궁정시인이었던 그는 유럽의 바로크 전통을 러시아 문화 속으로 가져오면서 다양한 carmina curiosa (курьезный стих) 장르를 소개하였으며, 이로부터 본격적으로 그림시가 창작되기 시작했다. 사실 언어텍스트와 시각성의 결합은 서유럽의 문화 속에서 그리 낯선 것이 아니다. 각각의 문자들에 내재한 의미로 세계를 설명하고자 했던 신플라톤주의적

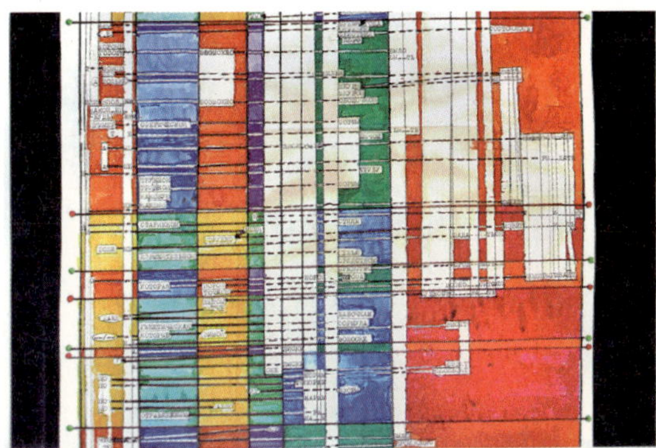

그림 4 릐 니코노바, 진공시 「9일」(▲)
그림 5 세르게이 시게이, 「변조(modulation)」(▼)

시도들이나 장식성이 극대화된 문자, 그리고 말과 그림이 결합되어 있는 다양한 엠블렘들에 이르기까지 이는 서구 문화의 뿌리 깊은 전통 중의 하나였다. 슬라브 문화권에서도 11세기 종교적 텍스트 속에서 이미 텍스트의 장식성에 대한 지향이 강하게 드러나고 있음을 발견하게 된다.[4)]

특히 다양한 예술 장르들의 통합을 지향한 17세기 바로크 문화에 이르러 시의 시각화에 대한 시도가 본격화된다.[5)] 바로크 시인들에게 "시는 말하는 회화이며, 회화는 말없는 시"(Giambattista Marino)였다. 그들은 시와 그림을, 때로는 시와 그림과 음악을 하나로 결합하였다. 서유럽에 비해 늦게 시작된 러시아 바로크의 문제는 여전히 논쟁의 대상이지만, 서유럽 바로크 시학의 다양한 요소들을 슬라브 문화 속으로 가져온 시메온 폴로츠키의 문학적 업적에 대해서는 대다수의 러시아 학자들이 동의하고 있는 바이다. 그는 이미 1600년대 중반기에 그림시 창작을 위한 시행 구성의 원칙을 정립하였고,[6)] 이후 그의 영향은 실베스트르 메드베데프(Silvestr Medvedev 1641-1691)와 카리온 이스토민(Karion Istomin 1650(?) -1717(1722)) 등의 작품을 통해 계속되었다.[7)] 그러나 이와 같은 바로크적 그림시 전통은 이후 점차 러시아 문학사에서 몇몇 개별적인 작가들의 지극히 개인적인 시도들로 위축되었으며, 19세기에는 거의 그 전통을 찾아볼 수 없게 된다.[8)]

'보여지는 시'에 대한 관심이 다시금 러시아 문학사의 표면으로 떠오른 것은 20세기 초 러시아 모더니즘과 아방가르드에 이르러서였다. G. 야네첵이 1900-1930년대 러시아 문학에서의 시각적 실험을 다루는 자신의 저서를 통해 보여주고 있듯이,[9)] 20세기 초 러시아 문학에서는 그 어떤 때보다 텍스트의 시각적 측면에 대한 관심이 고조되었다. 활자나 매뉴스크립트 등 텍스트의 외양이나 텍스트의 공간적인 구성 및 단

락의 배열에 대한 관심이 증대되었고, 텍스트와 그림의 결합으로 이루어진 루복과 같은 원시주의적 장르가 새롭게 조명되었으며, 다양한 장르적 특성을 혼합한 종합적 경향의 예술작품을 창조하려는 지향이 거세어졌다. 구성주의자 엘 리시츠키(El Lissitsky)는 마야코프스키 시집을 디자인했으며(1923), 필로노프는 흘레브니코프의 시집(1914)을 위한 석판화 작업을 함께 하기도 하는 등 책의 표지와 디자인에 대한 관심도 증대되었다.[10)]

이러한 시각 문화의 기형적인 성장은 마침내 언어 텍스트를 잠식하는 극단적인 시각적 시도로서의 새로운 시각시의 등장으로까지 이어졌다. 벨르이 텍스트의 시각적 구성이나, 브류소프의 바로크적 시각시가 언어 기호를 보존한 채 언어와 형상의 결합을 꾀한 소극적인 시도였다면, 카멘스키와 치체린 등에 의하여 행해진 미래주의와 구성주의의 시각적 실험은 기존의 기호체계 자체를 뒤엎는 파격적인 것이었다. 이는 우선적으로 기존의 고정된 경계를 파괴하려는 아방가르드 고유의 과격성이나 언어 질료를 그 자체로 드러내고 그것을 낯설게 하는 창작 전략에서 기인한다. 즉, '기행'과 '낯설게하기'로 특징 지워질 수 있는 아방가르드의 미학적 원칙 속에서 시의 한계를 뛰어넘는 '보여지는 시'를 향한 지향은 매우 강하였으며, 이는 그림시의 협소한 방법론을 넘어서는 보다 급진적인 시각성의 도입으로까지 이어지게 되었다. 특히 미래주의자들과 구성주의자들은 언어 텍스트를 그림이나 그래픽, 영화, 더 나아가 악보와 수학적 기호, 구두점과 기하학적 도형 등의 다양한 비언어적 텍스트들과 결합하려 했다.[11)] 심지어 치체린의 경우는 언어적인 요소를 전혀 가지지 않는 시각시를 옹호하면서, 의미가 모호하고 자의적이며 추상적인 언어기호가 아닌 구체적이며 도상적인 비언어적 기호 체계에 의거하는 그림으로 된 기호, 즉, '픽토그람(pictogram)'으로

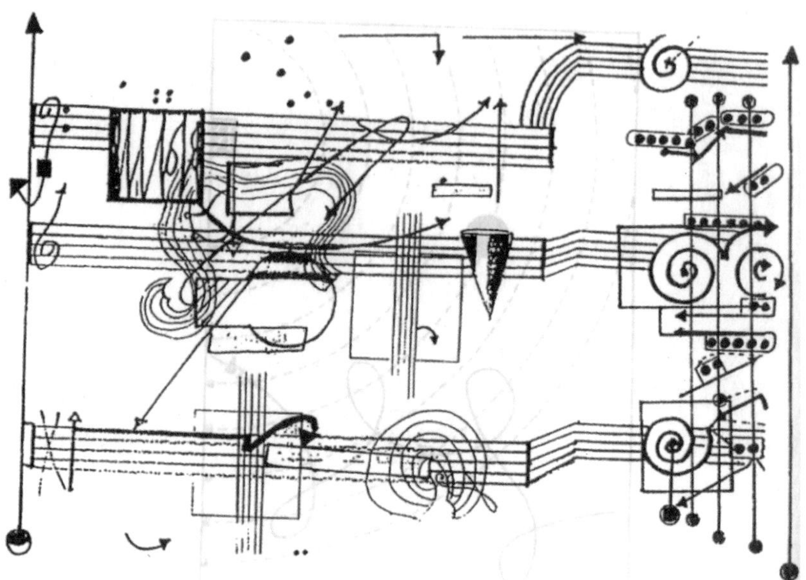

그림 6 리 니코노바의 음악시

이루어진 시를 통해 언어 기호보다 더 많은 의미로 포화된 새로운 기호체계를 창조하고자 했다.[12]

이후 아방가르드의 쇠퇴 및 소비에트 체제의 도래와 함께 러시아 문학장에서 시각시의 전통은 거의 사라지는 듯 했다. 아방가르드를 계승하고자 했던 개별적인 작가들에 의해 여전히 시각시가 창작되었지만 실험적 예술에 대해 적대적이었던 사회주의 리얼리즘 미학의 지배 속에서 이들은 단지 소비에트의 비순응적 예술, 혹은 언더그라운드로 존재할 수 있을 뿐이었다.

이러한 억압적 상황은 은세기 문화의 부활을 꿈꾸었던 해빙기에 이르러 다소 완화되는 듯 보였고 이를 틈타 아방가르드의 후계자임을 자처하는 문학적 움직임들이 하나 둘 모습을 드러낸다. 그 대표적인 예가 리 니코노바와 세르게이 시게이를 중심으로 1960년대 중반부터 활동하기 시작한 욱투스 학파(уктусская школа, 1965-1974)였다. 물론 이들은 여전히 소비에트의 언더그라운드였으며, 작품 역시 사미즈다트를 통해서만 발표될 수 있었다.[13] 일례로 욱투스 학파를 계승하여 1979년 탄생한 'trans-시인(транс-поэт)' 그룹이 간행한 『트랜스포넌스』(транспонанс)는 발행부수가 5부에 불과한 핸드메이드 사미즈다트 저널이었다.[14]

Я - ЭТО НЕ Я
(жест)

그림 7 리 니코노바의 소형-프로토-희곡의 예

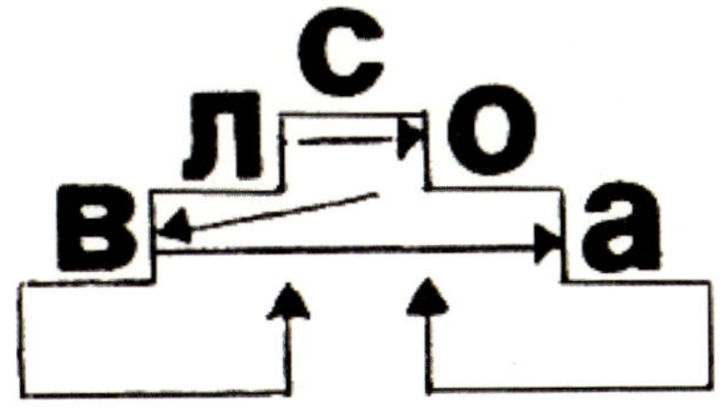

그림 8 리 니코노바의 진공시의 예

1. вопрос	2. ответ
	?
?	? ?
	? ? ?
	? ? ? ?
	? ? ? ? ?
	! ? ! ? ! ? ! ?
	!?? !?? !?? !??
	??? ??? ??? ???

그림 9 삽기르, 「세 요소로 이루어진 시」 연작 중

'60년대인(шестидесятники)'이자 동시에 20년대 러시아 아방가르드의 계승자로서 이들은 20세기 초반 러시아 아방가르드의 정신을 따르며 동시에 그것을 넘어서고자(trans-) 했던 바, 이는 이들의 작품 속에서 러시아 아방가르드의 형식적 실험이 그 극단을 드러내며 혼재하게 되는 결과를 가져왔다.[15] 시각시 역시 그 중의 하나였다. 이들은 언어와 시각적 텍스트의 경계를 무화함으로써, 시의 장르적 외연을 확장하였고, 이는 '음악시', '시적 극장', '시적 영화', '일상(быт)의 시', '몸(тело)의 시' 등 20년대 아방가르드의 시각적 실험을 넘어서는 다양한 스타일의 시각시 형식의 창조로 이어졌다.[16] 심지어 이들은 퍼포먼스로서의 시를 주장하며 '소형-프로토-희곡(мини-прото-пьеса)'이라는 새로운 장르를 만들어내기도 하였으며, 치체린의 시도를 계승 발전시켜 텍스트와 텍스트의 부재가 이루는 긴장과 벡터로 특징지워질 수 있는 진공시(vacuum poetry)를[17] 고안하기도 하였다.

1970년대 이러한 시각시의 전통은 러시아 언더그라운드의 '새로운 시' 속에서 보다 확대되었다. 그 대표적인 흐름이 오베리우를 비롯한 러시아 아방가르드의 후계자임을 자처했던 모스크바의 리아노조보(Лианозово) 시인들이었다.[18] 서구의 구체시와 자주 비견되는 리아노조보 시인들은 언어를 이루는 최소의 단위들에 지속적으로 관심을 기울였다. 이들은 자신의 시에서 구두점이나 언어의 철자 하나하나가 구체적으로 현현할 수 있도록 했으며, 단어들, 철자들이 이루는 선형과 그래픽적인 측면에 관심을 기울였다. 이들에게서 '문자'는 음성학적 단위이거나 의미론적 요소이기 이전에 시각적이고 공간적인, 그 자체로 자족적인 하나의 物이었으며, 이러한 언어 기호의 자족성에 대한 인식은 때로 이들의 작품 속에서 하나의 알파벳이나 문장 부호가 시 전체를 이루는 것을 가능하게 하였다.

이와 같은 시각적 실험들은 이후 러시아 포스트모더니즘을 대표하는 모스크바 개념주의 시인들을 비롯하여,[19] 블라디미르 카자코프, 세르게이 비류코프, 빌렌 바르스키(Vilen Varsky) 등에 의해 계속되었다. 나자렌코(T. Nazarenko)가 지적하고 있듯이[20] 20세기 후반 러시아에서 시각시 장르는 전성기를 맞이한다. 시각시의 다양한 형태와 하부장르들이 생겨났고, 아크로스틱이나 팔린드롬(палиндром),[21] 바로크 전통을 따르는 그림시로부터 미니멀리즘을 지향하는 완전히 비언어적인 그림시에 이르기까지 폭넓은 시도들이 동시적으로 행해졌다. 그러나 이러한 시각시의 전통이 리아노조보 시인들과 개념주의자들을 비롯한 급진적인 네오아방가르드 시인들의 전유물이었던 것은 아니다. 러시아 시의 고전적 전통을 계승하려 했던 현대의 여러 시인들에게서도[22] 시각시의 시도들은 드물지 않게 나타났다.[23] 물론 이들의 시각적 실험은 급진적 아방가르드 예술가들의 시각적 실험과는 달리 언어 기호의 회화적 속성을 드러내는 정도에 그치는 경우가 많았지만, 언어 기호의 물질성을 드러내고 시어의 본질을 사유함으로써, 그것의 기호적 이중성을 폭로하며 낯설게 한다는 점에서는[24] 이들의 작품 역시 20세기 초반 러시아 아방가르드의 미학적 원칙으로부터 크게 벗어나지 않았다.

БОГ
GOD
БОГ
GODСПОДИ
БЛАГОGODСЛОВИ
GODСПОДИ
БОГ
GOD
БОГ

그림 10 바르스키, 「십자가」

지금까지 살펴본 바, 20세기 러시아 문학사 속에서 시각시는 아방가르드에 의해 부활한 이후 지속적으로 존재해 왔다. 사회주의 리얼리즘 체제하에서조차 그것은 여전히 '은닉된 문학(потаенная литература)'으로 이어져왔다. 특히 소비에트 공식문학에 의해 억압되어 온 20세기 초반의 러시아 모더니즘에서 예술의 이상을 발견하고 그것을 계승하려 했던 언더그라운드 시인들에게서 이러한 시각시의 시도들은 더욱 자주 발견되었다. 리 니코노바가 구성주의자 치체린을 높이 평가하며 그를 러시아 최초의 개념주의자로 칭하였으며, 아울러 욱투스 학파와 모스크바 개념주의를 치체린의 구성주의와 함께 러시아 문화 속에 존재하는 세 번의 개념주의적 시도로 동일선상에서 이해하고 있는 것은[25] 바로 이러한 관점에서 이해될 수 있을 것이다. 소비에트의 언더그라운드 시인들에게 러시아 아방가르드는 단순히 미학적 전범이었을 뿐 아니라, 문화적 이상향이기도 했다. 아방가르드의 과격성과는 거리가 있는 시인들에게서 역시 아방가르드 미학은 문학적 유토피아의 기호로서 의미를 지녔다.

이 글에서는 바로 이러한 관점에서 시각시 현상을 고찰한다. 그것의 미학적, 기호학적 특성 뿐 아니라, 문화적 코드로서의 의미를 살펴보려 한다. 특히 러시아 문화사 속에서 시각시 현상이 두드러지게 나타났던 세 시기 ― 바로크와 러시아 아방가르드, 그리고 현대 러시아 개념주의를 중심으로 시각시의 현상적 측면과 언어 예술의 시각화 현상을 촉발한 미학적 패러다임의 전환과 언어기호의 문제를 조망하려 한다. 또한 이를 전제로 소비에트 언더그라운드와 개념주의에서의 시각시 현상을 러시아 아방가르드와의 관계 속에서 분석하며, 아방가르드 기호가 이들의 작품 속에서 새롭게 변용되는 과정들을 추적함으로써 그것의 문학사적, 문화적 의의를 보일 것이다. 마지막으로, 현대시의 다양한 시각적 시도들로 논의를 확대하고 시각시의 수용과 해석의 과정에 내재하는 시간성, 퍼포먼스로서의 특성을 지적함으로써, 시각시의 의미화 메커니즘을 드러내고 그것의 현대적 가능성을 새롭게 조명하는 것 역시 이 글의 목표라 할 것이다.

2. 아방가르드의 시각시와 "새로운 시선"의 문제

앞서 살펴본 러시아 문학사 속의 시각적 실험들은 두 가지 방향을 띤다. 하나가 언어의 의미를 형상을 통해 동시적으로 구현함으로써 언어의미와 기호의 동형성, 즉, 도상적 기호의 이상을 향해 나아갔다면,

다른 하나는 언어 텍스트를 지워내고 자의적인 상징적 기호로서의 언어를 그 자체로서 의미를 내포하는 초월적 기호로서의 형상소로 대체하려 했다. 전자를 대표하는 것이 바로크의 그림시와 모더니즘, 초기 아방가르드의 시각적 실험이었다면, 급진적 미래주의와 구성주의자들, 그리고 네오아방가르드를 비롯한 개념주의자들은 자주 언어의 관습을 넘어서려는 후자의 시도를 보여주었다. 그러나 얼핏 상반된 것처럼 보이는 이 두 방향은 궁극적으로 신화적이고 완전한 기호의 이상을 구현하려 했다는 점에서 유사한 지점을 드러낸다.

육체와 정신, 구체와 추상, 공간성과 시간성 등 대립적인 두 항을 결합하고 공존하도록 하는 바로크 미학 속에서 언어와 형상의 결합은 자연스러운 현상이었다.[26] 세계를 가득 메우고 있는 상징과 기호들의 미로 속에서 바로크 사상가들은 그러한 상징과 기호로 채워진 책 혹은 무대를 세계 자체와 동일시하기에 이른다. "세계=책, 혹은 세계=극장, 세계=캔버스" 등의 바로크적 세계관은 기호와 기호 아닌 것, 즉, 기호와 세계 사이의 구분을 폐기함으로써 가능했다. 앞의 폴로츠키의 별 모양 시에서 그리스도의 탄생에 비견될 완자의 탄생은 별이라는 상징 속에 표현되었다. '별'은 이미 나름의 전사와 의미, 신화를 축적하고 있는 상징적 기호이다. 그러나 여기서 그러한 상징적 기호는 동시에 실제적인 별의 형상을 통해 표현된다. 언어 텍스트의 내용을 표상하는 기호로서의 별이 동시에 실제적인 형상으로 구현되는 것이다. 또한 별모양을 구성하는 각 시행의 첫 단어가 '시메온'이라는 아크로스틱을 이룸으로써 형상으로서의 별의 중심에는 그리스도의 형상을 대체하는 시메온 왕자의 형상이 존재하게 된다. 신성을 내포하는 상징인 별은 동시에 그 안에 그리스도의 형상을 품은 실제적인 별의 형상을 띠게 됨으로써 완전한 도상적 기호의 이상을 지향한다.[27] 이 때 언어는 완결된 기호의 '의미'인 동시에 그것을 구성하는 '육체'로서 형식과 내용, 말과 사물의 구분을 철폐한다.

폴로츠키의 두 번째 시 「러시아의 독수리」(Орел Российский)는 바로크 시기 융성하였던 엠블렘시의 하나로 간주된다.[28] 엠블렘에 그려진 문장(紋章) 혹은 그림들은 폴로츠키의 별이 그랬던 것처럼 그 자체가 하나의 자족적인 세계를 이룬다. 그것은 이미 고착화되거나 관례화되어 있는 일반화된 형상이다. 대개의 경우 엠블렘을 둘러싸고 있는 원형의 테두리는 엠블렘의 자기 완결성을 나타낸다. 따라서 이러한 도상과 언어의 결합으로 이루어진 엠블렘은 곧 세계 자체를 의미하는 원형적 형상과 이미 준비된 언어의 결합이 된다. 형상은 몸이고 언어는 영혼으로서 둘은 하나의 표면 위에 공존한다. 이처럼 모든 말에 형상을 부여하려 했고, 동시에 형상의 진정한 언어를 찾으려 했던 바로크 학자들의 지향은 엠블렘이라는 장르 속에서 극대화되었다. 그들에게 있어 세계가 말로 표현될 수 있다는 것은 곧 그 말에 상응하는 형상을 가지게 되는 것을 의미한다. 서구의 문화 속에서 태초의 언어는 신과 동일시되었다. 신은 곧 세계를 의미했으며 따라서 신과 세계는 동일한 것으로 간주되었다. 그러나 점차 말과 세계는 신 자체가 아닌 '신에 속한 것'으로 이해되어가며, 말은 신의 영혼이며 세계는 신의 육체로서 이 둘은 분리의 과정을 겪는다. 바로크 시인들은 바로 엠블렘이라는 장르를 통해 말이 곧 신성이었으며 세계였던 순간을, 신의 형상을 그린 성상화가 곧 신의 육이자 신의 말이었던 종교적인 경험을 가능하게 했던 신화적 시간을 지향하였다. 따라서 모든 언어에 상응하는 형상을 부여하며 바로크 시인들은 스스로를 창조자로, 제 2의 신으로 간주하였다.

이는 러시아 아방가르드에서도 마찬가지였다. 그들 역시 기호와 기호 아닌 것 사이에서 동형성을 보았고 이는 그들의 낭만주의적 확장주의를 가능하게 했다. 기호를 지배하는 예술적 창조행위를 통해 세계를 지배할 수 있다고 생각한 것 역시 아방가르가 바로크와 공유하는 점이다.[29] 물질적인 것, 육체적인 것에 대한 영적, 정신적인 것의 우위는 아방가르드의 새로운 미학적 규범 속에서 배척되었던 바, 기호의 시각성에 대한 새로운 관심과 기호의 물질적 본성 그 자체, 기호 그 자체를 있는 그대로 드러내는 아방가르의 창작 전략 역시 이러한 관점에서 이해될 수 있을 것이다.

이 때 흘레브니코프와 크루촌늬흐를 중심으로 입체-미래주의자들의 새로운 언어로 등장한 자움은 언어 기호의 질료적 특성으로부터 의미를 지니는 형상소를 발견해 내었다는 점에서 다분히 시각적 언어 실험과 일맥상통하는 데가 있다.[30] 그들에게서 지금까지 관념에 불과했던 음소는 소리와 형태의 질감에 의해 그 자체로 고유의 의미를 지니는 구체적 실체가 되었다. 그들은 이를 통해 기존의 자연언어의 자의성을 넘어서는 새로운 언어체계를 만들 수 있을 것이라 믿었다. 텍스트를 읽기의 대상이 아닌 시선의 대상으로 삼을 수 있었던 것 역시 기호의 질료성을 통해 현현하는 새로운 의미에 대한 이들의 믿음에서 기인한다.

자움을 시각적 시도와 결합한 카멘스키나 자움마저도 거의 배제해 나간 치체린의 시도는 자움의 가능성을 더욱 극단화하고 언어기호의 질료성으로부터 형상의 선험적 의미에 의거하는 새로운 형상기호의 체계로 나아간 것이다. 치체린에게서 단어와 시행은 이미 사물로, 시의 질료적 기호로, 회화적 대상으로 전환되었다. 그것은 사실 아방가르드의 전시회에 걸려 있는 회화 예술이나 일종의 퍼포먼스에 가까운 전시된 사물과도 같았다.[31]

카멘스키의 서사시는 물질적이고 구체적인 '강철시멘트'라는 제목이나 가시화된 명사들의 집적에도 불구하고 그 어떤 구체적인 서사도 지니지 않는다. 치체린의 기하학적 평면은 마치 비밀의 기호와 도형들로 이루어진 은밀한 지도와 같이 보이기도 한다. 기호들과 도형들이 이루는 새로운 조형언어의 지배 속에서 독자에게 남겨지는 것은 아방가르드 고유의 기행이나 파격으로 인한 낯섬 외에 오히려 가장 원시적인 상형문자의 신비주의나 암호 혹은 주술과도 같은 비교(秘教)적인 인상이다.

아방가르드의 다양한 형식적 실험들은 기호에 대한 사유라는 메타시학적인 물음을, 보이지 않는 것의 가시성을 강요한다. 카멘스키의 서사시를 이루고 있는 자음 역시 인간의 시각이나 이성 너머를 지향한다. 흘레브니코프나 엘레나 구로의 시에 등장하는 자음으로 이루어진 시행들은 무의미할뿐더러 그것이 지칭하는 대상을 비워버린다. 그네도프(Gnedov)의 「끝의 서사시」(Поэма конца)는 아무 언어도 없는 행위, '절대적 무'로 이루어져 있다.[32] 그의 서사시는 제목 외에 그 어떤 관례화된 기호들도 포함하지 않는다. 텅 빈 흰 공간과 영원한 정지를 보여주고 있을 뿐이다.[33] 그가 「끝의 서사시」를 통해 말하고자 한 예술의 죽음은 미래주의자로서의 기행이나 제스취의 극단을 보여주는 행위였지만 동시에 언어 없는 행위의 시각성을 통해 언어의 시간성을 초월하는 영원성으로 청중을 이끌어 가고, 예술의 죽음이라는 제의의 과정을 통해 새로운 예술의 탄생으로 나아가기 위한 신화적, 주술적 행위이기도 했다.

이처럼 이들 극단적 미래주의자들의 시각적 시도들은 역설적이게도 구상성을 통한 비구상성의 구상화를 추구한다. 순수한 음악성, 혹은 고매한 상징을 통해 보이지 않는 세계를 표상하려 했던 상징주의자들과는 달리 러시아 아방가르드 작가들은 가장 즉자적이고 물질적인 형상을 통해 기존의 언어적 관행과 세계에 대한 선형적 서사로서의 텍스트가 재현할 수 없었던 것을 재현하려 했다. 그러한 의미에서 이들의 시각시는 비구상성을 형상화한, 더 정확히는 비구상의 세계를 가리키고 그곳으로 인도하는 지시적인 기호가 된다. 회화 그 자체, 언어 그 자체 같은 아방가르드의 이상은 역설적이게도 그들의 "구상적인 사변"(предметное умозрение)의 형상이며, 그러한 형상이 재현하는 것은 사변의 과정이나 사변의 형식 같은 초월적이고 비구상적인 것, 혹은 비구상성 그 자체이다. 이들의 텍스트는 극단적으로 구상적이며 시각적이지만 이러한 구상을 통해 보는 것은 어쩌면 최소화되어 존재하지 않는 새로운 언어, 즉, 바로크 시인들이 말한 세계의 영혼으로서의 언어라는 극도로 추상화된 사변적 이상으로서의 로고스와도 같다. 이들이 끝까지 자신들의 작품을 회화가 아닌 시로 칭한 것은 아마도 이처럼 언어의 부재를 통해 이들이 표현하려 했던 것이야말로 언어로 이루어진 시가 보여줄 수 없었던 새로운 시어의 이상이었기 때문일 것이다. 바로크 시인이나 자움 시인들의 새로운 언어를 향한 추구와는 일견 다르게 보이는 이들의 급진적 시각실험이 그들과 공유하는 지점은 바로 새로운 응시의 대상으로서의 이러한 초언어에 대한 지향이라 할 것이다.

'새로운 시선(Новое зрение)'의 문제가 1910-20년대 아방가르드 예술가들의 중심적인 주제가 된 것도[34] 이러한 관점에서 설명될 수 있다. 그들이 말한 "뢴트겐 광선과도 같은 시선, 몸의 내면을 보는 시선"은 세계를 관통하여 그것의 형상 이면을 보는, 혹은 형상성 너머의 비구상적인 세계를 관조하는 시선과 다르지 않다. 이것은 보는 것이 아는 것으로 이어지는 일반적인 인식론의 과정을 뛰어넘어, 보는 행위로서의 관조 그 자체가 '앎'이 되는 직관적인 사유를 의미한다.[35] 인식론적 과정은 관조의 행위 그 자체 속에 응축된다. 즉, 아방가르드 시인들의 시는 점차 기존의 의미론이나 통사론에 기반한 읽기의 대상이 아니라 '시선의 대상'이 된다. 이것은 형상과 그림의 동시적 지각, 즉, 세계의 영혼과 형상이 하나로 된 전일적인 언어를 응시하려 했던 바로크 엠블렘의 이상이기도 하다. 카멘스키의 서사시를 채우고 있는 것과 같은 자움은 읽고 이해해야 하는 어떤 것이 아니라 기존의 언어와의 다름을 지적하는 텍스트 행위로서의 反언어와 같다.[36] 그것은 일상화된 언어, 혹은 의미에 대한 문제를 제기하고 이 세계 너머의 원칙을 읽어낼 것을 강요하며 그것에 대한 서사를 감행하는 텍스트 행위로서의 새로운 서사시이다. 일견 부조리로 보이는 자움이나 급진적 시각시의 시도는 아방가르드 작가들에게서 기행이나 낯설게 하기를 넘어 새로운 관조의 방법을 제시하고 또한 각각의 문자 속에, 각각의 형상소 안에 존재하는 개별적이며 동시에 초월적인 세계를 향한 새로운 시선을 촉구하는 선언적 행위이다. 이 때 이들의 물에 대한 응시는 인식의 방법론이 되는 것이 아니라 다른 차원의 인식 행위 그 자체가 되는 바, 그것은 마치 기행이나 부조리의 표면 속에 종교적인 차원의 내면을 향한 역행하는 관조의 시선을 감추고 있는 예술적 유로지브이(聖바보) 행위와도 같이 보인다.

이러한 선험적 세계에 대한 시선의 문제라는 측면에서 아방가르드의 시각시는 비구상성의 정점으로서 구상성의 최소화를 꾀하는 말레비치의 검은 사각형의 종교성을 공유한다. 언어기호 속에 집적된 의미론을 최소화하는 시각시의 작업은 회화적 요소들을 제거함으로써 역설적으로 내러티브로 포화된 무채색의 텅빈 사각형만을 남겨두었던 말레비치의 작업과 다르지 않다. 구상의 미니멀리즘을 통해 검은 사각형이 지금까지 재현할 수 없었던 영역의 새로운 언어로 과포화 되듯이 시각시는 언어 기호의 의미론적 최소화, 혹은 언어가 부재하는 텅 빈 언어의 시라는 새로운 공간적 시도를 통해 새로운 시의 언어를 추구한다. 자움이 아직까지 언어기호의 테두리 내에서 그것에 대한 부정을 꾀했으며, 초기 아방가르드의 시도가 언어와 형상의 결합을 통해 언어 기호를 새롭게 바라보려 했다면, 치체린 등의 급진적 시각시는 언어의 부정을 통해 역설적으로 새로운 언어의 추구를 향해 나아갔다. 이처럼 급진적 아방가르드의 시각적 시도들은 형상과 언어의 분리, 즉, 영과 육의 분리 이전의 신화적 세계의 기호, 완전한 로고스의 현현을 추구한 바로크의 기호적 도상성을 향한 지향과 일맥상통하는 바, 이는 말레비치의 검은 사각형이나 오베리우의 ㅇ과 마찬가지로 아방가르드 예술가들의 현실 너머를 향한 초월적 지향을 내포하는 텍스트 행위로 이해될 수 있을 것이다.

3. 러시아 언더그라운드의 시각시와 아방가르드 전통

아방가르드의 쇠퇴 이후 한동안 소강상태를 보이던 시각시가 60년대부터 아방가르드 전통의 계승자임을 자처하는 네오 아방가르드 작가들과 개념주의자들, 리아노조보 시인들이나 보즈네센스키의 작품 등에서 다양한 형태로 부활하는 것은 앞서 지적하였다. 사실 네오아방가르드의 탄생은 해빙기의 사회문화적 상황 속에서 그다지 놀랄만한 일이 아니다. 당시 아방가르드 작가들의 공식적인 활동이 없었고 많은 이들이 망명하거나 때 이른 죽음을 맞이하였음에도 불구하고, 60년대까지 그들은 드물지 않게 생존하고 있었을 뿐 아니라 아방가르드의 문화적 기억이 60년대인들에게 이어지게 하는 데 있어 큰 역할을 함으로써 러시아 아방가르드와 60년대의 네오 아방가르드의 시간적 연속성을 가능하게 하였다. 게다가 50년대 말부터 해빙기의 자유주의적, 낭만주의적 분위기 속에서 아방가르드는 새롭게 조명될 수 있었다.

또 하나의 이유는 아방가르드 미학이야말로 사회주의 리얼리즘의 강제 속에서 러시아 언더그라운드가 택한 미학적 반작용이었다는 점이다. 이 때 그들의 아방가르드 미학에 대한 열렬한 수용은 특히 아방가르드에 내재하는 작가권력에 대한 지향과도 무관하지 않았다. 기호의 창조와 현실의 창조를 분리하지 않았던 바로크적 세계관을 바탕으로 하는 아방가르드 문화 속에서 작가의 신적인 권력에 대한 확신은 다른 어떤 때보다 강했으며,[37] 특히 이는 새로운 기호 체계를 수립하려는 자움이나 시각적 실험 속에서 강하게 나타났다. 60년대의 네오 아방가르드가 러시아 아방가르드의 자움과 시각적 전통, 오베리우 시학 등에 큰 관심을 기울인 것도 이러한 관점에서 이해될 수 있을 것이다. 즉, 60년대 이후 러시아 언더그라운드 문학의 대표적인 특징이라 할 수 있는 자움과 오베리우적 부조리의 문제,[38] 시각시에 대한 관심은 아방가르드와 자신들의 연속성을 드러내는 문화적 코드와도 같은 것이었을 뿐 아니라, 공식문학의 강제에 의해 억압된 이들의 내적인 인정투쟁과 작가권력에의 지향을 반영하는 것이기도 했다.

그림 11 레빈, 「자유」

언더그라운드 시인들은

그림 12 흘레브니코프의 자움시 "Крылышкуя золотописьмом"를 시게이가 시각화한 것

그림 13 시게이의 「쉼표시」

그림 11의 레빈(Levin)의 작품에서처럼 아방가르드와 현대 러시아의 비쥬얼리스트의 관련성을 직접적으로 드러내고 있을 뿐 아니라, 아방가르드를 직접 언급하거나 그들의 기호를 그대로 반복함으로써 자신들과 러시아 아방가르드의 연속성을 확고히 하고 그들의 정신을 계승하고자 했다. 또한 야콥슨이 미래주의의 계승자라 칭했던 대표적인 자움시인 아이기를 비롯하여 모나스트ির르스키와 등의 시에서는 자움의 창작이 침묵을 텍스트 내에 구현하기 위한 헤시카즘(Hesychasm)적 시도와 결합되고 있는 것을 볼 수 있으며,[39] 이는 20년대의 그네도프와 치체린이 자움으로부터 시각적 비움과 진공화의 시도로 나아가는 과정과도 유사하다. 즉, 이들의 실험적 기호는 아방가르드 전통에 대한 의도된 수용이었을 뿐 아니라, 이들이 세기초 아방가르드 시인들과 공유한 부정신학적 방법론을 내포하는 보다 적극적인 세계 창조의 시도이기도 했던 것이다.

러시아 네오아방가르드로서 가장 활발한 활동을 펼친 리 니코노바와 시게이는 구성주의자였던 치체린에 대한 새로운 해석과 모방을 통해 급진적이고 독특한 시각시 장르를 창조하였다. 자움을 시각적 실험과 결합하는 시도로부터 한걸음 더 나아가 이들은 자움의 언어 기호적 본질마저 부정함으로써 완전한 시각기호를 지향했다. 심지어 시게이는 흘레브니코프의 자움시를 언어가 부재하는 완전한 시각적 기호들을 통해 새롭게 창작하는 시도를 보여주기도 하였다(그림 12). 이는 아방가르드의 자움을 자신들의 픽토그라피(pictography) 체계와 결합하려는 시도로서 자움시에 대한 이차적인 텍스트 행위인 동시에, 네오아방가라드 시인들이 아방가르드 텍스트와 맺고 있는 상호텍스트적 관계가 아방가르드에 대한 메타적 자기인용(автометаописание)으로서의 베끼기 행위와 다르지 않음을 증명하는 것이다.[40]

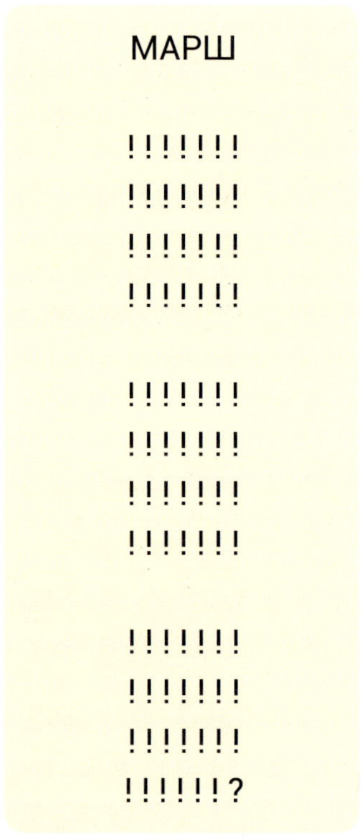

그림 14 삽기르, 「세 요소로 이루어진 시」 연작 中 「행진」

또한 이들은 치체린의 '언어 기호 없는 시'를 '회화 그 자체'로까지 발전시켰으며, 언어의 현존과 부재, 비어 있음과 움직임의 상호작용을 통해 창조되는 진공시를 향해 나아갔다. 시게이의 쉼표들로 이루어진 진공시는 치체린의 탈언어적인 새로운 기호 체계와도 같이 언어기호를 완전히 배제하고 쉼표만을 이용하여 시를 구성한다. 여기서 쉼표는 이미 구두점으로서의 쉼표의 의미를 상실한 형상소에 가깝다. 시게이의 작품은 이러한 쉼표의 존재와 부재, 그것의 겹침만으로 시행을 구성하고 시행의 움직임을 형상화하였다. 이 때 형상소로서의 쉼표들은 시의 두운과도 같이 아나포라를 이루기도 하며 운율과 리듬을 만들어낸다. 그러나 쉼표들이 비교적 화면을 가득 메우고 있는 이 작품을 진공시라로 칭할 수 있는 것은 역설적으로 쉼표의 관례화된 기호적 의미 때문이다. 쉼표는 '정지'를, 혹은 언어의 부재를 의미하는 기호인 바, 이 작품의 유일한 기호인 쉼표는 오히려 기호의 부재를 지시하는 기호가 되는 역설적 상황을 만든다. 명도가 다른 쉼표들의 겹침이 만들어내는 선과 리듬으로 이루어진 이 작품은 사실 빈 공간 위의 부재의 기호들로서 흰 바탕위에 그려진 하얀 사각형와도 같이 시를 구성하는 언어 기호의 부정을 통한 시의 창작을 극단적으로 선언한다.

앞의 릐 니코노바의 진공시 역시 언어 기호를 완전히 배제한 선과 벡터만으로 이루어져 있다(그림 15). 물론 때로 그것은 가령 "слово"라는 언어로 이루어져 있지만 언어기호는 이 때 그것의 공간성과 물성을 드러낼 뿐 아니라, 그들이 언어기호로서 "слово"가 되기 위해 요구되는 선형성을 보장하는 화살표는 제단과도 같은 모양을 이루

그림 15 릐 니코노바, 「벡터」

는 화살표의 방향에 의해 벡터를 상실하게 된다. 특히 이 때 제단모양과도 같은 화살표 위에 올려져 있는 언어가 바로 "말"을 의미하는 "слово"임은 의미심장하다. 릐 니코노바의 시에서 철자 "с-л-о-в-о"가 "말(слово)"이 될 수 있는 것은 화살표, 즉, 벡터에 의해서 만이다. 뿐만 아니라 그러한 벡터는 이 시에서 "слово"의 선형적 움직임을 부정하는 또 다른 벡터에 의해 무화된다. 이는 곧 릐 니코노바의 시에 존재하는 끊임없는 움직임의 벡터가 언어기호의 관례화된 정적 선형성을 초월하고 있음을 지적하는 것으로서, 그의 시의 탈언어적 경향과 퍼포먼스로서의 역동성을 증명한다. 릐 니코노바가 한 때 스스로를 화가로 여겼고, 이들의 작품이 자주 미술 전시회와 같은 경로로 발표되었다는 점 역시 치체린의 미래주의적-구성주의적 시도가 이들에게서 거의 탈언어적 회화의 영역으로 이행함으로써 언어표현을 대체할 새로운 기호에 대한 탐색을 시도하고 있음을 암시하는 것이다.

세계를 표현하는 새로운 기호체계를 창조하려는 이들의 아방가르드 전략은 또한 평면적인 언어적 텍스트를 거대한 건축물의 설계도와 같은 것으로 변화시키는 릐 니코노바의 구성주의적 전략 속에서도 자주 발견된다. 복잡한 선과 악보, 언어 기호가 결합된 거대한 건축물과도 같은 그의 작품은 아방가르드 시인들에게서 나타나는 형식의 파괴나 비재현적 사유와 더불어 이들의 세계 창조의 의지와 유사한 지점을 드러낸다.

반면 리아노조보 시인들은 시각시의 유희성과 아이러니를 흡수하면서 때로 아방가르드와의 기호적 유희를 벌이기도 한다. 느낌표만으로 이루어져 있는 삽기르의 작품 「행진」은 마야코프스키 시의 행진의 리듬을 연상시킨다. 그는 언어적 기호를 전혀 사용하지 않고 '느낌표'와 '물음표'만을 이용하여 시의 리듬을 만들고 새로운 형식의 음악성과 유희적 의미를 창조하였다. 느낌표를 통해 격양된 감정을, 그것의 획일적인 반복을 통해 군중의 형상을 창조하였고, 마지막의 하나의 물음표를 통해 이러한 행진의 리듬과 상황 자체에 의문을 제기하며 아이러니를 드러내었다. 또한 이것은 다수의 군중을 응시하는 시인의 위치를 표시해주는 지표로서 행렬의 가장 마지막에서 행렬을 응시하는 시선의 벡터를 형상화하기도 하는 바, 이는 리아노조보 시인들의 창작전략으로서 아방가르드의 기호와 소비에트의 일상적 기호를 탈신화화하고 재의미화하는 개념주의적 시도로 이해될 수 있을 것이다.

이처럼 언더그라운드 작가들은 아방가르드 문화를 자신들의 작품 속에 복원하고 그것을 계승하며 동시에 극복하려는 다양한 실험적 작품들을 보여주었다. 이들의 작품은 언제나 많은 경우 아방가르드 텍스트 없이는 이해될 수 없는 것이었으며, 그러한 의미에서 이들의 작품은 이차적이었고 개념주의적이었다. 아방가르드의 세계창조의 의지는 이를 계승한 이들 작품에서 텍스트 내적인 현실의 새로운 창조를 위한 급진적 실험으로 투사되었던 바, 문학의 현실로의 확장주의가 불가능한 사회주의 체제 하에서 이들의 작품에 자주 새로운 기호체계, 즉, 새로운 세계의 원리에 의거한 실험적 경향들이 더욱 거세었던 것은 자연스러운 일이다. 아방가르드의 기호는 이들의 작품 속의 문화적 코드이자 체계일 뿐 아니라, 이들의 문학을 통한 삶을 가능하게 하는 존재론적 텍스트 행위를 위한 텍스트 세계의 질료였다.

이 때 아방가르드 텍스트와 그것에 대한 이차적인 덧쓰기 혹은 지우기의 과정을 통한 이차적 텍스트 행위로서의 이들의 개념주의적 작품은 때로 그러한 이차적 재기호화의 과정 자체를 드러내기 위해 영원한 텍스트적 현재성을 지향하게 되며, 이는 이들의 시각시에 강하게 드러나는 극장적, 퍼포먼스적 특성의 원인이 된다.

4. 시각시의 극장성과 텍스트의 역동성

지금까지 살펴본 바와 같이 시각시는 언어 기호의 의미와 형상의 상호관계를 통해 의미를 재현하거나 전달하는 것을 목표로 하지 않는다. 그것은 더 이상 단순한 '의미의 텍스트'가 아니며 이미 무엇인가를 지시하고 요구하는 일종의 '화행(speech act)'이다. 그것은 때로 재현된 일면적 사실 너머의 거대한 콘텍스트를 향해 텍스트의 장을 넓힐 것을 촉구하는 '행위의 텍스트'이며 스스로 재현하고 있는 언어의미에 대한 평가적 발화를 동시적으로 수행하는 메타시학적, 반성적 몸짓이다. 시각시의 종합적(synthetic) 텍스트들은 1차적인 의미표상으로서의 기능과 동시에 그것을 넘어서라는 인덱스적인 지문(指紋)의 역할, 그리고 1차적으로 재현된 것을 반성, 파괴, 평가하는 再표상작용을 하는 중층적 텍스트가 되고 있는 바, 이 때 이와 같은 1차 표상과 2차 표상의 '사이', 그 두 표상된 세계의 거리 속에서 새로운 의미가 탄생한다. 카자코프의 「지워버린 훌륭한 4행시」는 바로 이러한 텍스트 행위로서의 시각시의 가능성을 분명히 보여주는 작품이다.

4행의 시와 그것을 지워버린 흔적으로 되어 있는 이 작품은 평면위에 시간의 흐름을 포함하고 있다. 텍스트가 씌어진 시간과 그것을 지워버리는 행위의 시간이 이중적으로 평면 위에 겹쳐진다. 지워버리는 텍스트 행위, 정확히 말해 反텍스트 행위는 기존의 언어적 텍스트의 내용이 아닌 그것의 존재사실을 알린다. 원래 씌어진 시의 의미를 알 수는 없지만 대신 텍스트는 우리에게 쓰고 지우는 과정을 현시함으로써 언어의미만으로 전달될 수 없는 일종의 퍼포먼스를 보여준다.

이처럼 극장성, 혹은 퍼포먼스적 성격은 시각시를 관류하는 또 하나의 중요한 특징 중 하나이다. 이는 단지 아방가르드의 급진적 시각시나 그네도프의 기행이 보여주는 마니페스토로서의 퍼포먼스만을 의미하는 것은 아니다. 시각시는 기호작용의 '과정'을 드러내는 텍스트로서, 재현하고 의미하는 텍스트의 전통을 초월하여 움직이고 행동하는 극장적 공간이 된다. 그림 16의 말체프(Maltsev)의 「희곡」은 말없음표와 극장 공간을 채우고 있는 '열정(страсть)'이라는 단어만으로 이루어져 있다. 마지막으로 괄호 안에 명시된 '막(Занавес)'이라는 단어는 이 작품의 독자들에게 정열로 가득한 무대의 종말을 알리는 극적 장치다. 이처럼 이 작품은 최소화된 언어를 극적으로 구조화함으로써 극장적 동시성을 획득한다.

Страсть — страсть
страсть — ...
... — ...
....— страсть
....— страсть
... — ...
(Занавес)

그림 16 말체프, 「희곡」

이 뿐만 아니라 앞서 인용된 여러 시각시에서도 텍스트는 읽기의 대상으로서의 텍스트가 아닌 그 자체로 움직이는 현재적인 텍스트가 되어 끊임없이 기호작용을 촉발하고 새로운 의미를 나타내며 또 파괴한다. 바로크와 아방가르드가 그러했듯이 현대시의 다양한 개념주의적 시도들 역시 이러한 기호작용의 과정을 감추려 하지 않는다. 이러한 코드의 공개는 기호와 세계를 분리하지 않는 이들의 미학적 입장, 즉, 달리 말하면 세계는 기호로 이루어져 있는 것임을 인정하는 이들의 개념주의적 세계관을 드러내는 것이기도 하다. 또한 앞서 지적한 진공시에서의 언어와 공간을 비워내는 과정의 현시와 시선의 벡터를 지시하는 화살표들의 존재 역시 독서와 해석을 거부하는 현재적이고 즉자적인 시각시의 기호작용이 지니는 '사건(событие)'으로서의 성격, 즉, 그것에 내재하는 극장성을 드러낸다.

люди пьют водку поля	사람들이 술을 마신다 들판
люди пьют водку и восходят поля	사람들이 술을 마신다 그리고 들판이 올라간다
люди пьют водку и восходят поля в небо	사람들이 술을 마신다 하늘로 들판이 올라간다
люди пьют водку и восходят в небо поля	사람들이 술을 마신다. 하늘로 올라간다. 들판

이는 비단 치체린과 개념주의자들의 급진적인 시각시만의 특성이 아니다. 20세기 마지막 고전주의 시인으로 불리웠던 브로드스키를 비롯하여 러시아 시의 고전적 전통에 충실했던 여러 시인들에게서 역시 그림시는 물론이고, 시각적 실험을 통해 언어 기호의 이중적 위상과 그 사이의 상호 작용의 과정을 보여주는 기호학적 시도는 적지 않게 발견된다.

인용된 작품은 로쉴로프(Loshchilov)가 현대 시각시의 가능성을 타진하는 자신의 논문에서[41] 인용한 바 있는 빌렌 바르스키의 작품이다. 바르스키는 언어를 부정하지 않고 언어 기호와 형상의 결합으로 이루어진 다수의 시각시들을 창작하였다. 이 작품 역시 그러한 시각적 실험의 예로서, 시각시의 텍스트 공간이 보여주는 극장적, 현재적 성격을 극명하게 보여준다. 일견 단순해 보이지만, 이 작품에는 언어 기호의 중층성과 다차원성을 비롯하여 의미와 형상의 결합, 텍스트의 움직임과 비워냄 등의 시각적 실험의 다양한 층위들이 역동적으로 결합되어 있다. 이 작품의 줄거리는 단순하다. 술을 마시는 사람이 술에 취해감에 따라 땅이 점점 위로 올라가는 듯 느끼고 그 뒤 자신이 하늘로 붕 떠오르는 듯한 과정을 희극적으로 형상화한다.

그러나 이 작품의 언어는 교묘하게 이중적이다. "사람들이 보드카를 마신다"라는 문장과 '들판'이라는 단어는 사실 서로 다른 층위의 언어기호이다. '들판'이라는 단어는 이 작품 속에서 작품의 내용이 일어나는 배경이자 그러한 배경에 대한 선형적인 도상적 기호이다. 즉, '들판'을 중심으로 정렬된 시행 속에서 이 단어는 '들판'이라는 의미를 지닌 어휘로서 기능하는 동시에 그 형상을 함축하고 있는 도상적이면서 동시에 지시적인 기호가 된다. 또한 '들판'이라는 단어를 연결하는 수직적인 선은 계속 반복되는 "사람들이 보드카를 마신다"와 교차한다. "사람들이 보드카를 마신다"라는 문장은 하나의 수평적 선으로서 반복되는 '들판'이라는 단어를 잇는 수직선과 함께 십자가 좌표의 형상을 이룬다. 시의 시간적 흐름이 그리는 수직 하향선과는 달리 의미론적 차원에서는 오히려 상승의 과정이 묘사된다. 언어 기호이지만 동시에 들판의 형상 자체이기도 한 '들판(поля)'이라는 마지막 문장은 그 앞의 문장으로부터 연 구분을 통해 분리됨으로써 언어 의미로부터 언어 기호의 질료적 차원으로, 도상적 기호이자 좌표로서의 기능으로 회귀한다. 결국 이 작품을 읽는 과정이란 술을 마시고 취하는 과정에 대한 의미를 이해하는 것인 동시에 의미로서의 언어와 물로서의 언어가 교호하는 메커니즘을 관조하는 것이기도 하다. 뿐만 아니라 이 작품은 십자가 형태의 그래픽적 측면과 마지막에 남은 '들판'이라는 단어로 인해 유희적으로 보이는 시적 표면과 달리 죽음과 영혼의 상승, 땅으로 상징되는 무덤 등의 의미를 시 전체에 드리운다. 십자가의 세로축을 따라 천천히 상승하는 영혼의 형상과 아래쪽을 향한 들판의 움직임은 작품의 시적 공간 속에서 시간이 계속적으로 흐르게 함으로써 작품의 퍼포먼스적 특성을 더욱 강화한다.

시각시의 특징이 되는 이러한 극장성은 때로 그것의 순간성과 현재성, 일회성으로 인해 동시에 그것의 한계로 이해된다. 가스파로프(M. Gasparov)는 시각시가 그것의 일회성과 실험성으로 인해 한번 이상 창작될 수 없는 단점을 가지고 있음을 지적한다. 처음의 작품은 의미가 있지만 그와 동일한 형식의 다른 작품은 더 이상 무의미하며 따라서 그것은 막다른 지점에 이를 수밖에 없다는 것이다. 바르스키는 이러한 지적에 대해서 첫 번째와 유사한 두 번째 시도는 첫 번째 시도에 대한 거리를 지닐 수밖에 없으며 이 때 두 번째 시도는 곧 그 거리 자체가 된다고 답한다. 네오아방가르드 작가들을 비롯한 현대의 시인들이 아방가르드의 시각시를 문화적 기호로 간주하고 그것을 받아들이며 동시에 극복하는 과정은 바로 바르스키가 지적한 이러한 거리두기의 과정과 다르지 않다.

시각시의 가장 본질적인 특징은 그것의 언어에 대한, 기호에 대한 사유이다. 이러한 언어와 기호에 대한 사유는 또한 현대시의 특징이기도 하다. 기호에 대한 사유를 주제로 하며, 그 과정을 있는 그대로 드러내려 하는 현대시 속에서 시각성은 이제 현대시 자체의 특징으로 확대되어 간다. 급진적 시각시의 마니페스토적 성격은 때로 일회성으로부터 자유로울 수 없겠지만, 현대시의 많은 시각적 실험들은 시의 형식과 의미의 상호 작용 속에서 기호에 대한 성찰로서의 메타시학적 성격과 그 기호에 대한 전통적 이해 사이에서 줄타기하며 새로운 의미 창조 메커니즘을 만들어가는 바, 이는 시의 시대의 종말과 상호텍스트적 유희의 매너리즘을 경험한 현대시의 새로운 출구에 대한 모색의 과정이라 할 수 있을 것이다.

6장

부조리에 대한 변론: 오베리우 미학과 '실재'의 탐색

하름스가 그린 고대 이집트의 지혜의 신

1. 네오리얼리즘과 '실재'의 문제

이 글은 20세기 초반 러시아 산문의 한 경향으로 새롭게 조명되고 있는 "네오리얼리즘(неореализм)"에 대한 문제제기로부터 촉발되었다. 즉, 20세기 초반에 나타난 19세기 리얼리즘 산문과는 다른 다분히 모더니즘적 경향의 새로운 산문들을 과연 네오리얼리즘이라 칭할 수 있는가, 그것이 당대의 러시아 모더니즘 문학 속에서 구별되어져야 하는 근거가 있는가, 또한 이들 새로운 산문 속에 그려진 실재가 과연 '리얼리즘적'인가, 오히려 그것은 자주 현실과 동떨어진 마법적 리얼리즘이나 내러티브의 끊임없는 시적 일탈, 일상을 비웃고 희화화하는 풍자적 웃음 속에서 일그러져 있지 않은가, 그리고 그 속에 묘사된 현실이 과거의 익숙한 리얼리즘의 그것과 다르다면 왜 그것에 굳이 '리얼리즘'이라는 명칭을 부여하려 하는가, 네오리얼리즘이라는 명칭은 문학사라는 내러티브 속에서 새롭게 '고안된' 허구가 아닌가, 결국 그것은 러시아 문학사가들의 리얼리즘 강박증이 낳은 수사적 명칭이 아닌가 - 바로 이와 같은 질문들이 20세기 초반 러시아 문학의 네오리얼리즘 현상에 대한 새로운 고찰의 필요를 제기하였다.

잘 알려져 있듯이 20세기 초 러시아 문학사에는 다양한 새로운 경향들이 생겨났다. 골룹코프는 20세기 초반 러시아 문학사를 '미학적 복수주의, 다음향적 시기'[1]라 정의하였고 파페르느이 또한 이 시기 러시아 문화의 다양성을 가리켜 '문화 1'이라 칭하였다. 그러나 파페르느이의 '문화 1'은 다분히 '문화 2'를 바탕으로 소급된 개념이었다. 즉, 그는 스탈린 집권 이후의 획일적 문화인 '문화 2'에 대비되는 개념으로 '문화 1'의 개념을 고안하였다.[2] 많은 문학사적 설명이 이러한 방식을 따랐다. 20세기 초반의 러시아 문학사에 대한 본격적인 연구가 시작된 이래 그것은 주로 상징주의를 중심으로 한 모더니즘과 미래주의를 비롯한 아방가르드의 문학적 실험을 중심으로 기술되었다. 이 때 러시아 모더니즘과 아방가르드는 19세기의 리얼리즘과는 분명히 다른 것이었으며, 동시에 스탈린 집권 이후의 사회주의 리얼리즘과도 다른 어떤 것이어야 했다. 그 과정에서 문학사는 러시아 은세기와 모더니즘 문학에서 리얼리즘을 완전히 배제하기에 이른다. 그리고 이러한 문학사적 규정의 과정은 오히려 이 시기 러시아 문학의 진정한 다원성을 간과하도록 만들었다. 문학사가 사실 문학 그 자체와 관계가 없으며 어쩌면 우리가 문학적 해석이라 부르는 것이 곧 문학사에 다름 아니라는 드 만(Paul de Man)의 고백은[3] 이러한 관점에서 설득력을 지닌다.

소비에트와 포스트소비에트 시기에는 문학사 서술에 대한 상이한 요구가 존재하였다. 소비에트 시기 문학사에 대한 서술이 늘 리얼리즘에 대한 강박 속에서 이루어졌다면 포스트소비에트 시기에는 그동안 억압되었던 '리얼리즘 아닌 것'의 복권이 주를 이루었다. 즉, 20세기 초반의 러시아 모더니즘이 소비에트 문학사에서 배제되거나 리얼리즘으로 편입되었다면 포스트소비에트 문학사 서술에서는 20세기 초반 러시아 문학이 모더니즘이나 아방가르드와 동일시되었다. 이처럼 모더니즘과 리얼리즘이라는 이항 구조를 벗어날 수 없었던 러시아 문학사 서술에 있어서의 제한적 변증법은 '네오리얼리즘'이라는 불분명하지만 그럼에도 불구하고 부정될 수는 없는 문학사적 현상에 관한 서술 속에서 그 한계를 드러내게 된다. 그 대표적인 예로 켈디쉬(V. Keldysh)의 네오리얼리즘에 대한 언급을 들 수 있다. 그는 1975년 자신의 저서 『20세기 초반 러시아 리얼리즘(Русский реализм начала XX в.)』을 통해 이 시기 러시아 산문을 전통적 리얼리즘의 계승이자 쇄신으로 이해하면서 "'네오리얼리즘'이라 할 만한 중간적, 이중적인 미학현상"에 관해 언급하지만 이를 본격적인 논의의 대상으로 삼고 있지는 않았다.[4] 그러나 이희원의 지적에 따르면 2000년대 들어와 켈디쉬는 본격적으로 '네오리얼리즘'을 연구의 대상으로 상정하고, 그것을 모더니즘과의 접촉을 통해 형성된 특수한 현상으로 이해하며 더 나아가 "모더니즘 흐름 안에서 생겨난 리얼리즘의 새로운 경향이자 문학 사조를 초월한 경계적 예술"로 재정의한다. 이는 그의 70년대 리얼리즘에 대한 저작이 20세기 초반의 문학사 또한 리얼리즘적 관점에서 기술되어야 한다는 공식문학비평의 규범 위에 서있으며 따라서 모더니즘적 성향을 강하게 드러내는 산문 작품들을 변형된 리얼리즘으로 축소할 수밖에 없었지만, 2000년 이후에 와서는 이 시기 산문에 대한 전반적인 관심의 증대와 함께 20세기 초반 산문에 대한 본격적인 연구가 가능했고 또한 그것의 모더니즘적 근원을 전면화 시킬 수 있었기 때문이라 이해된다. 켈디쉬 뿐 아니라 다비도바(Davydova) 등의 저작을 비롯하여 최근 네오리얼리즘에 대한 연구가 활발해 지는 것 또한 이와 무관하지 않다.[5] 이처럼 네오리얼리즘은 사회주의 리얼리즘의 규범에 배치되는 모더니즘적 속성으로 인해 오랜 기간 동안 소비에트 문학장의 주변부로 소외되었을 뿐 아니라, 역설적으로 애초에 그것에 부여된 리얼리즘이라는 규정으로 인해 상징주의와 아방가르드 위주의 문학사 서술에서도 배제될 수밖에 없었다.

20세기 초 러시아 문학은 실험적인 시와 희곡의 시대를 열었다. 상징주의, 미래주의, 아크메이즘 등 다양한 문학 그룹들이 생겨났고 자신들의 마니페스토를 발표하였으며 그러한 문학적 기획을 보여줄 수 있는 작품들을 창작하였다. 내러티브가 요구되는 산문은 이들의 극단적 실험성을 반영하기에 역부족이었다. 이들이 주로 시와 희곡을 창작한 것은 당연해 보였다. 그러나 이 시기에도 여전히 산문은 창작되었다. 단지 그것이 문학사적 연구의 중심에 서지 못했을 뿐이다.

사회주의 리얼리즘 비평가들의 경우는 이러한 산문들 속에서 19세기 비판적 리얼리즘의 전통을 찾아내기 급급했다. 이 시기 산문들은 뭔가 어중간하고 과도적인, 그러나 어쨌든 리얼리즘이라는 문학사적 평가를 얻었다. 리얼리즘의 규범으로 도저히 설명될 수 없는 '부르주아적이고 형식주의적인' 산문들은 아예 배제되었다. 이렇게 해서 소비에트 문학사에 리얼리즘의 자리는 보존될 수 있었다. 그리고 이처럼 박제가 되어 보존된 리얼리즘, 즉, 당대의 실험적 작품들 속에서 리얼리즘 아닌 다른 어떤 것이 될 수 없을 듯 보이는, 그러나 리얼리즘이라 하기에는 너무도 反리얼리즘적인 리얼리즘에 뒤늦게 '네오'라는 접두사가 붙여졌다. 그러한 의미에서 20세기 초반 러시아 문학사의 리얼리즘이란 시와 희곡 장르의 문학사적 지배 속에서 계속 창작되었던 산문 문학 전통 그 자체를 일컫는 것과 거의 다르지 않다. 마찬가지로 '네오'리얼리즘이란 이러한 산문 문학에 나타난 새롭고 실험적인 경향들을 지칭하는 것이 된다.

물론 '네오리얼리즘' 혹은 '새로운 리얼리즘'이라는 용어는 자먀틴을 비롯한 여러 작가들에 의해 실제로 사용되었다. 벨르이나 막시밀리안 볼로쉰(M. Voloshin) 같은 상징주의자들조차 '네오리얼리즘', '새로운 리얼리즘'이라는 용어를 직접 사용하고 있다.[6] 19세기 리얼리즘 산문의 형식은 더 이상 변화된 세계를 묘사하기에 적합하지 않은 듯 보였다. 지나치게 수사적이 되어버린 상징주의의 클리셰 또한 경계의 대상이 되었다. 문학이 나아갈 새로운 길을 모색하는 과정에서 당대의 작가들은 문학과 현실의 관계에 대해 사색하였으며 이는 '네오리얼리즘'이라는 용어 속에 반영되었다. 그러나 '네오리얼리즘' 혹은 '새로운 리얼리즘'이라는 용어를 각각의 작가들은 매우 상이한 맥락 속에서 사용하고 있으며 많은 경우 그것은 문학사가들이 말하는 문학사조로서의 '네오리얼리즘'이라기보다 '진정한 현실을 그리는 무언가 새로운 리얼리즘'으로서 문학적 재현의 문제와 관련된 개념이었다.

가령 벨르이는「상징주의와 러시아 현대 예술(Символизм и современное русское искусство)」에서 네오리얼리즘을 모더니즘과 리얼리즘 사이의 경계적 현상으로 간주하고 있음에도 불구하고 동시에 그것을 일종의 모더니즘의 하위 범주로 규정하며 "사닌(Sanin)의 동물주의, 세르게예프-첸스키(Sergeev-Tsensky)의 혁명적 에로티시즘, 메레쥬코프스키(Merezhkovsky)의 설교, 브류소프 학파의 푸쉬킨주의" 등의 개념과 대등하게 사용한다.[7] 볼로쉰의 경우는 벨르이와 쿠즈민(Kuzmin), 레미조프 등의 작품이 이미 네오리얼리즘의 길로 나아간 것임을 지적하며 네오리얼리즘에서 상징주의적 지평의 확장 가능성을 타진한다. 즉, 이들이 사용하는 네오리얼리즘 개념의 기원에는 상징주의의 흔적이 존재할 뿐더러 심지어 그 개념 자체가 소비에트 문학사가들이 사용하는 리얼리즘이라는 용어로부터가 아니라, 오히려 상징주의자들의 초월적이며 궁극적인 실재의 문제로부터 기원하는 것임을 보게 된다. 벨르이나 볼로쉰 등의 상징주의자들이 사용하고 있는 네오리얼리즘 개념은 초월적인 실재라는 분명히 존재하지만 보이지 않는 것에 대한 재현의 방식과 관련되어 있는 바, 그들의 네오리얼리즘은 단순히 리얼리즘과 상징주의의 변증법적 종합이라기보다 상징주의를 '지상(地上) 위에 살 수 있도록' 하려는 시도로서 일종의 상징주의 (시가 아닌) 산문의 시학에 부여된 명칭으로 간주될 수 있었다.

이는 본격적으로 네오리얼리즘을 탐구한 자먀틴의 문학이론에서 또한 마찬가지였다.[8)] 네오리얼리즘 산문의 가장 궁극적인 추구는 현실을 보다 리얼하게, 진실 되게 묘사하는 것이었으며 이때의 진실성이란 우리를 둘러싸고 있는 현실을 그대로 묘사하는 것이 아닌 현실이라는 외피 뒤에 감추어진 실제의 모습을 폭로하고 드러내는 것을 의미했다. 자먀틴은 왜곡된 묘사가 사실은 본질과 더 닮은 것일 수 있음을 지적하면서 환상적이고 비현실적 묘사를 통한 보다 진정한 실재의 재현을 네오리얼리즘 산문의 이상으로 생각하였다. 이 때 그가 말하는 문학적 재현의 방법론으로서의 환상이란 단순한 방법론의 차원을 넘어선다. 그것은 이 세계라는 껍데기뿐인 실체 너머의 진정한 세계의 형상을 드러낼 수 있는 가능성과도 같았으며 그러한 의미에서 그것은 때로 상징주의자들에게서의 진정한 실재인 '레알리오라(realiora)'의 텍스트적 현존으로서의 '상징' 그 자체와 유사한 것이 되었다. 네오리얼리즘 산문에서 리얼리즘 산문의 일반적 규범은 파괴되었고 이는 부조리에 가까울 정도의 파편화된 서사나 SF적 상상력, 종교적이고 신비주의적인 실재의 재현으로 이어졌다. 때로 이들의 작품은 'neo'-리얼리즘보다는 'pre'-부조리 문학이라 할 정도로 탈규범화된 형식과 낯선 내용을 보여주었다. 그리고 이 지점이 우리가 네오리얼리즘의 범위를 불가코프(M. Bulgakov)의 SF적이고 환상적인 작품이나 20-30년대 오베리우의 부조리 문학으로까지 확장할 수 있는 가능성을 열어준다.

결국 네오리얼리즘이란 러시아 모더니즘의 태동과 함께 러시아 작가와 예술가들에게 일종의 강박적 요구로 자리하게 된 절대적 실재에 대한 추구와 무관하지 않았다. 상징주의자들로부터 자먀틴, 심지어 프롤레타리아 문학의 대표자들에 이르기까지 당대의 많은 문학사가들이 언급하고 있는 '네오리얼리즘' 혹은 '새로운 리얼리즘'이 하나의 문학 사조가 아닌 리얼리즘에 대한 새로운 정의를 환기하고 있다는 것, 진정한 실재의 재현을 위한 미학적 방법론으로 규정하고 있다는 것을 생각한다면 네오리얼리즘이란 곧 19세기 말 리얼리즘의 쇠퇴 이후 상징주의의 태동으로부터 사회주의 리얼리즘의 규범적 서사 탄생에 이르는 시기 동안 러시아 문학이 스스로에게 부여한 과제였다 해도 과언이 아니다. 그리고 이는 러시아 모더니즘의 종말, 포스트모더니즘의 시작, 혹은 마지막 아방가르드라 불리는 오베리우의 부조리 문학을 최후이자 극단의 네오리얼리즘으로 정의하는 것을 가능하게 한다. '진정한 실재의 탐색'이라는 강박에 있어서만큼은, 그리고 보이지 않지만 분명히 존재한다고 믿었던 초월적 실재를 가시화하기 위한 노력에 있어서만큼은 그 누구도 오베리우를 능가할 수 없었다. 이 글은 오베리우의 부조리를 '진정한 실재에 대한 추구'라는 네오리얼리즘적인 시대의 요구 속에서 해석해 내려는 시도라 할 것이다.

2. '시적이성비판': 오베리우와 부조리

오베리우(ОБЭРИУ)란 잘 알려져 있듯이 "실재의 예술을 위한 연합(Объединение Реального Искусства)"이다. 이들은 1926년 경 결성된 그다지 유명하지 않은 시인들의 그룹이었다. 다닐 하름스와 알렉산드르 베덴스키를 비롯하여 콘스탄틴 바기노프(K. Vaginov), 니콜라이 자볼로츠키(N. Zabolotsky) 등이 이 그룹에 참여하였다. 그러나 야콥 드루스킨(J. Druskin)이 지적하고 있듯이 하름스와 베덴스키가 바기노프, 자볼로츠키와 얼마나 시적 경향에 있어서 가까웠는지를 말하는 것은 쉽지 않다. 이 그룹은 어느 정도는 시대의 산물이었다. 당시 젊은 시인들은 독자적으로 자신의 시를 출판하는 것이 쉽지 않았고 이는 자연히 젊은 시인들의 그룹을 만들어 내었다. 이 그룹 역시 혁명전 결성된 오포야즈(ОПОЯЗ)나 20년대 초반 결성된 문학 그룹 세라피온 형제들(Серапионовы братья)이 그러했듯이 몇 년 안 가서 유명무실해졌다. 물론 오베리우의 구성원 각각은 그 이후에도 독자적인 창작을 계속해 나갔다. 오베리우 결성 이전부터 스스로를 '치나리(Чинари)'라 불렀던 이들의 교류 또한 여전히 계속되었다.[9]

이 글은 하름스와 베덴스키의 작품을 대상으로 하고 있지만 엄밀히 말하자면 오베리우라기보다는 치나리 그룹에게서의 부조리와 실재의 문제를 다룬다. 바기노프와 자볼로츠키는 논의의 대상에서 제외한다. 오히려 치나리 그룹의 이론가이기를 자처했던 레오니드 리팝스키(L. Lipavsky)와 야콥 드루스킨의 철학적 논고와 에세이들이 논의에 포함된다. '부조리'라는 문제에 관한 한 하름스와 베덴스키의 미학은 다분히 치나리의 철학적, 사상적 지주였던 드루스킨과 리팝스키의 영향으로부터 자유롭지 못하기 때문이다. 1925년부터 1927년 정도까지 베덴스키는 자신의 시에 "치나리, 무의미의 권위자(Чинарь авторитет бессмыслицы)"라고 서명을 할 정도였다. 하름스도 자신을 "치나리-응시하는 자(чинарь-взиральник)"라 불렀다. 오베리우는 1928년 오베리우 선언서를 공표하였고 그것의 문학적 실현이라 할 수 있는 <엘리자베타 밤(Элизавета Бам)>을 무대에 올렸다. <엘리자베타 밤>의 12번째 장 제목 또한 "치나리적인 한 부분(Чинарский кусок)"이었다. 이들은 마니페스트를 통해 지금까지의 모든 문학 사조에 의해 오염된 언어를 배격하고 세계의 진정한 모습과 그 세계를 구성하는 가장 순수하고 실제적인 사물을 그리겠다고 선언하였지만[10] 무대에 올려진 오베리우의 극은 사실 서구의 부조리극과 표면적으로 크게 다르지 않았다. 결국 이후 문학사가들이 오베리우 선언서를 주도한 베덴스키와 <엘리자베타 밤>을 창작한 하름스에게 "러시아 부조리 문학의 대표자"라는 평가를 내리는 것은 당연하게 보였다.

오베리우 스스로도 마니페스트의 일부이자 <엘리자베타 밤>에 대한 설명인 「오베리우 극(Театр Обэриу)」을 통해 극적 재현은 우리가 익숙한 삶을 반영하는 일반적 극의 슈젯과는 다른 고유한 논리를 가지고 있으며 이것이 때로 관객들에게 이상하게 보일 수 있다는 것을 지적한다. 무대 위의 배우가 갑자기 네 발로 기어가면서 늑대처럼 운다거나 러시아 농부가 라틴어를 유창하게 한다면 그것은 일상의 논리를 바탕으로 할 때 이상하고 부조리하게 보이지만 극장 위의 고유의 논리로는 가능한 사건이라고 이들은 설명한다.

즉, 오베리우에게 있어 극 공간 고유의 논리라는 것은 논리의 부재와는 전혀 다르다. 그것은 '말로 설명될 수 없지만' 분명히 자신의 고유한 논리를 가진 어떤 것이다. 이들의 부조리는 무의미가 아니다. 표면적인 부조리는 상식과 일상의 삶을 바탕으로 했을 때의 부조리일 뿐 다른 논리의 가능성을 염두에 둔다면 전혀 부조리하지 않다. 오베리우 미학은 전적으로 이와 같은 보이지 않지만 존재하는 다른 세계의 논리를 밝히고 그 세계의 형상을 텍스트 속에 재현하려는 지향으로부터 기인한다. 그러한 의미에서 오베리우는 앞선 장에서 설명된 바와 같이 20세기 초반 러시아 지식인들을 사로잡고 있었던 초월적 세계에 대한 추구나 진정한 실재의 재현이라는 문제와 무관할 수 없다. 치나리는 스스로에게 그러한 초월적 실재를 '볼 수 있는' 특권을 부여하였다.

러시아 문화가 다른 어떤 문화보다 강한 초월적 세계에 대한 지향을 드러내고 있음은 주지의 사실이다. 그러나 러시아 문화의 더 큰 특징은 그러한 초월적 세계와 소통하고 그 세계의 형상을 이 세계 속에서 재현하려는 욕망에 있다. 잘 알려져 있듯 러시아 성화의 역원근법은 응시하는 주체로서의 인간의 시선이 아닌 그림 안쪽으로부터 그림 외부의 인간을 응시하는 역방향의 시선을 강조함으로써 초월적 주체의 현존을 알린다. 그림의 표면은 초월적 주체가 속한 그림 너머의 세계를 암시하고 그 곳을 향해 나아가게 하는 통로로 기능한다. 러시아의 사상가 플로렌스키(P. Florensky)는 예술작품에 반영된 세계의 형상을 원근법적 세계관에 기반한 아리스토텔레스적 전통의 유클리드적 세계와 역원근법적 세계관에 기반한 비아리스토텔레스적, 비유클리드적 세계 모델로 구분한다.[11] 그가 지적하는 역원근법에 의거한 세계에서는 만날 수 없는 평행선이 만나게 되듯 기존의 인간의 이성으로 이해될 수 없는 세계가 그 고유의 논리를 드러낸다.

20세기 초 러시아 사회를 지배했던 철학, 사상, 문학 속의 부조리(예를 들어 표도로프의 우주철학, 솔로비요프의 신지학, 미래주의의 자움, 네오리얼리즘의 극단적 환상성)는 기존의 이성의 세계, 즉, 유클리드적 세계 모델을 넘어서는 다른 세계의 형상을 그려내려 했던 예술가들의 부단한 노력을

그림 1 안드레이 루블로프, <삼위일체>

반영한다. 이러한 의미에서 러시아 문학의 부조리는 공허와 무를 마주하고 서 있는 서구의 부조리와 다르다. 오히려 그것은 이 세계에 대한 초월적 관계 속에서 진정한 의미에 대한 더 강한 요구를 내포한다. 20세기 초 러시아 문학에서의 부조리가 세계와 인간의 단절, 소통의 불가능성이나 인간의 실존적 허무와 공허를 묘사하는 것에 머물 수 없는 것도 바로 이와 같은 이유에서이다. 부조리는 이성의 부재를 의미하는 것이 아니라 오히려 다른 이성에 의거한 새로운 세계에 대한 지향을 내포한다. 하름스와 베덴스키의 작품은 이러한 고유한 이성에 기반한 의미들로 채워져 있다.

하름스의 유사-논리철학적 논고들은 많은 수식과 도형들을 보여주며 의도적으로 논리학적, 수학적 형식을 따른다.[12] 그가 제시하는 무한히 0에 다가가는 절대적인 무한소, 언어로도 숫자로도 표현될 수 없지만 분명히 존재하는 '*cisfinitum*'은 보이지 않는 세계의 논리를 대변하는 극단적인 예이다. '*cisfinitum*'은 '유한성(finitum)을 초월하는 것'이지만, 이때 '*cis*'는 접두사 'in'이나 '*trans*'와는 다르다. 그것은 유한하지 않음이나(in), 유한한 이 세계 너머의 것을 지칭하는 것(trans)이 아니라 유한성을 통해 재현된 무한성을 의미한다.[13] 하름스의 무한에 대한 사색은 무한의 측량가능성을 꿈꾸었고 그것을 수의 언어로 제시하고자 했던 수학자 칸토어의 시도와 다르지 않았다.[14] 하름스 시학의 핵심이 되는 ○(ноль)은 영원히 0에 가까워지지만 절대 0에 이르지 않는 무한소를 표상한다. 그러면서 동시에 이는 완전한 구체로서 무한과 영원함, 충만함을 상징한다. 이러한 자신의 논리를 하름스는 우리가 보기에 다분히 부조리한 수식들로 구체화하고 있을 뿐이다.

부조리는 그것을 부조리로 규정하는 세계의 논리적 경계 내에서 부조리할 뿐이며 따라서 그것은 하나의 문화가 완결된 상태와 그것의 위기에 대한 인식, 그로 인한 탈출의 움직임과 무관하지 않다. 자연히 그것은 현재 속해 있는 세계의 한계를 넘어서려는 정신적인 지향을 수반한다. 부조리 철학이 과도적인 혹은 변혁의 과정에서 두드러지는 것은 이 때문이다. 부조리가 강한 유토피아주의를 숨기고 있는 것, 그것이 그 무엇보다 종교적일 수 있는 것 역시 같은 이유이다. 이를 잘 보여주고 있는 것이 바로 베덴스키 문학의 신지학적 탐구이다.

베덴스키는 1920년대 중반 이미 자신에게 가장 흥미로운 세 가지 주제가 있으며 그것은 다름 아닌 시간과 죽음, 신이라고 밝힌 바 있다.[15) 그의 전 작품들은 위의 세 가지 주제에 바쳐졌다. 이 세 가지 주제는 모두 눈에 보이지 않지만 존재하는 것이라는 공통점을 지닌다. 죽음의 재현 가능성에 대해 반론을 제기할 수 있겠지만 재현되는 죽음은 존재론적 사건으로서의 죽음 그 자체가 아니다. 가령 무대 위에서 피 흘리는 육체는 죽음이 아닌 죽어가는 육체를 재현하고 있을 뿐이다. 라신의 비극에서 죽음은 무대 위에서 재현되지 않았다. 오히려 그것은 무대로부터의 사라짐을 통해, 혹은 태양을 볼 수 없게 된 페드라의 눈멂을 통해 '지시'되었다.[16) 마찬가지로 자신의 텍스트 공간 속에서 시간과 죽음과 신이라는 비가시적 실재를 재현하고 이들의 부재의 비극성을 창조하는 것은 베덴스키의 평생에 걸친 탐구의 주제였다.

보이지 않는 것을 재현하는 것, 혹은 보이지 않음을 보는 것은 치나리 그룹 시기부터 이들에게 가장 중요한 문제가 되었다. 하름스는 미완의 작품인 「말토니우스 올브렌(Мальтониус Ольбрен)」에서 책장 위에 걸려 볼 수 없는 그림을 보려는 사람에 관해 이야기 한다.[17) 그는 자신의 앞을 가로 막고 있는 장애물인 책장 앞에 선 채로 어느 순간 낯선 형상을 보게 되는데 그 형상은 그가 볼 수 없었던 바로 그 그림이었다. 이 이야기는 지상이라는 존재론적 한계 속에서 볼 수 없는 것을 관조하는 것에 관한 이야기로서, 곧 하름스와 베덴스키가 자신들의 문학적 과업으로 삼았던 '직관(видение)'의 문제를 다룬다. 하름스와 베덴스키의 작품에 반복적으로 등장하며 그들의 작품을 더욱 부조리하고 환상적인 것으로 만드는 '날고 있는 몸의 형상(реющее тело)' 또한 볼 수 없는 것을 보게 하는 초월적 퍼스펙티브에 대한 지향을 형상화하고 있는 것으로 이해될 수 있다.[18] 이 때 땅에 발을 붙인 채 높은 곳의 그림의 형상을 보는 것, 하늘을 나는 것과 같은 불가능한 사건을 하름스는 '기적(чудо)'이라 부른다. 즉, 부조리한 텍스트 속의 사건, 곧 기적이 그들의 초월에 대한 '직관(видение)'을 가능하게 한다.

드루스킨이 1933년에 쓴 짧은 논고「전령들과 그들의 대화(Вестники и их разговоры)」[19]나 하름스의 유사철학적 논고「존재에 대하여, 시간에 대하여, 공간에 대하여(О существовании, о времени, о пространстве)」를[20] 선취하며 그것의 근간이 된 것으로 보이는 짧은 글「이것과 저것(Это и то)」[21] 또한 보이지 않는 실체를 이해하기 위한 노력을 형상화하고 있다. '천사'와도 같은 형상의 전령은 이 세계와는 다른 차원의 삶을 사는 이들이며 이들의 형상을 통해 드루스킨은 시간에 대한 사색을 전개한다. 순간과 순간 사이에 시간이 존재하지 않는 무와 부재가 있을 수 있을 것인가 하는 의문은(Время - между двумя мгновениями. Это пустота и отсутствие.)[22] 0과 1 사이의 무한한 나누기를 통해 도달할 수 있을 절대적인 무한소를 말하는 하름스의 *cisfinitum*의 논리와 같다. 따라서 드루스킨이 논고에서 말하는 '무와 부재'는 절대적인 의미를 지닌다. 이것은 하름스의 ㅇ과 같이 재현될 수 없는 것, 그러나 재현하고자 하는 것이다. 그는 부정의 방법론을 통해 그것의 재현불가능성을 말한다. 이 때 이러한 재현불가능성에 대한 귀류법적 증명은 곧 그것의 초월성을 보일 수 있는 유일한 가능성이 된다.

드루스킨은 1966년에 쓴 논고 「보이지 않음을 봄(Видение невидения)」[23]에서 하름스의 부정적 방법론과 유사한 논증의 과정을 통해 부정신학적 신 증명을 해체한다. 그는 이 논고에서 거울 속의 나의 형상을 통해 나와 타자를 두 개의 항으로 설정하고 그들의 동일성을 부정하며 나와 나의 반영으로서의 타자를 비대칭적인 것으로 만든다. 그는 '나'와 '거울 속의 나'의 동일성이 곧 '거울 속의 나'가 '나'라는 것을 의미하는 것이 아니라는 것을 보인다. 즉, 그는 내가 거울 속의 나일 수 있지만 거울 속의 나는 내가 아닐 수 있음을 밝힘으로써 '나'와 '거울속의 나'의 비대칭적 동일률에 이르게 된다. 그는 자신을 응시하는 행위가 본질적으로 자신의 응시를 응시하는 행위임을 지적하면서 이 경우 자신의 응시하지 않음을 응시하는 것이 가능한 것인가 하는 역설적인 질문을 제기한다. 마찬가지로 이는 '보이지 않음', 더 정확히 '보지 않는 행위'를 보는 것이 가능한가 하는 근원적 물음을 야기하게 된다. 더 나아가 그는 이 과정을 절대적 무와 창조된 존재 사이, 초월적인 것과 내재적인 것 사이의 구분을 무화하고 최초의 존재를 창출한 절대적이고 초월적인 무에 대한 불가코프의 논의를 해체하는 것으로 확대해 간다. 그는 창조 이전의 절대적 무에 대해 말하는 것이 불가능하며 오히려 중요한 것은 창조의 순간 그 자체임을 지적한다. 얼핏 창조 이전의 '무'에 대한 신학적 절대성을 해체하는 듯 보이지만 오히려 이것은 그 절대성이라는 것이 어떻게 표현될 수 있는가에 대한 보다 본질적인 의문으로 이어지게 된다.

드루스킨은 불가코프(S. Bulgakov)의 부정신학적 신 증명에 내재한 칸트적 인식론을 뒤집는다. 세계를 지각할 수 없다면 그것은 이성이 이율배반을 극복할 수 없기 때문이 아니라 이율배반 그 자체가 언어라는 보잘 것 없는 수단의 한계 속에서 구축되었기 때문이라 말한다. 이는 곧 언어의 비논리성에 대한 지각으로 이어지며 의미와 무의미의 경계를 없앤다. 부정신학적 방법론으로서의 부정을 방법론이 아닌 목적 그 자체로 만들면서 드루스킨은 자신의 논고가 결국 보이지 않는 실체에 대한 논의가 아니라 '보이지 않음'이라는 현상에 관한 것임을 드러낸다. 그것은 '보이지 않는 대상'이 아니라, '보이지 않음이라는 사건 그 자체'이다. '보이지 않음 그 자체'는 그것의 재현 불가능성에 대한 논증을 통해서만 표상될 수 있다. 이처럼 드루스킨은 부조리하게 보이는 부정의 과정 속에서 '보이지 않음'이라는 절대적 현상을 '보이도록' 만든다. 이 책이 신약 요한복음의 한 절을 에피그라프로 사용하고 있는 것은 우연이 아니다.

> 예수께서 가라사대 내가 심판하러 이 세상에 왔으니 보지 못하는 자들은 보게 하고 보는 자들은 소경이 되게 하려 함이라 하시니(요한복음 9장 39절).

바리새인들에게 예수가 자신과 신의 동일성을 말하며 그것을 볼 수 없는 것이 곧 보는 것임을 지적하는 성서의 이 부분은 '보는 것'으로 상징되는 이성주의 너머에 현현하는 절대적 현존의 가능성에 대한 전언이라 할 수 있다.

드루스킨의 사유에 대한 문학적 형상화를 꿈꾸었던 베덴스키는 리팝스키와의 대화에서 자신의 시가 일종의 시적이성비판의 장이 되고 있다고 말한다.[24] 베덴스키는 자신의 시의 부조리한 측면을 예로 들며 그것이 시간의 분절성이나 세계의 불연속성과 같은, 분명히 자신이 느끼지만 표상할 수 없는 것들을 보여주기 위한 실험적 방법론이 되고 있음을 지적한다. 그는 자신이 직관적으로 느끼는 이런 세계의 본질은 이성에 위배되지만 이것은 기존의 이성이 세계를 이해하는 절대적인 방법이 될 수 없음을 의미하는 것이라 선언한다.

「이바노프씨네 트리(Елка у Ивановых)」나 「사방에 신이 있을지도 모른다(Кругом возможно Бог)」 등의 희극적이고 부조리한 작품은 그 희극적 표면과는 달리 베덴스키가 위의 리팝스키와의 대화에서 말한 시적이성비판을 실현하는 장이 되면서 시간과 죽음, 신에 관한 사색을 담는다. 죽은 등장인물들이 살아나고 일반적 내러티브에서와는 달리 그들의 죽음은 그다지 의미 있는 사건으로 간주되지 않으며, 언어적 관례 또한 무너진다. 죽음은 내러티브적인 의미를 갖는 사건이 아니라 시간적 의미를 갖는 사건이 된다. 즉, 이 작품에서 묘사되거나 지시되는, 혹은 언급되는 죽음은, 그리고 죽음을 무화하는 부활은 죽음이라는 사건이 아닌 죽음 그 자체를 재현한다. 죽음 자체에 대한 재현을 통해 베덴스키는 분절적 시간을 재현하며 이를 통해 자신이 꿈꾸었던 시간의 유토피아를 텍스트 속에 구현하려 했다. 그의 시간의 유토피아 속에서는 모든 불가능한 동시성이 가능해진다. 더 정확히 말해 베덴스키는 그러한 불가능한 동시성을 통해 순수 시간을 재현하려 하였다. 이 때 불가능한 동시성이란 곧 시간적 부조리에 대한 표현에 다름 아니다.

드루스킨이 지적하고 있듯이 부조리, 혹은 '무의미(бессмыслица)'는 의미론적인 것이며 절대 의미의 부재나 의미에 대한 희극적 왜곡이 아니다. 오히려 그것은 초의미이다(гиперсмысл).[25] 만일 그 의미라는 것이 가령 신의 현전과 같은, 우리를 둘러싸고 있는 사물들의 세계 속에서 가능할 수도, 심지어 이해될 수도 없는 어떤 것을 통해서만 얻어질 수 있는 것이라 하더라도 이와 같은 신적인 것의 재현이 불가능함을 드러내는 모든 각각의 경우들을 표현할 수 있는 유일한 방법은 '무의미', 즉, 의미의 불가능성이 된다.[26] 베덴스키의 희극적이며 부조리한 작품들이 끊임없이 환기하는 의미의 불가능성이 신성을 드러내는 메커니즘 또한 이와 동일하다.

베덴스키의 「사방에 신이 있을지도 모른다(Кругом возможно Бог)」의 마지막에 등장하는 '무의미의 별'은 베덴스키의 시학을 함축하는 표현으로서 예수의 탄생을 알리는 베들레헴의 별을 상기시키며 베덴스키에게 있어 부조리가 갖는 종교적 차원을 드러낸다.

Горит бессмыслицы звезда,
она одна без дна.
Вбегает мёртвый господин
и молча удаляет время.

무의미의 별이 타오른다.
그것에는 바닥이 없다.
죽은 남자가 뛰어 들어온다.
조용히 시간을 털어낸다.[27)]

드루스킨 또한 베덴스키의 「약간의 대화(Некоторе количество разговоров)」에 관한 자신의 고찰에 대해 '무의미의 별'이라는 제목을 붙인 바 있다. 베덴스키의 무의미는 바닥이 없이 무한히 깊어진다. 그 깊은 곳으로 무의미의 별빛이 통과하며 시간이 부재하는 절대적 죽음의 세계가 재현될 수 있다. 뒤이어 등장하는 구절 "죽은 남자가 뛰어 들어온다"는 이 작품 전체에서 7번에 걸쳐 등장하며 계속해서 죽음을 환기하였고, 마침내 작품의 마지막에 이르러 시간을 털어내는 남자의 형상으로 수렴된다. 이는 곧 죽음이라는 사건을 재현하는 베덴스키의 방식이다. 베덴스키가 「회색 노트(Серая тетрадь)」에서 말하고 있듯이 "기적이 가능한 것은 죽음의 순간뿐이다. 그것이 가능한 것은 바로 죽음이란 곧 시간의 정지를 의미하기 때문이다."[28] 즉, 시간의 정지와 죽음은, 무의미의 별과 함께 기적과 구원의 의미를 얻는다. 우리를 "사방에서 둘러싸고" 있을지 모르지만 재현될 수 없는 신은 이처럼 시간의 먼지들을 털어내고 죽음을 반복하는 과정 속에서 기적과 같이 현전하게 된다.

> Оно поглощает все существующее вне нас. Тут наступает ночь ума. Время всходит над нами как звезда. Закинем свои мысленные головы, то есть умы. Глядите оно стало видимым. Оно всходит над нами как ноль. Оно все превращает в ноль. (Последняя надежда — Христос Воскрес.)
>
> Христос Воскрес — последняя надежда.
>
> 그것(시간 - 필자)은 우리의 외부에 있는 모든 것을 삼켜버린다. 그러면 이성의 밤이 도래한다. 시간은 우리의 위에 별처럼 떠오른다. 생각하는 머리를, 즉, 이성을 던져 버리자. 그러면 시간이 보이게 될 것이다. 시간은 우리의 위에 ○(ноль)처럼 떠오른다. 그것은 전부 ○이 되어버린다. (마지막 희망은 - 그리스도가 부활하셨다는 것이다).
>
> 그리스도가 부활하셨다 - 이것이 마지막 희망이다.[29]

3. '(불)가능세계'와 경계(境界)로서의 예술: 부조리와 패러독스

베덴스키는 1941년 12월 20일에 하름스는 1942는 2월 2일 각각 세상을 떠났다. 베덴스키는 1941년 8월 23일 체포되었고 이후 독일군의 침공으로 카잔으로 이송되던 중 사망하였으며, 하름스는 1941년 9월

27일 체포되어 악명 높은 정신병원 '십자가'에 갇혀 있다가 이듬해 레닌그라드가 봉쇄된 기간 중에 배고픔 속에서 생을 마감하였다. 앞선 장에서 살펴본 바와 같이 이 둘은 모두 치나리이자 오베리우로서 재현할 수 없으나 존재하는 직관적 절대를 재현하는 것을 문학적 이상으로 삼았다. 이들 작품의 표면적 부조리는 오히려 그러한 재현불가능한 초월적 실재에 대한 탐구라는 이들의 극단적 리얼리즘으로부터 기인하는 것이었으며 그러한 의미에서 이들은 1900년대 초 러시아 문화 전반에 팽배해 있었던 진정한 실재에 대한 추구를 공유하며 새로운 리얼리즘에의 가능성을 보여주었다.

그러나 베덴스키와 하름스의 행보는 약간 달랐다. 이들은 초기에 오베리우 마니페스트를 발표하고 그에 의거한 시와 희곡을 주로 창작하였다. 그러나 끝까지 시와 희곡을 주로 창작했던 베덴스키와 달리 하름스는 1930년대 중반 이후 점차 산문으로 방향을 전환하였고 거의 마지막 작품이라 할 수 있는 「노파(Старуха)」 이후로는 산문 외의 다른 장르의 작품은 전혀 창작하지 않았다. 특히 「노파」는 환상과 현실의 공존, 낯설게하기와 그로테스크가 뒤섞인 네오리얼리즘 산문 대부분의 기법적 측면을 압축적으로 보여주고 있으며, 「우연한 사건들」 또한 19세기 리얼리즘 장편소설 전통으로부터 20세기 초반의 파편화되고 탈시간적인 새로운 산문 서사로의 전환이라는 당시 산문 문학의 탈역사주의적 경향을 공유하였다.[30] 즉, 네오리얼리즘 현상과 오베리우 모두의 출발점이 되었던 '진정한 실재의 탐구'라는 사회문화적 맥락을 떠나 네오리얼리즘의 개념을 '20세기 초반 러시아 산문 문학에 나타난 새로운 경향들'로 한정할 때 치나리와 오베리우에 속한 작가들의 작품 중 이에 가장 부합되는 것은 하름스의 후기 산문 문학이었다. 때로 하름스의 후기 산문이 스탈린 시대의 테러와 공포를 보여주는 리얼리즘 문학이라는 지나치게 단순한 평가를 받는 것도 이러한 관점에서 이해할 만하다.

드루스킨은 베덴스키와 하름스에 대한 글에서 이 두 사람의 차이에 대해 언급한다. 그는 우선 알베르트 슈바이처가 저서 「요한 세바스찬 바흐」에서 예술가를 작품과 삶의 연관성에 따라 두 가지 유형으로 나누면서 첫 번째 유형에 바흐와 베베른을 두 번째 유형에 베토벤과 쇤베르크를 포함시키고 있음을 지적한다. 첫 번째 유형은 예술이 삶과 그 어떤 직접적 연관관계도 갖지 않는 경우이며, 반대로 두 번째 유형은 예술이 삶과 너무 밀착되어 있어서 그들의 삶을 이해하지 않고는 예술 또한 이해할 수 없는 경우이다. 드루스킨에 따르자면 베덴스키는 첫 번째 유형에 하름스는 두 번째 유형에 속한다.

베덴스키와 하름스 스스로도 이를 인식하고 있었다. 20년대 후반 베덴스키는 "하름스는 예술을 창조하는 것이 아니라 그 스스로가 이미 예술 그 자체(Хармс не создает искусство, а сам есть искусство)라" 언급한 바 있다. 또한 하름스 자신도 30년대 말 자신에게 가장 중요한 것은 언제나 예술이라기보다 삶이었으며 더 정확히는 삶을 예술이 되게 하는 것이었다고 고백하고 있다.[31] 하름스의 "예술로서의 삶의 창조"는 상징주의자들의 '예술 창조를 통한 삶의 창조' 가 지향했던 유미주의라기보다 오히려 실존주의적인 것에 가까웠다. 베덴스키의 작품들이, 하름스의 초기 작품과 철학적 논고들이 대개 이 세계 너머의 실재를 재현하는 문제에 바쳐져 있었다면 하름스의 후기 산문은 그러한 초월적 실재의 재현이라는 문제와 동시에 그러한 실재를 재현하는 예술가의 삶이라는 현실을 그린다. 이 때 이처럼 재현의 대상을 재현 행위와 같은 차원에 위치시킬 수밖에 없었던 하름스의 후기 작품은 그 이전의 논고에서와는 다른 형태의 부조리를 보여주었다. 그리고 엄밀히 말해 그것은 부조리가기 보다 절대적 패러독스에 가까웠다.

> Жил один рыжийчеловек, у которого не было глаз и ушей. У него не было и волос, так что рыжим его называли условно. [...] У него не было даже рук и ног. И живота у него не было, и спины у него не было, и хребта у него не было, [...] Ничего не было! [...] Уж лучше мы о нем не будем больше говорить.
>
> 어떤 붉은 머리의 남자가 살았다. 그에게는 눈도 귀도 없었다. 머리카락도 없었다. 따라서 그를 붉은 머리라 부르는 것은 조건적이다.[...] 그에게는 심지어 팔도 없었고 다리고 없었다. 배도 없었고 등도 없었다.[...] 아무것도 없었다.[...] 더 이상 그에 대해 이야기하지 않는 것이 좋겠다.
>
> 「푸른 노트 No. 10(Голубая тетрадь No. 10)」

「우연한 사건들」을 여는 첫 이야기인 「푸른 노트 No. 10」은 하름스 문학의 '무의미'에 대한 극단적 예로 간주된다. 이 이야기는 "-에 관하여 이야기 하겠다"는 화자의 단언과 그가 이야기하는 내용의 불일치를 보여준다. 화자는 첫 문장에서 자신이 말한 내용을 이어지는 문장들을 통해 부정해 버림으로써 이야기 전체는 '존재한다'와 '존재하지 않는다'가 하나의 명제 속에 공존하는 절대적인 패러독스의 상황을 보여준다. 화자는 붉은 머리 남자의 존재를 전제로 하고 있지만 그의 존재는 부정과 무를 통해 규정된다.

이때 위의 경우 드러난 자기 부정의 패러독스는 이성에 의해 지각되는 세계의 형상을 해체하고 다른 이성, 즉 '시적 이성'에 기반한 사고를 펼치는 초기 오베리우 작품 속에 투영된 다른 세계의 형상으로부터 기인하는 부조리함과는 다르다. 물론 패러독스와 부조리는 접점을 지닌다.[32] "말은 다리가 8개이다"이라는 명제는 말에 대한 우리의 선지식을 바탕으로 패러독스가 되지만 이 때 이것은 다른 가능세계의 형상을 투영하고 있는 것으로 이해될 수 있으며, 이 경우 우리가 앞선 장에서 논의한 부조리와 동일한 원리를 따르게 된다. 양상논리학의 가능세계 의미론에서처럼 말의 모든 속성을 지니고 있지만 다리가 8개인 동물이 사는 행성이 어딘가에 존재하고 있을지도 모른다. 그 동물이 다른 모든 점에서 말과 공통된 속성을 지닌다면 그 동물은 말이라 칭할 수 있을 것이며, 이 경우 말을 고정지시어로 하여 말의 다리가 8개인 가능세계를 상정할 수 있다.

앞선 장에서의 부조리에 대한 논의는 이러한 초월적인 가능세계를 전제로 하고 있었다. 베덴스키의 시학은 바로 가능세계에 대한 형이상학적 탐구라 할 수 있다. 그러나 위에서 인용된 하름스의 「푸른 노트 No. 10」은 어떤 다른 세계가 전제되어도 진리가 될 수 없는 절대적인 패러독스를 보여준다. 이야기 속의 단언이 진리가 되기 위해서는 "부정이 존재를 창조하는 세계"가 전제되어야만 한다. 이미 '부정'과 '창조'는 그자체로 이율배반이며 따라서 전제가 되는 가능세계란 그 자체로 패러독스가 된다. 게다가 이 전제에는 이미 명제가 지칭하거나 묘사하는 세계의 형상이 아닌 그러한 지칭과 묘사의 행위 자체에 대한 규정이 내재하며 따라서 「푸른 노트 No. 10」의 이야기는 묘사되는 대상과 그것에 대한 묘사 행위라는 서로 다른 두 차원간의 모순을 야기한다. 텍스트 공간은 빨간 머리 남자의 존재와 그에 대한 재현(엄밀히는 해체)의 행위가 만나는 경계적 공간이 된다.

30년대 중반에 주로 쓰여진 유사철학적 논고로부터 30년대 후반의 산문 「우연한 사건들」과 「노파」에 이르기까지 1930년대 하름스에게서 가장 중요한 문제의식이 되는 것이 바로 '경계'라는 특수한 흐로노토프였다.[33] 하름스에게 반복적으로 나타나는 '창문'의 모티브는 나와 세계 간의, 이 세계와 초월적인 저 세계 간의 경계를 의미하였으며 동시에 그러한 두 세계가 창조되는 접점으로서의 창조행위와 동일한 것이 되었다. 텍스트가 다른 세계에 대한 재현이거나 혹은 그 곳을 향해 나가게 하는 통로의 역할을 하였던 베덴스키와 달리 삶을 예술의 우위에 두었던 하름스의 텍스트는 초월적 세계의 현전에 의해 완전히 점령되지 않은 채 작가 자신의 현실을 투영하고 있었다.

그러나 점차 후기의 산문으로 이행해 가는 과정에서 하름스의 텍스트는 경계 그 자체와 동일한 것이 되어간다. 즉, 재현 행위 그 자체가 재현의 대상이 되는 것이다. 이미 1931년[34] 폴랴코프스키야(Поляковская)에게 보낸 편지에서 하름스는 별과 창, 말에 대한 사색의 과정을 드러낸다. 이 편지는 얼핏 연애편지로 보이지만 사실 그 어떤 논고보다 강한 문학적 마니페스트로서 30년대 이후 하름스 문학의 방향을 암시하고 있다. 이 편지에서 '별'로 표상되는 절대를 볼 수 있게 하는 도구이자 그것의 재현의 공간이 되며, 더 나아가 별 그 자체로 변하게 되는 창은 말과 동일한 것임이 드러난다. 이렇게 해서 절대와 재현과 그 경계가 삼위일체를 이루며 하나로 결합된다.[35] 경계적 공간인 창은 이제 별과 말의 결합이자 그것이 일어나는 공간으로서 하름스 작품의 중심적인 모티브의 하나가 된다.

1930년대 중반에 쓰여진 것으로 추정되는 하름스의 논고 「존재에 대하여, 시간에 대하여, 공간에 대하여」도 경계에 대한 사색에 바쳐져 있다. 「이것과 저것」(1933)이라는 드루스킨의 논고로부터 출발하고 있는 것으로 보이는 이 글은 드루스킨의 이항구조에 경계를 의미하는 '방해물(препятствие)'이라는 요소를 더하여 존재의 삼위일체를 창조해 낸다. 논고에서 최초의 비존재는 경계라는 매개를 통해 "무엇인가(нечто)"라는 존재자로 변화한다. 존재의 삼위일체는 존재자 속에서, 비존재 속에서, 그리고 시간과 공간이라는 존재의 요소들 속에서 끊임없는 매개 과정을 통해 존재자를 형성해 내며, 이 과정은 결국 이 글의 마지막이 "나는 존재한다(Я есмь)"라는 단언이 되는 것을 가능하게 한다. 시간과 공간과 질료가 교차하는 '우주의 고리'는 하름스에게 있어서 텍스트 행위의 장으로 변하여 그러한 경계적 공간은 텍스트의 세계, 글쓰기의 장이자 '나'의 존재를 위한 "지금, 여기"라는 절대적 현재로서 존재의 무대가 된다.[36)]

이 때 절대적인 현재이자 텍스트 행위로서의 경계가 이 글에서 '방해물'로 지칭되는 것은 흥미롭다. 그리고 이는 하름스의 「노파」에서 갑작스럽게 주인공의 앞에 나타난 노파를 연상시킨다. 드루스킨의 '전령(вестник)'에 대한 탈신화화, 혹은 그것의 그로테스크한 버전으로서의 노파는 주인공의 삶에 등장한 방해물이자 동시에 작품을 추동한 힘이며 작품의 주제이자 제목이 된다. 노파는 하름스의 논고에서 이야기되는 방해물로서의 경계를 형상화한다. 이 작품에서 주인공은 작가가 되고자 하는 인물이다. 「노파」는 패러독스로 가득한 작품이며 이러한 패러독스가 이 작품을 부조리하게 만든다.

가장 눈에 띄는 것은 시간의 패러독스이다. 시계 바늘이 없는 텅 빈 원판을 보고 노파가 말해 준 시간으로부터 시작된 이 작품에는 마치 두 개의 서로 다른 시간이 공존하는 듯 보인다. 글을 쓰고자 하지만 쓰지 못하고 단 한 줄의 글만을 쓴 바 있는 주인공은 동료인 사케르돈 미하일로비치에게 여러 장의 글을 썼다고 이야기 하며 모순을 이룬다. 또한 주인공이 쓰고 있는 이야기의 주인공은 기적을 행할 수 있지만 그 어떤 기적도 행하지 않는 자이다.[37)]

주인공은 작품에서 주인공이자 동시에 저자라는 이중적이자 경계적인 존재다. 이 작품의 많은 모순들은 주인공의 이러한 이중적 실존으로부터 기인한다. 작품 속의 패러독스들을 이해 가능한 것으로 만들기 위해서는 「노파」가 주인공이 쓴 글이라는 전제가 요구된다. 즉, 이 작품은 패러독스와 부조리로 가득하지만 그것은 "주인공이 저자이다"라는 또 하나의 패러독스를 가능세계로 전제할 때 이해될 수 있다. 작가가 되고자 하지만 글을 쓰지 못하는, 그러나 어느새 자신의 삶 자체가 작품이 되게 하는 주인공의 형상은 앞선 언급한 작품 「말토니우스 올브렌」의 볼 수 없는 그림 앞에 몇 시간이고 서 있음으로 해서 결국 어느 순간 그 그림을 볼 수 있었던 주인공을 연상시킨다. 그의 눈앞에 보인 그림이 기적이었듯 「노파」는(기적과도 같이) 완성된 텍스트로 존재하게 된다. 이 때 「노파」의 완성의 순간은 죽은 노파가 사라지는 순간과 일치한다. 또한 그 순간은 주인공의 파멸의 순간으로도 해석될 수 있다.

저자의 지배 아래 있는 불완전한 존재라는 한계 속에서 주인공이 저자가 되는 것은 불가능하다. 주인공에게 저자는 자신을 창조하고 자신의 삶을 주관하는 신과 같은 존재이다. 주인공이 저자가 되는 것은 곧 인간이 자신을 창조한 신의 위치로 스스로를 고양시키는 것과 같다. 「노파」를 이해 가능한 것으로 만들 수 있는 유일한 전제가 되는 명제 "주인공은 저자이다"는 따라서 그 자체로 이미 패러독스이다. 게다가 이 명제는 주인공의 글쓰기 차원과 작가의 글쓰기 차원 사이의 경계를 허문다. 앞서 「푸른 노트 No. 10」의 패러독스 "부정이 존재를 창조한다"와 같이 「노파」의 전제가 되는 패러독스에는 텍스트 내적 현실과 실제 현실 사이의 충돌이 내재해 있다. 이는 "주인공은 땅 위에 있지만 동시에 비상을 통해서만 볼 수 있는 그림을 보고 있다"라는 「말토니우스 올브렌」의 패러독스와도 같다.

하름스는 「노파」에서 자신의 현실에 대한 리얼리즘적 묘사를 감행한다. 현실에서의 하름스 개인과 그의 작가로서의 의식이 충돌한다. 음식을 먹고 사람을 만나고 배설을 하는 삶의 과정은 '노파'의 형상으로 대표되는 그 삶을 무화하고 부정하는 폭력적인 다른 세계의 힘과 충돌한다. 그러한 폭력적인 세계는 글쓰기를 가능하게 하는 작가로서의 삶의 세계이며 이는 하름스의 거의 마지막 작품이라 할 수 있는 「노파」가 삶과 예술 사이의 대립을 전제로 하고 있음을 드러낸다. 예술은 삶을 위협하는 힘으로 나타난다.

이처럼 베덴스키의 작품과 하름스 초기의 마니페스트적, 실험적 작품들이 주로 이 세계의 원칙으로부터 떠나 있는 다른 세계의 증명과 재현에 할애되었으며, 따라서 그 속에서 이 세계의 형상은 다른 세계의 재현을 위한 질료이거나 혹은 부정의 방법론을 통한 절대성의 증명에 필요한 소거의 대상으로서 의미를 지녔다면 하름스의 후기 작품들에서 현실의 모습이 차지하는 비중은 더 커진다. 초기의 작품이 이 세계와 저 세계의 대립 위에 구축되며 그 두 세계 사이의 경계 그 자체와 동일시되는 것과 달리 후기의 암울한 산문들은 이 세계와 경계적 세계 자체의 대립 위에 세워져 있다. 즉, 하름스의 현실과 그 현실 위에서의 글쓰기가 패러독스의 양 축을 이루는 것이다. 달리 말해 이전의 작품이 이 세계와 저 세계의 이원적 구조 속의 경계적 공간이었다면 후기의 작품은 현실적 삶과 다른 세계에 대한 꿈으로서의 글쓰기 사이의 대립을 내포한다. 부조리하지만 '가능한' 세계로서의 절대적 실재를 재현하려는 오베리우의 꿈은 그 자체가 이미 요원한 초월적 절대가 되어버렸다. 1931년 '창문'으로 형상화되었던 텍스트 창조의 행위가 30년대 중반(33-34년)에 이르러 '방해물'로 지칭되고 있음은 의미심장하다.

그것은 이제 현실을 잠식해 들어온다. '부정'이라는 경계적 행위가 곧 붉은 머리의 남자의 존재를 위협하게 되었듯이, '노파'라는 치나리적 전령이 주인공의 삶을 파멸로 이끌어 갔듯이 예술 창조라는 경계적 행위는 현실에 대해 파괴적인 힘을 행사하며 하름스의 작품을 무와 공허의 공간으로 만드는 듯 보인다. 예술 창조의 꿈과 그것을 부정하는 현실은 그 자체로 모순을 이루며 그 어떤 가능성도 허용하지 않는 절대적인 패러독스의 상태를 창조하고 만다. 하름스 후기 산문의 부조리는 바로 이러한 삶과 예술의 양립불가능이라는 모순율의 패러독스로부터 기인한다. 진정한 실재에 대한 탐구는 이처럼 결국 절대적 패러독스에 대한 인식으로 끝이 났다. 이 때 하름스 문학의 종착점이 된 이러한 삶과 예술의 양립불가능에 대한 인식은 러시아 모더니즘이 스스로에게 고하는 마지막 말이기도 했다.

4. 패러독스와 새로운 리얼리즘

베덴스키의 작품에는 그가 자신의 작품의 가장 중요한 주제 중 하나라 지적한 바 있는 '죽음'이라는 단어가 매우 자주 발견된다. 그러나 하름스 작품에 죽음이라는 단어가 직접적으로 등장하는 경우는 그다지 많지 않다. 대신 그의 작품에는 '넘어지는 것', '떨어지는 것', '사라지는 것' 등에 관한 어휘들이 지나칠 정도로 많다. 노파들은 쉴 새 없이 굴러 떨어지고 행인들은 계속해서 넘어진다. 푸쉬킨과 고골을 비롯한 많은 등장인물들이 무대 뒤로 혹은 묘사되는 장면 뒤로 사라진다. 이것은 죽음에 대한 하름스의 재현 방식이다. 이 때 이러한 행위들은 모두 경계 넘기와 관련되어 있다. 등장인물들은 집이라는 공간을 넘어 굴러 떨어지며, 방해물에 걸려 그 너머로 넘어지고, 무대라는 공간을 떠나 그 뒤로 사라진다. 심지어 주인공은 죽은 노파의 몸을 이리저리 넘어

다닌다. 이처럼 하름스에게 경계 넘기는 죽음과 동일하다. 앞서 경계가 예술 창작과 동일한 것임을 지적한 바, 곧 경계 넘기는 예술적 세계로의 이월을 가리킨다.

계속해서 경계넘기에 대해 말하는 하름스의 텍스트는 그러한 의미에서 예술에 대한 메타 텍스트가 된다. 그는 경계가 만들어지고 주인공들이 그 경계를 넘어 가는 과정들에 대한 서술로 자신의 텍스트를 채우고 있으며 이는 하름스 산문의 가장 중심적인 주제가 삶으로부터 예술로의 경계넘기라는 것을 보여준다. 그리고 경계넘기가 죽음으로의 이행이라 할 때 결국 하름스 작품이 보여주는 것은 죽음을 야기하는 예술 창조, 즉, 자신의 삶을 잠식하는 예술의 문제라는 것이 증명된다. 초월적 실재로서의 '별'에 대한 직관(видение)으로서의 '창문'이라는 경계에 대한 탐구가 자신의 글쓰기의 대상이자 글쓰기 그 자체라는 메타 시학적 선언은 그의 산문 작품의 중층적 구조 속에서 실현된다.

무와 부정의 이미지들로 가득한 하름스의 후기 산문은 오베리우 시학의 핵심 개념이었던 ○에 대한 회의를 그리고 있다고 평가되기도 한다. 그러나 삶을 잠식하는 예술을 말하고 예술 창조를 의미하는 경계넘기라는 그로테스크한 행위로 텍스트를 채우는 하름스의 후기 산문은 오베리우 시학에 대한 회의보다는 자신의 오베리우적 이상을 간직한 채 현실을 살아가야 했던 하름스의 예술가로서의 삶에 대한 더 없이 리얼리즘적인 묘사가 된다. 그의 작품의 특징인 환상성과 그로테스크, 부조리는 삶과 예술 사이의 패러독스로부터 기인한다.

하름스의 후기 산문은 - 「노파」가 그러했듯이 - 예술 창조라는 절대가 그와 배치되는 삶에 가져오는 폭력을 보여준다. 스탈린 치하의 테러와 공포를 형상화하고 있다는 일반적인 리얼리즘적 이해와는 달리 오히려 하름스의 작품의 폭력의 주체는 예술이다. 그의 삶을 방해하고 그를 죽음으로 이끄는 예술의 폭력에 대한 인식과 그럼에도 불구하고 그러한 예술에 대한 지향을 무의식적으로 계속해 가는 두 의식이 텍스트 속에 공존한다. 엄밀히 말해 예술에 대한 지향은 의식이라기보다 무의식이며 주인공의 의지라기보다 주인공에게 주어진 어쩔 수 없는 숙명과도 같다.

하름스는 스스로를 다른 세계로부터의 전령(вестник)이라 칭하였다. 베덴스키 또한 하름스가 예술 그 자체라고 말했다. 그럼에도 드루스킨은 하름스에게서는 그 무엇보다 삶이 중요했다고 지적한다. 이러한 삶과 예술에 대한 두 지향간의 충돌은 하름스의 작품에서 예술의 승리로 끝난다. 예술을 대표하는 그로테스크한 형상인 노파는 길에서 만난 삶의 원칙인 아름다운 여인과의 만남을 방해한다. 주인공에 의해 눌려 죽임을 당하는 작품 마지막의 애벌레처럼 주인공의 삶은 노파라는 방해물에 의해 엉망이 되었다. 주인공은 「노파」라는 이야기를 만들어낸 작가가 되었지만 동시에 그의 삶은 부정된다. 주인공의 마지막 기도는 베덴스키의 「회색노트」에서 이야기된 그리스도의 부활에 대한 희망(Христос Воскрес — последняя надежда.)을 상기시킨다. 그러나 베덴스키에게서의 죽음이 자발성을 전제로 하고 있다면 하름스에게서의 죽음은 예술 창조라는 숙명으로부터 기인한다.

「노파」의 주인공은 삶이 종결의 순간에 공포를 느낀다. 그것은 예술의 절대적 권력에 의해 파괴되는 삶을 마주한 예술가의 공포이다. 그의 눈앞에는 꿈틀거리는 애벌레가 나타나며 '프라이팬이 갈라지는' 파국의 소리가 들린다. 다리 없는 애벌레를 제거하듯이 현실의 사물들, 그것을 구성하는 기호들을 제거하고 이 세계에서의 존재를 부정하면서 주인공은 재현될 수 없는 거대한 미지의 세계의 형상 앞에서의 공포를 직시한다. 그러한 미지의 세계는 앞서 베덴스키의 죽음에

대한 재현에서 그러했듯 상실과 부정을 통해서만 그 모습을 드러낼 수 있다.[38)]

하름스의 후기 산문을 지배하는 그로테스크한 공포 또한 이와 무관하지 않다. 삶의 부정과 상실을 통한 예술의 현존이라는 패러독스가 공포를 만들어 낸다. 그렇다면 공포는 삶으로부터 기인하지 않는다. 공포는 오히려 삶의 기호들을 제거하는 예술의 세계를 직면하였을 때 생겨난다. 삶과 예술의 패러독스와 그로부터 기인하는 부조리, 삶을 잠식하는 예술의 폭력과 공포야 말로 하름스의 삶의 실제 모습이었다. 그의 후기 작품은 오베리우의 모든 예술적 이상을 부정하는 스탈린 치하에서의 삶의 폭력과 억압, 공포를 그리는 리얼리즘 산문이라 평가될 수 없다. 오히려 그것은 삶을 폭력적으로 잠식해 들어오고 삶의 상실에 대한 공포를 불러일으키지만 그럼에도 불구하고 부정될 수 없는 절대로서의 예술 창조의 문제에 대해 말하는 메타산문이자 리얼리즘만으로 재현될 수 없는 예술가의 부조리한 삶을 그리는 '새로운 리얼리즘' 산문으로 이해되어야 할 것이다.

Suprematist Composition, White on White (Malevich, 1918), Museum of Modern Art, New York

미주

1장

1) R. Rorty, *Philosophy and the Mirror of Nature*, Princeton, 1979 참조.

2) 하이데거,「예술작품의 근원」,『하이데거의 예술철학』, 폰 헤어만, 이기상, 강태성 옮김, 문예출판사, 1997.

3) 푸코,『이것은 파이프가 아니다』, 김현 옮김, 민음사, 1997.

4) 들뢰즈,『감각의 논리』, 하태환 옮김, 민음사, 1995.

5) 하이데거는 고흐의「끈이 달린 신발」의 그림을 분석하면서 자신의 존재론의 연장선상에서 재현의 진리를 넘어서는 존재의 진리를 드러냄으로써 재현적 사유를 전복하고자 했으며, 푸코는『말과 사물』의 1장에서 벨라스케스의「시녀들」을 분석하면서 재현을 지배하고 구속하는 요소들의 부재, 혹은 그것들의 유희를 통해 재현을 비틀고 이중화함으로써 단선적인 재현의 사유를 비판했다. 또한 그는 마그리트의「이것은 파이프가 아니다」라는 그림에서의 언표와 이미지의 배반 속에서 재현을 통한 재현의 부정이라는 극단을 발견해 낸다. 들뢰즈의 베이컨의 그림에 대한 분석 역시 기존의 회화에서의 재현이 드러낼 수 없었던 감각작용에 대한 표상의 메커니즘을 파헤치고 있다.

6) 이에 대해서는 극공간과 무대 언어의 본질로서의 조건성에 대한 로트만의 기호학적인 이해를 참고하라. Ю. Лотман, "Семиотика сцены," *Об искусстве*, СПб., С. 586-596.

7) 20세기 초 러시아 모더니즘의 새로운 비재현적 극장에 대한 흐름을 대표하는 것으로는 브류소프의 논문「불필요한 진실(Ненужная правда」, 메이에르홀드의「발라간(Балаган)」등이 있다. 또한 비아리스토텔레스적 극이란 서양연극사에서 아리스토텔레스의 극이론에 기반한 전형적인 재현의 극장 외부에 언제나 존재해오던 또 하나의 극형식으로서 비재현적이고 조건적인 극장을 비아리스토텔레스극이라 칭한다. 여기에 속하는 것으로는 중세의 신비극, 질풍노도의 시기의 독일 낭만주의극, 브레히트의 서사극 등이 있다. 20세기 초반 러시아의 다양한 극적 실험들 역시 비아리스토텔레스적인 극으로 간주될 수 있다.

8) 들뢰즈가 인식론적인 재현(표상)을 비판하면서 비재현적인 현대예술작품을 자신의 비표상적(재현적) 사유에 이르게 하는 통로로 간주하고 있는 것도 이러한 관점에서 이해될 수 있다. 이에 대해서는 들뢰즈, 『차이와 반복』, 김상환 옮김, 민음사, 2004, 166쪽을 보라.

9) Gray, Camilla. *The Russian Experiment in Art 1863-1922*. Revised and enlarged by Marian Burleigh-Motley. London: Thames and Hudson, 1986, p. 141.

10) Bowlt, John E. *Russian Art of the Avant-Garde: Theory and Criticism*. New York: Thames and Hudson, 1988, pp. 92-100참조.

11) Chipp, Herschel B. *Theories of Modern Art: A Source Book by Artists and Critics*. Berkeley, Los ANgeles and London: University of California Press, 1968, pp. 341-46.

12) Janecek, Jerald, *The Look of Russian Literature. Avant-garde visual Experiments, 1900-1930*, Princeton, New Jersey, 1984.

13) 벨르이의 매뉴스크립트와 당시 러시아 문학에 나타난 다양한 조형적인 실험에 대해서 역시 Janecek의 책을 참조하라.

14) 오베리우 예술가들의 미학적 실험에 대해서는 이 책의 6장을 참조하라.

15) 베덴스키 작품에서 무의미와 부조리, 말의 부재가 창조하는 숭고에 관해서는 К. Чухров, "Бессмыслица как инструмент возвышения," *НЛО*, 2004, No. 69, С. 70-86를 보라.

16) 이에 대해서는 이지연, 「해체와 노스탤지어: 소츠-아트와 소비에트 문화」, 『러시아문학연구논집』제 21집, 2006, 97-125쪽 참조.

17) 한스 울리히 굼브레히트(Hans Ulrich Gumbrecht)는 자신의 저서 *Production of presence: what meaning cannot convey*, Stanford Univ. Press, 2004에서 인문학에서의 해석의 문제를 다루며 문화를 '의미의 문화'와 '현존의 문화'로 나누고 있다.

18) С. Бирюков, РОКУ УКОР. Поэтические начала, М., 2003, С. 238.

19) 이에 대해서는 이 책의 5장을 참조하라.

20) И. Бродский, *Сочинения Иосифа Бродского в 4 томах*. Сост. Г. Комаров, СПб.; Париж; М.; Нью-Йорк, 1992-1995, С. 256-260.

21) В. Казаков, *Избранные сочинения в 3 томах*, Т.3 Стихотворения, М., 1998, С. 158.

22) Л. Лосев, *Чудесный десант*, Tenafly, 1985, С. 16.

23) 바르트는 다른 기호체계에 비해 언어체계가 보다 강력하고 포괄적이며, 따라서 이미지에 대한 텍스트는 그 이미지를 설명할 뿐 아니라 새로운 의미를 부여하고 확대할 수 있는 가능성을 지니고 있음을 주장한다. 바르트, 『이미지와 글쓰기』, 김인식 편역, 세계사, 1993, 78-97 참조.

24) 푸코, 『이것은 파이프가 아니다』, 김현 옮김, 민음사, 1997, 34-35쪽.

25) 같은 책, 40-48쪽.

26) 같은 책, 88쪽.

27) 직시(deixis)란 '이것', '지금', '그때' 같은 발화의 주체나 발화의 시간 공간 등 언어외부적인 맥락을 지칭하는 표현을 일컫는 언어학적 용어이다. '이것'의 경우 그것이 직시적인 것이 되기 위해서 '이것'이 지칭하는 사물이 화자의 눈앞에 현존하고 있어야 한다. 필자는 카바코프의 그림이 그러한 직시로서의 언어행위를 재현하는 것이며, 이러한 지시가 아닌 직시를 향한 지향이야말로 카바코프의 언어기호의 본질로서 이미지를 사물의 현존으로 변화시키는 장치로 이해될 수 있다고 생각한다.

28) 카바코프의 작품 속의 물들에 내재하는 노스탤지어의 시학과 기억의 문제에 관하여는 S. Boym, "From the Toilet to the Museum: Memory and Metamorphosis of Soviet Trash," *Consuming Russia*, Duke Univ. Press, 1999, pp. 383-396참조

29) M. Epshtein, "Emptiness as a technique: work and image in Ilya Kabakov," *Russian Postmodernism: New perspectives on Post-Soviet culture*, New York, Oxford, 1999, p. 309.

30) 같은 책, p. 323.

31) 투피친은 카바코프의 작품을 "공공주택의 개념주의(коммунальный концептуализм)"라 칭한다(В. Тупицын, *Коммунальный (пост) модернизм: Русское искусство второй половины XX века*, М.: Ad Marginem, 1998, С. 97). 그의 설치미술 작품들에는 소비에트의 일상을 이루는 다양한 물들이 전시되어 있다. 소비에트의 부엌과 화장실은 잡동사니, 때로는 쓰레기와 같은 소비에트 일상으로부터의 다양한 물건들로 메워진다. 엡슈테인은 카바코프의 작품을 채우는 다양한 사물들을 박물관에 전시된 일반적인 물들의 속성으로서의 '서사성'이 아닌 '서정성'을 띠고 있는 것으로 간주한다. M. Epshtein, "Things and words: toward a lyrical museum," *Tekstura*, Univ. of Chicago Press, 1993, pp. 152-157.

32) 바르트, 「카메라 루시다」, 조광희 옮김, 열화당, 1996.

33) J. Derrida, *Memoirs of the Blind, Self-Portrait and Other Ruins*, The

Univ. of Chicago Press, 1993.

34) 데리다가 자신의 책에서 눈멂이라는 주제를 통해 궁극적으로 드러내고자 하는 것은 자신의 철학의 핵심인 흔적이나 차연 등과 같은 개념이었다.

35) 푸코는 『말과 사물』에서 벨라스케스의 「시녀들」을 분석하며 재현의 주체이자 대상의 부재와 회화 예술에서의 자기반영성의 본질을 분석하고 있다. 푸코, 『말과 사물』, 민음사, 1986, 제 1 장 참조.

36) М. Рубинс, *"Пластическая радость красоты": Экфрасис в творчестве акмеистов и европейская традиция*, СПб., 2003, С. 15.

37) 이지연, 「브로드스키의 포스트모더니즘 - 서사시 『공연』을 중심으로」, 『러시아 연구』 제 14권 1호, 2004, 61-96쪽 참조.

38) А. Битов, *Пушкинский Дом; Роман*, М., 1990

39) 프리고프와 루빈슈테인의 텍스트는 다음을 참고하라. Д. Пригов, *Явление стиха после его смерти*, М., 1995; *Написанное с 1975 по 1989. Собрание поэтических и прозаических текстов*, М., 1993; *Сборник предуведомлений к разнообразным вещам*, М., 1996. Л. Рубинштейн, *Все дальше и дальше: Из Большой картотеки*, М.;*Домашнее музицирование*, М., 2000.

40) М. Липовецкий, "Культура как хаос (Метаморфозы диалогической поэтики и эволюции русского постмодернизма," *Россия/Russia*, Vol. 8, № 1/2. Venezia, 1993, С. 169.

41) Т. Кибиров, "Сквозь прощальные слезы," *Время и мы: альманах литературы и общественных проблем*. М., Нью-Йорк, 1990, С. 168-187.

42) 료타르, 『포스트모던의 조건』, 이삼출 역, 민음사, 1992.

2장

1) 베르그송의 철학은 비단 필로노프와 마튜쉰 뿐 아니라 20세기 초 러시아 지식인들 사이에서 큰 반향을 불러일으켰다. 심지어 마튜쉰은 1920년대 ГИНХУК에 유기적 문화 철학을 연구하는 그룹을 만들기도 하였다(Маргарита Тильберг, *Цветная вселенная: Михаил Матюшин об искусстве и зрении*, М., 2008, С. 72-73참조). 이 때 이들이 사용한 '문화 культура'의 개념은 그 어휘의 어원적인 의미에 더 가깝다. 문화혁명을 이야기하던 소비에트 시대에 조차 러시아에서 '문화'라는 어휘가 아직까지 현재와 같은 개념으로

사용되지 않았다는 것은 잘 알려져 있다. 즉, 마튜쉰과 말레비치, 필로노프 등에게서의 '유기적 문화'란 이미 그 안에 베르그송적 창조적 진화의 개념을 내포하고 있다. 또한 베르그송의 '지속' 개념에 대해서는『사유와 운동』, 이광래 옮김, 문예출판사, 1993;『창조적 진화』, 황수영 옮김, 아카넷, 2005 등을 보라.

2) 필로노프의 생애에 관해서는 Mark Petrov, "Pavel Filonov: An outsider with the psychology of a winner(The artist's professional self-consciousness)," *Pavel Filonov: seer of the invisible*, Saint-Petersburg, 2006, pp. 69-79; Н. Мислер, Дж. Э. Боулт и Д. В. Сарабьянов(сост.), *Филонов Том I. Художник. Исследователь. Учитель. Живопись. Графика*, СПб., 2006, С. 7-64 등 참조.

3) Корнелия Ичин, "Федоровское учение в творчестве Павла Филонова," *Russian Literature*, 59-1, 2006, С. 65-73 참조. 아울러 표도로프의 우주론과 불멸 사상, 인간의 부활에 대한 논의 등은 박영은,「니콜라이 표도로프의 "공동 일의 철학"에 나타난 우주론적 인간학」,『슬라브학보』, 제 20권 1호, 2005, 123-144쪽을 비롯하여 동 저자의 러시아 우주론에 관한 논문들을 참조하라.

4) 필로노프는 1900년대 말에서 1910년대 초에 걸쳐 <성 예카테리나 이콘 Икона святой Екатерины>(1908-1910), <성 가족 Крестьянская семья>(1914) 등의 기독교적인 작품들과 <왕들의 주연 Пир королей>(1912-13) 같은 이교적인 작품들을 남겼다.

5) Е. Замятин, "Современная русская литература," *Литературная учеба*, 1988, Кн. 5, С. 133.

6) Павел Филонов, "Живопись - это универсальный, всем понятный язык художника..." Н. Мислер, Дж. Э. Боулт и Д. В. Сарабьянов(сост.), *Филонов в 2 томах. Художник. Исследователь. Учитель. Живопись. Графика*, Том I, С. 103.

7) Павел Филонов, "Декларация «мирового расцвета»", Н. Мислер, Дж. Э. Боулт и Д. В. Сарабьянов(сост.), *Филонов в 2 томах. Художник. Исследователь. Учитель. Живопись. Графика*, Том I, С. 87-88.

8) 이때의 법칙이란 캐논(canon)이 아닌 일종의 규범(law)으로서 이는 생명의 진화의 법칙과도 같은 형태의 유기적 발전 법칙을 지칭한다. канон과 закон의 구별에 대해서는 Филонов, Павел. "Теория аналитического искусства: канон и закон," В кн. Н. Мислер, Дж. Э. Боулт и Д. В. Сарабьянов(сост.), *Филонов в 2 томах, Художник. Исследователь. Учитель. Живопись. Графика*, Том I, С. 67을 보라.

9) 필로노프 미학의 핵심적인 개념에 대해서는 장혜진,「유기미학의 세계: 파벨

필로노프와 분석예술」, 『노어노문학』, 제 20권 제 3호, 2008, 369-392쪽에서 상세히 다루고 있다. 또한 위 논문 외에도 필로노프를 비롯, 아방가르드 미학을 다루고 있는 장혜진의 일련의 논문들을 참조하라.

10) 이에 대해서는 장혜진, 같은 책, 373-376쪽에 게재된 글의 제 II장 "보는 눈과 아는 눈" 참조.

11) 같은 글, 374, 378쪽.

12) N. Misler, "The image decomposing: Five stations in the art of Pavel Filonov," *Pavel Filonov: seer of the invisible*, Saint-Petersburg, 2006, p. 38.

13) Charlotte Douglas, "Evolution and the Biological Metaphor in Modern Russian Art," *Art Journal: Art and Science: Part I, Life Sciences*, Vol. 44, No. 2, 1984, p. 156.

14) Е. Бобринская, "Миф об андрогине и образы целостности в творчестве П. Филонова," *Русский авангард: истоки и метаморфозы*, М., 2003, pp. 118-139 참조.

15) В. Хлебников, *Неизданные произведения*, М., 1940, С. 378 по кн. *Поэзия русского футуризма*, сост. и подгот. текста В. Н. Альфонсова и С. Р. Красицкого, персональные справки-портреты и примеч. С. Р. Красицкого, СПб., 1999.

16) М. А. Черницов, *Идея художественного синтеза в литературных произведениях и теоретических трудах художников русского авангарда первой трети XX века (В.В. Кандинский, П. Н. Филонов, К. С. Малевич)*: Дис. на соискание учётной степени кандидата филологических наук, Магнитогорск, 2002.

17) П. Филонов, "Пропевень о мировой проросли," В кн. Н. Мислер, Дж. Э. Боулт и Д. В. Сарабьянов(сост.), *Филонов в 2 томах, Художник. Исследователь. Учитель. Живопись. Графика*, Том I, С. 263. 이하 이 작품으로부터의 인용은 본문 중에 괄호와 함께 페이지 번호만으로 표기한다. 아울러 이 작품으로부터의 인용에 대한 한국어 번역은 자움 언어로 창작된 작품의 특성상 병기하지 않으며 본문을 통해 전체적인 내용을 설명할 것이다.

18) 일반적인 극 장르의 합창단의 역할과도 유사한 기능을 하는 등장인물 Запевало와 Подголосок은 둘 다 필로노프가 고안한 신조어이다. 필자는 위의 두 단어를 각각 '노래하는 소리'와 '귀띔하는 작은 목소리'로 번역하였다. 첫 단어 Запевало는 작품의 처음을 여는 목소리로서 접두사 за와 결합

되어 노래 소리의 시작을 알리고 있기도 하다. 필로노프는 이처럼 이 작품에서 계속해서 신조어를 만들어 내고 있다. 때로 그는 두 단어 이상을 한 단어로 결합하거나 어근과 어미들을 분해하여 새롭게 종합하는 등의 방식으로 자움 언어들을 창조하고 있다. 그러나 그는 흘레브니코프나 크루촌늬흐의 조어법을 따르면서도 완전한 무의미를 창조하지는 않는다. 따라서 그의 작품을 읽게 되면 번역은 불가능하지만 어렴풋하고 모호하게 의미가 드러나는 것을 체험하게 된다. 아마 러시아어를 모국어로 하는 이들은 보다 더 분명하게 이러한 체험을 할 수 있을 것이다. 이는 매우 중요한데 그의 서사시의 의미 창조의 과정은 바로 그의 회화 예술이 형태의 파괴와 분해, 그것의 새로운 결합을 통해 불분명하지만 어렴풋이 느껴지는 새로운 형상을 창조해 내는 과정 그 자체를 보여주고 있기 때문이다. 필자는 이것이 바로 어둠과 죽음의 종말론적 경험으로부터 새로운 부활을 향해 나가는 필로노프 작품 전반의 가장 중요한 주제라 생각한다.

19) N. Misler, "The image decomposing: Five stations in the art of Pavel Filonov," pp. 33-47.

20) Mark Petrov, "Pavel Filonov: An outsider with the psychology of a winner (The artist's professional self-consciousness)," p. 75.

21) Павел Филонов, "Понятие внутренней значимости искусства как действующей силы," Н. Мислер, Дж. Э. Боулт и Д. В. Сарабьянов (сост.), *Филонов в 2 томах, Художник. Исследователь. Учитель. Живопись. Графика*, Том I, С. 113-122.

22) 같은 글, p. 113.

23) 송영진, 「베르그송에 있어서의 신의 직관」, 『동서철학연구』, 제 58호, 2010, 469-477쪽.

3장

1) 샹젤리제 극장 개관에 맞추어 기획된 <봄의 제전>에 대해 디아길레프도 스트라빈스키도 엄청난 성공을 기대했었다고 한다. 그 곳에서 20세기 음악사에서 가장 큰 스캔들 중 하나가 벌어질 것이라고는 생각하지 못했다. 공연이 시작된 지 얼마 지나지 않아 관중석에서는 야유가 쏟아져 나왔다. 관중들은 심지어 작품에 대한 지지자들과 반대파로 나뉘어 논쟁을 벌였다. 시끄러운 관중석과 기괴한 음향, 무대 위 무용수들이 안무에 따라 발을 구르는 소음이 뒤엉킨 채 공연은 몇 분 지나지 않아 막을 내리고 말았다. 스트라빈스키는 발레가 시작된 지 5분 만에 자리를 떴지만 공연은 계속되었고 예정되었던 5일간의 공연 또한 언론의 비판에도 불구하고 끝까지 진행되었다. 물론 스트라빈스키

의 발레를 연구해 온 음악학자 타루스킨(Richard Taruskin)의 지적에 따르면 <봄의 제전>에 얽힌 이러한 스캔들은 다소 과장된 바가 없지 않다고 하지만 전반적으로 이 작품에 대한 유럽 평단의 평가가 좋지 않았던 것은 사실이었다. 물론 초연에서의 스캔들이 오히려 결국 이 작품의 성공으로 이어졌다는 것도 부정할 수 없다. 이에 관해서는 R. Taruskin, "Shocker Cools Into a 'Rite' of Passage," *The New York Times*, September 14, 2012를 참조하라.

2) <봄의 제전>을 둘러싼 스캔들을 비롯하여 스트라빈스키의 발레 뤼스 대표작들의 러시아성의 문제, 러시아적인 것에 대한 유럽의 수용에 관해서는 이지연, 「예술세계파와 발레루스의 제국 이미지」, 『러시아 제국의 팽창과 근대적 유라시아 문화공간의 형성』, 민속원, 2014, 181-194쪽에서 소개된 바 있으며, 이 글에서는 위 책에 기술된 내용을 바탕으로 정리하였다.

3) 물론 무용수들의 계속되는 점프는 애초의 스트라빈스키의 의도라기보다 즉흥적으로 음악을 춤으로 표현하는 데 익숙했던 니진스키의 안무의 결과였다. 스트라빈스키는 보다 움직임이 적은 몸짓을 기획하고 있었던 것으로 보인다. 이를 비롯하여 스트라빈스키의 <봄의 제전> 기획과 실제 초연 사이의 괴리와 이것이 이후 이 작품 이해의 방향설정에 있어 야기한 오해의 문제에 대해서는 Pieter C. van den Toorn, *Stravinsky and the Rite of Spring: The Beginnings of a Musical Language*, Berkeley, Los Angeles, Oxford: Univ. of California Press, 1987, pp. 1-10 참조.

4) 가령 Michelle Duffy, Paul Atkinson, "Unnatural Movements: Modernism's Shaping of Intimate Relations in Stravinsky's "Le Sacre du Printemps," *Affirmations: Of the Modern* Vol. 1, No. 2, 2014, p. 101; Hanna Järvinen, "Dancing without Space – On Nijinsky's *L'Après-midi d'un Faune*(1912)," *Dance Research* 27:1, 2009, pp. 48-55 등 참조.

5) Hanna Järvinen, "'Great Horizons Flooded with the Alien Light of the Sun': *Le Sacre du Printemps* in the Russian Context," *Dance Research* 31:1, 2013, pp. 10-14. 러시아인들도 <봄의 제전>에서 공포를 보았지만 그것은 인간 주체의 소멸과 전체성의 상실에 대한 아도르노의 비판에서의 그것과는 달랐다. 오히려 여기서의 인간의 운명적 공포란 고대 신화의 땅 아틀란티스의 파멸을 주제로 하여 푸른 대지와 그것을 집어 삼키는 검은 바다의 풍경을 그리면서 그 모든 것을 초월하여 존재하는 아프로디테 상을 작품에 전면화하는 박스트(L. Bakst)의 1908년 작 <고대의 공포 Древний Ужас, *Terror Antiquus*)>를 연상시킨다. 뱌체슬라프 이바노프(Вя. Иванов)는 이 그림에 대한 글을 통해 인간의 숙명과 그것을 초월하려는 의지, 죽음과 그것에 대한 극복, 불완전한 세계와 세계혼의 결합을 통한 상징주의적 합일과 총체성의 회복을 이야기한 바 있다. Вяч. Иванов, *Собрание сочинений*.

Брюссель, T. 3, 1979, C. 91-110을 보라.

6) 흔히 우리에게 <봄의 제전>으로 알려져 있지만 이 작품의 러시아어 제목은 직역하자면 '성스러운 봄(Весна священная)'이다.

7) 기관지 『성스러운 봄』에 대해서는 칼 쇼르스케, 『세기말 비엔나』, 김병화 옮김, 생각의 나무, 2006, 296-297쪽 등을 참조하라. 물론 스트라빈스키는 이 작품을 러시아 고유의 이교적 제의로부터 출발한 것이라 밝힌 바 있다.

8) Sigmund Freud, *The Uncanny*, trans. by David McLintock, London; Penguin Classics, 2003, pp. 123-163.

9) O. Bulgakova, "The *Russian Vogue* in Europe and Hollywood: The Transformation of Russian Stereotypes through the 1920s," *The Russian Review* 64(April), 2005, pp. 215-216.

10) Hanna Järvinen, "Fans, fawns and fauns: Ballet stardom, dancing genius and the queer afterlife of Vaslav Nijinsky." Kari Kallioniemi, Kimi Kärki, Janne Mäkelä and Hannu Salmi (ed.): *History of Stardom Reconsidered*. International Institute for Popular Culture, Turku, 2007, pp. 117-118.

11) Hanna Järvinen(2013) p. 5에서 재인용.

12) S. 프로이트, 『늑대인간: 프로이트 전집 11』, 김명희 역, 열린책들, 2004 참조.

13) Oksana Bulgakova(2005) pp. 216-222. 1920-30년대 프랑스 영화에는 러시아인 단역이 감초처럼 등장했다. 러시아 초기 무성영화의 대표적인 배우 이반 모즈주힌(Ivan Mozzhukhin)은 러시아 망명영화제작자들의 작품 뿐 아니라 프랑스 영화의 러시아와 상관없는 배역을 연기할 때조차 정체성의 혼란을 겪으며 가면을 바꿔 쓰는 분열적 인물의 형상을 창조하였다.

14) 같은 책, pp. 217-218.

15) James L. Rice, *Freud's Russia: National Identity in the Evolution of Psychoanalysis*, New Brunswick(USA) and London(U.K): Transaction Publishers, 1993, pp. 2-5, 112-117.

16) Sigmund Freud, "Dostoevsky and parricide(1927)," in a book edited by Daniel Rancour-Laferriere, *Russian Literature and psychoanalysis*, University of California Press, 1989, pp. 41-57.

17) 같은 책, pp. 9-12.

18) 같은 책, pp. 223-233쪽을 보라.

19) Theodor W. Adorno, *Philosophy of modern music*, trans. by Anne G. Mitchell and Wesley V. Blomster, New York: The Seabury Press, 1980,

pp. 135-217 참조.

20) 가령 알랭 바디우, 『바그너는 위험한가』, 김성호 옮김, 북인더갭, 2010, 89-108, 111-118쪽에 서술된 아도르노의 바그너 비판에 대한 바디우의 해석을 참조할 수 있을 것이다.

21) James L. Marsh, "Adorno's Critique of Stravinsky," *New German Critique*, No. 28, 1998, pp. 147-169를 보라. 이 글에서 저자는 아도르노의 스트라빈스키 비판의 문제점들을 제시하고 있으며 실제로 스트라빈스키의 많은 특징들이 아도르노가 높이 평가하고 있는 쇤베르크의 음악미학과 유사한 특성들을 드러내고 있음을 지적하고 있다.

22) 러시아에서의 <봄의 제전>에 관한 평가는 Hanna Järvinen(2013) pp. 11-20 참조.

23) J. Cross, "Stravinsky in exile," in Tamara Levitz(ed.) *Stravinsky and His World*, Princeton Univ. Press, 2013, pp. 4-6.

24) Margarita Mazo, "Stravinsky's 'Les Noces' and Russian Village Wedding Ritual," *Journal of the American Musicological Society*, 1990, p. 100.

25) J. Cross(2013) pp. 7-10.

26) Milan Kundera, "Improvisation in Homage to Stravinsky," in *Testaments Betrayed*, trans. Linda Asher, London: Faber and Faber, 1995, pp. 96–98.

27) J. Cross(2013) pp. 3-19.

28) 옥타토닉 음계란 림스키-코르사코프의 트레이드 마크라 할 수 있는 8음음계로서 온음과 반음이 교대로 전개되는 방식을 일컫는다. 가령 일반적인 디아토닉(diatonic) 음계가 3,4음 사이, 7,8음 사이가 반음인 것과 달리 옥타토닉 음계는 온-반-온-반-온-반-온 혹은 반-온-반-온-반-온-반으로 전개된다. 이러한 기법은 당시 림스키-코르사코프에게 수학하던 젊은 페테르부르크 음악가들 사이에서는 매우 잘 알려져 있는 것이었다. 타루스킨은 자신의 역작에서 특히 이러한 옥타토닉 음계의 변주를 통해 스트라빈스키의 음악적 민족주의의 요소를 추출해 낸다. 상세한 내용에 관해서는 Richard Taruskin, *Stravinsky and the Russian traditions*, Univ. of California Press, 1996을 보라. 2권으로 된 그의 저서 전체가 스트라빈스키의 러시아적 요소들을 설명해 내는 작업에 바쳐져 있다.

29) S. Savenko, "Stravinsky: The View from Russia," in Tamara Levitz(ed.) *Stravinsky and His World*, Princeton Univ. Press, 2013, pp. 255-272.

30) Hanna Järvinen, "'The Russian Barnum': Russian opinions on Diaghilev's Ballets Russes, 1909-1914." *Dance Research* 26:1, 2008, p. 32.

31) 같은 책, p.26.

32) Т. Хренников, "За творчество, достойное советского народа," *Советская музыка* 1 (Январь-Февраль), 1948, С. 58-59: S. Savenko (2013) pp. 260-261에서 재인용.

33) Benedikte Brincker & Jens Brincker. "Musical constructions of nationalism: a comparative study of Bartók and Stravinsky," *Nations and Nationalism* 10(4), 2004, pp. 588-589. 그가 러시아적 영향을 축소하고 보다 국제적인 음악가로 인정받기를 원했던 모습은 1935-6년에 출판된 그의 프랑스 시기의 전기나 1946년의 하버드 강연록『음악적 시(Musical Poetry)』, 말년의 로버트 크래프트(Robert Craft)와의 인터뷰 등에서 지속적으로 발견된다.

34) Richard Taruskin(1996) pp. 4-6.

35) Igor Stravinsky & Robert Craft. *Memories and commentaries*. Berkeley and Los Angeles: Univ. of California Press, 1960, p.65.

36) 1910-20년대 페테르부르크에서 마튜신(Матюшин)을 주축으로 칸딘스키(Кандинский), 필로노프(Филонов) 등이 함께 했던 색의 의미에 대한 연구와 색을 통해 구현되는 유기적 세계의 형상에 관해서는 М. Тильберг, *Цветная вселенная: Михаил Матюшин об искусстве и зрении*, М.: НЛО, 2008을 참조하라.

37) Richard Taruskin(1996) p. 789.

38) 물론 스트라빈스키는 발몬트의 시로 성악곡을 만든 것에 대해 별다른 의미가 있었던 것이라기보다 음성적 울림이 좋아서였다고 밝히고 있으며 이미 1910년 경에는 발몬트의 영향으로부터 벗어나 오히려 브류소프나 아크메이스트였던 고로데츠키(S. Gorodetsky)의 영향을 드러내고 있음은 자명하다. <봄의 제전>의 태양신 야릴로의 형상에 대해 타루스킨은 그것이 고로데츠키의 시로부터 가져온 것이라 지적한다. 이에 관해서는 같은 책, pp. 859-860을 보라.

39) 같은 책, pp. 799-816에 인용된 악보들을 통해 스트라빈스키의 스크랴빈으로부터의 음악적 차용을 분명히 볼 수 있다.

40) 실제로 스트라빈스키가 스크랴빈을 처음으로 만난 것은 1908년 3월 6일 림스키-코르사코프의 마지막 생일 파티에서였다. 같은 책, p. 792.

41) 같은 책, pp. 791-799.

42) 그는 아버지로부터 7000여권의 장서와 함께 책에 대한 열정을 물려받았으며 여기에는 러시아 문학과 민담에 관한 많은 서적들이 포함되어 있었다.

T. Monighetti, "Stravinsky's Russian Library," in Tamara Levitz(ed.) *Stravinsky and His World*, 2013, pp. 61-62를 보라.

43) Я. Тугенхольд, "Итоги сезона (письмо из Парижа)" *Аполлон*, № 6, 1911, С. 74. *в кн*. Т. М. Родина, *Александр Блок и русский театр начала XX века*, М.: Наука, 1972, С. 148-149.

44) Richard Taruskin(1996) pp. 853-856.

45) R. Taruskin, "Turania revisited, with Lourié my guide," Klára Móricz & Simon Morrison(ed.), *Funeral Games in Honor of Arthur Vincent Lourié*, Oxford Univ. Press, 2014, pp. 63-64.

46) Klára Móricz, "Symphonies and Funeral Games: Lourié's Critique of Stravinsky's Neoclassicism," in T. Levitz(ed.) *Stravinsky and His World*, pp. 105-106.

47) 그의 음악은 1990년대에서야 바이올리니스트 기돈 크레머 등의 노력에 힘입어 공연 레퍼토리에 편입되며 소개될 수 있었다. 그 전까지 그는 타루스킨이 지적하고 있듯이 "20세기의 가장 흥미로운 잊혀진 음악가 중 한 명"이었다. R. Taruskin(1996) vol. 2, p. 1585.

48) 아흐마토바 연구가들은 루리에의 흔적이 1920년대 이후에도 아흐마토바의 작품에서 떠나지 않는다고 지적한다. 특히 그의 「주인공 없는 서사시(Поэма без героя)」에 반영된 루리에의 그림자에 대해서는 Klára Móricz, "Retrieving what time destroys: The palimpsest of Lourié's *The Blackamoor of Peter the Great*," in Klára Móricz & Simon Morrison(ed.) (2014) pp. 150-151과 p. 151의 각주 3을 참조하라.

49) Artur Lur'ye, "Peterburg: Opera-Ballet in Two Acts on Poems by Alexander Blok(1920)," in Л. З. Корабельникова, "Американские дневники Артура Лурье," Кельдишевский сборник: музыкально-исторические чтения памяти Ю. В. Кельдиша, М.: GII, 1999, С. 235; Klára Móricz, "Introduction: Endgames and Funeral games," in Klára Móricz & Simon Morrison(ed.)(2014) pp. 10-11에서 재인용.

50) 루리에의 오페라-발레에 관한 분석은 위의 Klára Móricz(2014)의 글 pp. 10-11에 인용된 루리에가 쓴 대본을 바탕으로 하였다.

51) Klára Móricz(2014) pp. 3-6.

52) Лариса Казанская, "Лурье и Стравинский: в тени гения," *Музыкальная академия* 2, 2010, С. 104.

53) 1920년대 루리에가 쓴 논문들을 보면 이들의 음악적 견해 차이는 이미 러시

아를 떠나와 유럽에서 만나게 된 때부터 존재하고 있었음을 알 수 있다.

54) 이 글에서 정리하여 소개하고 있는 루리에의 전기적 사실들과 작품 경향에 대해서는 Klára Móricz & Simon Morrison(2014)의 편역서 *Funeral Games in Honor of Arthur Vincent Lourié*에 포함된 논문들과 K. Levidou, "Arthur Lourié and his conception of revolution," *Musicology* 13, 2012, pp. 79-99 등을 참고하였다.

55) Igor Stravinsky, *Poetics of Music in the Form of Six Lessons* trans. by Arthur Knodel & Ingolf Dahl, Cambridge: Harvard Univ. Press, 1947, pp. 40-42에서 스트라빈스키는 "An inquiry of melody"라는 글을 통해 멜로디를 절대화하고 있는 루리에의 의견에 대해 반론을 펼치고 있는 것처럼 보이기도 한다.

56) A. Lourié, "An inquiry of melody," *Modern Music* 7/1 (December-January 1929), pp.3-11; Klára Móricz, "Symphonies and Funeral Games: Lourié's Critique of Stravinsky's Neoclassicism," p. 116에서 재인용.

57) <장례 경기>의 악보와 스트라빈스키 음악과의 형식적 유사성에 대한 분석은 Klára Móricz(2013) pp. 115-126를 보라.

58) Klára Móricz(2014) "Retrieving what time destroys: The palimpsest of Lourié's *The Blackamoor of Peter the Great*," pp. 151-152.

59) A. Lourié "Neogothic and neoclassic," *Modern Music* 5/3 (March-April, 1928), pp. 3-8을 보라.

60) 또한 신고딕과 신고전주의에 대한 루리에의 논의와 이것이 유라시아주의와 갖는 관계에 대해서는 R. Taruskin, "Turania revisited, with Lourié my guide," pp. 64-68을 참조하라.

61) A. Lourié, "An inquiry of melody," pp.3-11; A. Lourié, "The Russian School," Musical Quarterly 18(4), 1932, pp. 519–529; A. Lourié, "The Crisis of Form," *Music and Letters* 14(2), 1933, pp. 95–103에서 루리에가 말하는 러시아 음악의 새로운 변증법적 가능성에 대한 논의를 보라.

62) A. Lourié, "The Crisis of Form," pp. 98-100.

63) K. Levidou, "Arthur Lourié and his conception of revolution," pp. 91-94. 그의 이와 같은 시도는 스트라빈스키와 함께 친분을 유지하고 있었던 수브친스키를 중심으로 망명 사상가들 사이에서 태동한 유라시아주의를 음악사에 투영한 것으로 읽힌다.

64) 같은 책, p. 93.

65) 특히 이고리 스미르노프(Игорь Смирнов)가 1910년대 러시아 문학의 상황에 대해 자신의 논문에서 기술하고 있는 포스트상징주의 개념의 관점에서 그러하다. И. Смирнов, "«Исторический авангард» как подсистема постсимволистической культуры," *Мегаистория*, M., 2000, C. 98-196.

66) 루리에는 1944년 발표된 논문에서 스트라빈스키의 음악이 지나치게 유희적이며 양식화만을 추구하고 있다고 비판한다. 이에 대해서는 А. Лурье, "Линии еволюции русской музыки," *Новый журнал* 9, 1944, C. 313을 보라.

67) K. Levidou, "Arthur Lourié and his conception of revolution," p. 92.

68) 칼립시스 미학에 관해서는 다음을 참조하라: A. A. Hansen-Löve, "Эстетика «калиптики»: Аполлинские концепции в метафизической поэтике Набокова," *Северный вестник. Proceedings of the NorFA network in Russian Literature 1995-2000*, Stockholm, 2000, C. 193–200.

69) 스트라빈스키의 바그너 음악에 대한 비판 및 독일 음악에 대한 다소 부정적인 견해는 Igor Stravinsky, *Poetics of Music in the Form of Six Lessons*, pp. 47-65에서 볼 수 있다.

70) K. Levidou, "Arthur Lourié and his conception of revolution," p. 85.

71) Igor Stravinsky, *Poetics of Music in the Form of Six Lessons*. 이 책은 정확히 확인된 바는 없지만 스트라빈스키가 수브친스키와 프랑스 음악학자인 롤랑-마누엘(Roland-Manuel)의 도움을 받아 함께 쓴 책으로 평가된다. 그러나 실제로 이 책의 내용의 많은 부분을 수브친스키가 집필하였으며 전체 책의 총 기획과 감수 또한 수브친스키가 담당했을 것이라는 의견도 있으며 이를 반박하는 것은 쉽지 않아 보인다. 이 책의 저자 문제에 관해서는 Valerie Dufour, "The Poetique musicale: A counterpoint in three voices," trans. by Tamara Levitz in Tamara Levitz(ed.) *Stravinsky and His World*, pp. 225-253을 보라.

72) 수브친스키의 음악 미학에 대해서는 K. Levidou, "The Artist-Genius in Petr Suvchinskii's Eurasianist Philosophy of History: The Case of Igor' Stravinskii," *Slavonic and East European Review* 89(4), 2011, pp. 601-629를 보라.

73) 유라시아주의에 대해서는 국내에서도 많은 논문들이 발표된 바 있다. 국외의 저술로는 러시아의 제국이데올로기를 통해 고전적 유라시아주의로부터 현재까지의 문제를 다루고 있는 Marlène Laruelle, *Russian Eurasianism: An Ideology of Empire*, Baltimore: Johns Hopkins University Press, 2008을 참조하라.

74) 베르그송의 철학은 필로노프와 마튜쉰, 칸딘스키 등의 예술가들을 비롯하여 20세기 초 러시아 지식인들 사이에서 큰 반향을 불러일으켰다. 심지어 마튜쉰은 1920년대 ГИНХУК에 유기적 문화 철학을 연구하는 그룹을 만들기도 하였다. Маргарита Тильберг(2008), С. 72-73 참조.

75) S. Glebov, "Science, Culture, and Empire: Eurasianism as a Modernist Movement," *Russian and East European Books and Manuscripts in the United States*, Vol. 4, No.4, 2003, p. 27.

76) П. Субчинский, "О революционном монизме," *Евразия*. 1928/5(22 декабря), С. 1: K. Levidou, "The Artist-Genius in Petr Suvchinskii's Eurasianist Philosophy of History: The Case of Igor' Stravinskii," p. 622에서 재인용.

77) R. Taruskin, "Turania revisited, with Lourié My guide," p. 73.

78) 유라시아주의와 형식주의의 관계, 바흐친의 유라시아주의적 특성 등에 대해서는 Galin Tihanov, "When Eurasianism Met Formalism: An Episode from the History of Russian Intellectual Life in the 1920s," *Die Welt der Slaven*, 48, 2003, pp. 47-67을 보라.

79) K. Levidou, "The Artist-Genius in Petr Suvchinskii's Eurasianist Philosophy of History: The Case of Igor' Stravinskii," pp. 624-625.

80) 수브친스키는 예술적 질료가 하나의 형식이자 내용이 될 수 있음을 분명히 하고 있다. П. Сувчинский, "Вечный устой," *На путях. Утверждение евразийцев*, кн. 2. Берлин, 1922, С. 114-115: Sergei Glebov, "Science, Culture, and Empire: Eurasianism as a Modernist Movement," p. 22에서 재인용.

81) 필로노프의 유기시학에 대해서는 이지연,「변화와 생성의 리얼리티: 파벨 필로노프의 "네오리얼리즘"」,『외국문학연구』, 제 51권, 2013, 303-325쪽 참조. 또한 <봄의 제전>의 유기시학에 대해서는 앞서 언급한 이지연,「예술세계파와 발레루스의 제국 이미지」로부터 가져왔다.

82) L. Jacobs, "Le sacre turns 100," *The New Criterion*, Vol. 5(May), 2013, p. 40.

83) 아도르노는 이 작품에서 결국 리듬이 오히려 더 적게 나타나며 언제나 동일한 것, 정적인 것, 제자리 결음하는 것들이 자리만을 바꾸고 있을 뿐이라 비판한다. Theodor W. Adorno, *Philosophy of modern music*, pp. 154-155

84) Theodor W. Adorno, "Stravinsky: A Dialectical Portrait," *Quasi una Fantasia: Essays on Modern Music*, trans. R. Livingstone, London:Verse, 1998, p.152.

85) Петербургская газета 28.4.1912: Hanna Järvinen, "'Great Horizons Flooded with the Alien Light of the Sun': *Le Sacre du Printemps* in the Russian Context," p. 6에서 재인용.

86) Igor Stravinsky, *An Autobiography*. London: Calder and Boyars, p. 54; H. Sills(2012) "Emergent Temporalities in Stravinsky's "Le Sacre du Printemps"," *KronoScope* 12:2, 1975, p. 259에서 재인용.

87) 이 장의 제목은 바그너의 음악에 대한 아도르노와 라쿠-라바르트(P. Lacoue-Labarthe)의 비판에 문제를 제기하며 그의 음악을 변호하고 있는 알랭 바디우(2010)의 저작『바그너는 위험한가』로부터 가져왔다.

88) 잘 알려져 있듯 유라시아주의자들은 이후 소련 체제에 대한 정치적 태도로 인해 양분되며 결국 유라시아주의 사상 또한 유명무실해진다.

4장

1) 이 논문은 잘 알려진 대로 ОПОЯЗ를 대표하는 선언적인 글로서 1918년 발표된 이후 1920년대에만 두 차례나 단행본에 포함되었다.

2) 당시 1919년까지 러시아에서 제작된 영화는 대략 2700여 편에 이르는 것으로 추정되며 그 중 일부라도 현재까지 남아 있는 1908-1919년 사이 제작된 영화는 대략 300편 정도인 것으로 알려져 있다(1908-1919년 사이 제작되어 현재까지 남아 있는 영화들의 목록을 소개하고 있는 *Великий кинемо*(2002)에는 305 편의 영화가 포함되어 있다).

3) 물론 쿨레쇼프(Л. Кулешов)를 중심으로 한 그룹이 몽타주를 영화 예술의 근간이라 천명한 것은 1916년이었으나 그의 의견이 실제 영화와 논문 등을 통해 본격적으로 발표된 것은 1920년대에 이르러서였다. 이에 관해서는 트이냐노프의 논문「영화의 기반에 관하여(Об основах кино)」에 대한 해제(Тынянов 1977:553) 참조.

4) 에이젠슈테인은 1923년 어트랙션 몽타쥬에 관한 논문("Монтаж аттракционов: К постановке «На всякого мудреца довольно простоты» А. Н. Островского в московском Пролеткульте," *Леф*. No. 3. С. 70-75)을 발표하면서 본격적으로 영화에 대한 작업에 착수한다. 그러나 그가 그 이전인 1920년대 초반까지 메이에르홀드(В. Мейерхольд)의 지도하에서 연출이론을 공부하였으며 이에 의거하여 오스트롭스키(Островский)의 작품을 비롯한 러시아 고전 드라마를 상연한 바 있다는 것은 잘 알려져 있다. 이 글에서 다루고 있는 펙스(ФЭКС)의 영화미학 또한 메이에르홀드의 연극적 실험과 무관하지 않은 바, 1920년대-30년대 초반 에이젠슈테인과 펙스의 영화미학의 진화 과정이 유사한 행보를 보이며 이들이 밀접한

영향관계를 보이고 있음은 지적되어야 한다.

5) ФЭКС에 대한 것은 В. Недоброво(1928), В. Шкловский(1928), Е. Добин (1963), В. А. Каверин(1983), Мария Маликова(2006) 등의 저작 참조. 특히 В. Недоброво(1928), В. Шкловский(1928), Е. Добин(1963)로부터의 인용은 러시아 영화에 대한 웹 백과사전이라 할 수 있는 *Энциклопедия отечественного кино*의 ФЭКС 항목과, 역시 웹에 게시된 영화 저널 *Другое кино*로부터 인용하였다.

6) 코진체프, 트라우베르그 등이 차용한 서커스적 요소에 관하여서는 Буренина 2009:109-119 참조.

7) Октябрина는 여주인공의 이름이지만 네프 시기에 대한 풍자를 담고 있는 이 영화에서는 10월 혁명과 무관하지 않다. '시월이' 정도의 이름으로 번역될 수 있다.

8) 트이냐노프와 에이헨바움을 비롯한 러시아 형식주의 영화론에 관하여서는 Ямпольский(1993; 2004), 김수환(2006), Левченко(2008) 등 참조.

9) 트이냐노프의 1927년도 저작(Тынянов 1927(1977): 331) 참조.

10) 고골 작품의 2009년까지의 영화화 역사에 대해서는 이지연(2009:176-201)을 참조하라. 고골의 영화화 과정 및 1926년 작 영화 <외투>에 설명 또한 위 책으로부터 인용하였다.

11) 때로 영화 속의 사건들은 마치 주인공이 그것을 보고 있는 것처럼 전달되었으며 자연히 주인공의 시점으로 제한되었다. 즉, 영화는 점차 사건의 장면들을 그대로 제시하기보다 주인공이 본 사실이나 사건, 현상들을 시각화한 설명적인 장면들의 교체로 이행해 가게 되는 바(Кривул 2004:319), 초기 무성 영화에서 자주 발견되는 루복(лубок)적 장면들은 고골 작품의 영화화 과정에서 자주 설명적 장면들로 대체되기 시작하였다. Н. М. Зоркая는 문학 작품의 영화화에 있어서의 4가지 방법을 제시한다. 그것은 각각 루복적 영화화(экранизация-лубок), 삽화적 영화화(экранизация-иллюстрация), 해석적 영화화(экранизация-интерпретация), 공상적 영화화(экранизация-фантазия)이다. 특히 초기 문학 작품의 영화화에 있어서 루복적인 방법론은 지배적이었다(Зоркая 1991:102-115). 트이냐노프의 시나리오 작업은 루복적이고 삽화적인 영화화 과정을 극복하려는 강항 지향을 드러내며 그 결과 공상적이고 해석적인 경향을 띠게 된다.

12) 트이냐노프의 <외투>에 대한 언급. М. Блейман 1973:78(Michael Sosa 1986:554)에서 재인용.

13) 치비얀(Ю. Цивьян)의 지적에 따르면 영화 <외투>에 반영된 텍스트들은 고

골의 작품만 해도 10개가 넘는다(Цивьян 1986:15).

14) 무성 영화의 자막의 문제에 대해서는 로트만(1994:73-78), Цивьян(1988: 143-154) 등을 보라. 아울러 일찍이 에이헨바움(1926) 또한 자막의 문제를 고찰한 바 있다.

15) 벨라 바라츠(Bela Balazs)의 '보이는 그대로의 사람', '보이는 그대로의 사물'에 대한 트이냐노프의 우회적 비판에 관하여서는 Тынянов의 논문 「영화의 기반에 관하여」를 보라: "영화에서 눈에 보이는 세계는 있는 그대로가 아니라 의미론적 상관관계 속에서 주어진다. 그렇지 않다면 영화는 그저 움직이는(혹은 정지한) 사진이 되고 말 것이다. 화면 위에 보이는 사람 혹은 사물은 그것이 의미론적 기호가 될 때 비로소 영화 예술의 부분이 될 수 있다."(Тынянов 1927(1977):331)

16) "우리는 모두 고골의 「외투」로부터 나왔다"는 도스토예프스키의 말로부터

5장

1) 글자를 의미하는 calli와 도형을 의미하는 gram의 합성어로서 언어 텍스트가 특정한 형상을 띠도록 고안된 시를 의미한다.

2) 그림 1의 폴로츠키의 별 모양 시는 왕자의 탄생을 별이라는 형상을 통해 그리스도의 탄생이라는 사건과 겹쳐지도록 했을 뿐 아니라, 별을 이루는 각 시행을 시작하는 중심부의 첫 글자들이 '시메온(Симеон)'이라는 아크로스틱(акростих)을 이루게 함으로써 왕자 시메온을 그리스도와 동등한 위치로 격상시켰다.

3) 그림시는 언어와 형상의 동일시를 통해 양자의 결합을 꾀하는 것이지만, 20세기 아방가르드 작가들의 시각적 실험들 중에는 언어적인 차원과 형상의 불일치를 보여주는 경우도 많으며, 또한 심지어 언어가 부재하는 형상들로만 이루어진 작품이라든지, 형상마저도 비워내는 진공시(vacuum poetry) 같은 급진적 시도까지도 나타나고 있는 것을 볼 수 있다. 세르게이 시게이는 서구 문화사에 일반적인 그림시의 전통을 언급하며, 자신들의 작품을 그러한 그림시 혹은 시행의 시각화 현상과 구별되는 시각시로 명명하고 있기도 하다. 그의 의견에 따르면, 그림시에서 형상이 언어적 의미에 대한 보충적인 삽화적 기능을 하고 있으며, 따라서 형상의 존재에도 불구하고 언어 텍스트의 일반적 규범이 지켜지고 있는 것에 반해, 자신들의 시 텍스트는 새로운, 어쩌면 비문학적인 규범, 새로운 계열체적 모델(парадигматическая модель)을 따르는 등, 기존의 시와는 다른 방식의 수용을 요구한다(С. Сигей, "Краткая история визуальной поэзии в России," *Воум!* 1992, No. 1(2), С. 29-32). 이와 같은 시게이의 의견을 수용하면서 여기서는 이러한 다양한 시

각적 실험들을 총칭하여 보다 광의의 개념으로서 '시각시'라는 용어를 사용하고자 한다.

4) T. Nazarenko, "East Slavic visual writing: The inception of tradition," *Canadian Slavonic Papers*, Vol. 43, No. 3, 2001. 나자렌코의 지적에 따르면, 11-13세기 슬라브 문학은 강한 장식적 성격을 특징으로 한다. 비잔틴 종교서적이 장식성과 종교적 상징을 분리하여 사용하고 있다면, 오히려 키예프 루시의 필사가들에게서 장식성에 대한 지향은 더욱 강화되어, 원본의 상징의 의미가 장식성에 의해 잠식되기도 하였다.

5) 사조노바(Сазонова)는 17세기 러시아 문학에 대한 자신의 저서의 한 장을 바로크의 그림시와 엠블렘을 비롯한 장르종합적인 성격에 대한 고찰에 할애하고 있다. Л. И. Сазонова, *Литературная культура России. Раннее Новое время*, Москва, 2006, С. 228-362.

6) Сазонова С. 233-4.

7) 카리온 이스토민은 부활절을 맞이하여 여왕에게 달걀 모양의 시를 바치기도 하였다. 이러한 달걀모양 시는 십자가나 관목 모양, 피라미드 형태 등과 함께 서유럽 바로크의 전통을 계승하고 있는 것으로서, 그는 자신의 시 속에서 '신'이라는 단어를 시작과 끝으로 하는 타원형의 시를 창작하였다. 즉, 그의 시는 달걀의 형상을 띠고 있을 뿐 아니라, 의미 차원에서도 '신'이라는 단어를 시작과 끝에 배치함으로써 원형적 구조를 만들어 내었다.

8) T. Nazarenko, "Re-Thinking the Value of the Linguistic and Non-Linguistic Sign: Russian Visual Poetry without Verbal Components," *The Slavic and East European Journal*, Vol. 47, No. 3(2003), pp. 393-394. 예를 들어 18세기 러시아 시를 대표하는 로모노소프(М. Ломоносов)의 작품 중 시각시는 단 한 편도 찾아볼 수 없다.

9) G. Janecek, *The Look of Russian Literature. Avant-garde Visual Experiments*, 1900-1930, New Jersey, 1984.

10) 러시아 모더니즘과 아방가르드 문학에서의 시각적 실험은 각각의 작가나 유파가 추구하는 다양한 문학적 이념으로부터 야기되어 다양한 형태를 취하게 된다. 예를 들어 러시아 상징주의자들, 특히 벨르이(А. Белый)의 시와 산문에서 드러나는 시각성은 상징주의의 음악성에 대한 지향과 관련된다. 그들은 언어텍스트에 상징주의의 이상으로서의 음악성을 새겨 넣고자 했으며, 그러한 이유로 그들의 문학텍스트는 자주 악보와 같은 형상을 띠게 되었다. 또한 이미 잘 알려져 있듯 미래주의자였던 마야코프스키의 계단시는 그의 회화적 경향으로서의 입체주의를 언어적으로 표상한 것일 뿐 아니라 자움이나 언어의 분절과 같은 미래파적 언어실험을 직접적으로 텍

스트에 구현한 것이기도 했다. 크루촌늬흐의 오페라 <태양에 대한 승리>(Победа над солнцем)의 원고는 그림과 글이 혼합된 루복의 원시주의를 따르고 있으며, 이 역시 태초의 순수한 언어형태를 지향한 그의 언어적 실험이나 말레비치의 <검은 사각형>(Черный квадрат)의 절대주의적 기획과 일맥상통한다. 중세 문자 예술에 대한 관심과 지향은 활자나 매뉴스크립트에 눈을 돌리게 했으며, 이는 이들의 텍스트 속에 다양한 양식화나 장식성이 나타나게 하기도 했다. 이처럼 20세기 초반 러시아 작가들에게 존재했던 다양한 미학적 욕구들은 다양한 시각적인 형식을 통해 표출되었다.

11) 러시아 입체미래파, 특히 마야코프스키 시에서의 회화적인 요소의 문제에 대해서는 마야코프스키 시 텍스트에 대한 구체적인 분석을 통해 그것의 조형성에 대한 문제를 고찰하고 있는 이대우, 「러시아 입체미래파 예술운동 속에서 시와 미술의 상호성」, 『러시아어문학연구논집』, 2006(22), 97-118쪽을 참조하라. 또한 이 책의 1장에서도 이에 대한 내용을 찾을 수 있다.

12) А. Чичерин, Кан-Фун, Москва, 1926, С. 8-12 참조. Кан-Фун은 구성주의(конструктивизм)와 미래주의(футуризм)의 축약어로 이루어진 제목으로서, 그는 여기서 최소한의 공간 속에 최대의 의미를 장전하기 위한 방법론으로 언어가 부재하는 극단적 시각시를 제안한다.

13) 현재까지도 이들 욱투스 학파의 비주얼리스트들에 대해서는 러시아 내에서조차 잘 알려져 있지 않다. 이들에 대한 연구는 현대시의 아방가르드적 경향들에 대한 문예지 НЛО의 특집논문들과 시각시를 비롯한 러시아 시의 형식적 실험에 대한 활발한 연구를 진행하고 있는 С. Бирюков등의 학자에게서 매우 제한적으로 이루어지고 있을 뿐이다. 2005년 *Russian Literature*의 특집호로 현대 러시아 아방가르드의 문제가 다루어졌으며, 2006년 역시 *Russian Literature*에서 리 니코노바와 세르게이 시게이를 비롯한 이들 개념주의자들이 특집으로 다루어짐으로써 이들의 작품이 새롭게 조명되고 연구되기 시작하였다 할 것이다.

14) Анна Ры Никонова-Таршис, "«Уктусская школа»," *НЛО*, No. 16(1995), С. 221. 리 니코노바는 안나 타르쉬스(Анна Таршис)의 필명으로 그는 남편인 세르게이 시게이와 함께 러시아 현대 시각시를 대표하는 작가이다. 그들은 1988년 독일로 이주하였다.

15) Там же, С. 236.

16) 현대시의 다양한 실험에 대해서는 스스로 시각시를 창작하며, 또한 시각시에 대한 꾸준한 연구를 진행하고 있는 비류코프(Сергей Бирюков)의 저작을 참고하라. С. Бирюков, "Нетрадиционная традиция," *НЛО*, No. 3(1993), С. 219-242; С. Бирюков, *РОКУ УКОР. Поэтические начала*, Москва, 2003.

17) 진공시에 관하여는 Ры Никонова, “Вектор вакуума,” *НЛО*, No. 3(1993), С. 242-257.

18) 모스크바의 언더그라운드의 대표적인 문학그룹으로서 50년대 말부터 이미 활동하기 시작하여 이후 러시아 문학의 “새로운 시” 탄생과 러시아 포스트-모더니즘적 문학 형성에 있어 선구적인 역할을 하였다. 이들은 아방가르드와 소비에트 문학을 초월적인 하나의 텍스트 단위로 상정하고 이에 대한 재맥락화의 작업을 행하고 있다는 점에서 개념주의적이다. 물론 이들의 작업은 프리고프를 비롯한 일군의 모스크바 개념주의자들이 소비에트 언어를 대상으로 하여 행한 해체론적 지향보다는 다소 소극적이고 反엘리트적이었으며 개인적이었지만, 오베리우적 영향과 아방가르드 자움 시인들의 문학적 유산에 대한 지향은 이들에게서 더욱 강하였으며, 이러한 전통 위에서 고유의 간결하고 풍자적인 작품들을 창작하였다. 특히 이들의 대표자인 이고르 홀린(И. Холин), 브세볼로드 이바노프(Вс. Иванов), 겐리흐 삽기르(Г. Сапгир)는 간결하고 구체적인 경향의 미니멀리즘적 작품들을 창작했으며, 시어를 회화적으로 재배치하거나 유희적인 변형의 대상으로 삼는 등의 작업을 통해 언어기호와 이미지의 결합을 꾀했다.

19) 모스크바 개념주의를 대표하는 시인과 화가들, 프리고프(Д. Пригов), 루빈슈테인(Л. Рубинштейн), 카바코프(И. Кабаков), 모나스티르스키(А. Монастырский), 리아노조보의 시인이었던 삽기르 역시 욱투스 학파를 계승하는 시게이와 니코노바를 중심으로 한 저널『트랜스포넌스』(1979-1986)에 여러 차례 작품을 발표하였다.

20) Nazarenko(2003), p. 397.

21) 팔린드롬은 ‘회문(回文)’으로 번역되기도 한다. 이것은 앞에서부터 읽을 때와, 반대로 끝에서부터 읽을 때 동일한 단어나 시행을 의미한다. 지금도 여전히 활발히 시각시를 창작하고 있는 비류코프의 저서의 제목인 РОКУ УКОР 역시 팔린드롬의 예라 할 수 있다.

22) 푸슈킨으로부터의 러시아 시 전통을 아흐마토바와 아크메이즘의 프리즘 속에서 발견하고, 러시아 모더니즘의 유산을 자기화하여 새롭게 한 시적 콘텍스트 속에서 자신들의 시를 창작하고자 했던 ‘아흐마토바의 고아들’을 비롯한 다수의 망명시인들 및 비공식문학의 대표자들에게서 역시 시각적 실험의 흔적들은 자주 발견된다. 이오시프 브로드스키(Иосиф Бродский)나 레프 로세프(Лев Лосев), 겐나디 아이기(Геннадий Айги) 등의 작품에서 역시 시각성의 문제는 중요한 주제가 된다.

23) 현대의 시각시들은 출판 외에도 전시회나 퍼포먼스 등을 통해서 발표된다. 리 니코노바와 시게이의 시각시는 자주 회화 예술처럼 전시되었다. 뿐만 아

니라 인터넷의 보급으로 인해 시각시는 더 다양화되었고 더 널리 보급될 수 있게 되었다. 러시아에서는 현재, 시각시, 더 넓게는 시각문화에 대한 다양한 웹페이지들이 운영되고 있으며, 많은 현대의 시인들이 이러한 인터넷 매체를 통해 활동하고 있다. 또한 컴퓨터 그래픽 등의 기술의 발달은 시각시의 방법을 더욱 발전시켰다. 시각시는 디지털 칼리그람이나 미디어 아트로까지 확대되기도 하였다. '비주얼 컬처'에 대한 의존도가 높은 현대의 대중문화 속에서 시각시는 시문학의 또 다른 생존 방법이 되고 있는 것처럼 보인다.

24) Л. Зубова, *Современная русская поэзия в контексте истории языка*, Москва, 2000 등을 보라.

25) Анна Ры Никонова-Таршис(1995), С. 221.

26) 바로크에서의 말과 몸의 문제에 관하여서는 이탈리아와 스페인의 바로크 문화에 대한 실류나스(В. Силюнас)의 저서를 보라. В. Силюнас, *Стиль жизни и стили искусства*, СПб., 2000, С. 91-101.

27) Л. И. Сазонова(2006), С. 238-242.

28) 러시아 바로크의 엠블렘 시 전통과 폴로츠키의 엠블렘 시에 관해서는 앞의 책 265-270쪽을 참조하라.

29) 러시아 아방가르드 미학의 바로크적 특성에 관하여서는 *Барокко в авангарде, авангард в барокко*. Материалы конференции, Москва, 1993; И. П. Смирнов, "Барокко и опыт поэтической культуры начала XX века," *Славянское барокко. Историко-культурные проблемы эпохи*, Москва, 1979, С. 335-361.

30) 50년대 이후 러시아 언더그라운드를 대표하는 많은 시인들, 아이기와 모나스티르스키(А. Монастырский)를 비롯하여. 리 니코노바와 시게이, 모스크바 개념주의, 알렉산드르 페둘로프(Александр Федулов), 알렉세이 쉐펠로프(Алексей Шепелёв) 등으로 대표되는 최근의 '자움 아카데미'(Академия зауми)에 이르기까지 많은 시인들에게서 자움시가 창작되고 있음은 주목할 만하다. 특히 이들에게 자움은 일종의 언어적 공백, 혹은 종교적 부정과 관조의 기호와도 같은 것으로서 진공시를 비롯한 공간적 시도와 동일한 평면에서 이해될 수 있다. '자움 아카데미'의 대표자인 페둘로프는 많은 시각시를 창작하기도 하였다. 현대 러시아 시에서의 자움의 문제에 관하여서는 비류코프(2003)의 저서 외에도 *Russian Literature*, Vol. 57(2005)에 실린 현대 러시아 네오아방가르드와 자움의 문제를 다루는 B. Sames, "Академия зауми. Три этюда"; М. Евзлин, "Заумь и пространство в поэзии Сергея Сигея" 등의 논문을 참조하라.

31) В. Кулаков, "Визуальность в современной поэзии: минимализм и

максимализм," *НЛО*, No. 16(1995), C. 253.

32) К. Чуковский, *Эго-футуристы и кубо-футуристы*, Letchworth, 1976, C. 38. 미래주의자 그네도프가 출판한 작은 책자인『예술의 죽음』(Смерть Искусства)은 러시아어로 된 최초의 일행시, 혹은 한단어로 이루어진 시들을 모아놓은 것이다. 그중에서도 특히 눈에 띄는 것이 책의 마지막 15편의 시, 즉,「끝의 서사시」로서 이 작품은 사실상 제목과 빈 공간만으로 이루어져 있다. 그의 작품집은 하나의 외침과 하나의 문자, 급기야는 무에 이르는 극도의 미니멀리즘을 통해 예술의 죽음의 과정을 형상화한다. 텅빈 지면으로 형상화된 그의 시는 대중 앞에서 낭송될 때에는 언어가 부재하는 제스춰로 채워지게 된다. 그는 언어를 대신하는 특정한 제스춰를 사용했으며 수학기호와도 같은 손놀림을 비롯한 그의 동작들은 동시대인들에게 있어 일종의 수학적 무한에 대한 표상, 혹은 영원성의 몸짓과도 같은 것으로 느껴졌다. 이처럼 완전한 비움을 통해 시를 구성할 수 있다는 그네도프의 믿음과 그러한 비움을 통해 새로운 예술의 탄생이 가능할 것이라는 확신은 그 무엇보다 급진적인 것이었으며, 이는 이후 치체린에게, 더 나아가 60년대의 릐 니코노바와 세르게이 시게이의 새로운 실험적 작품의 근원이 되었다. 소비에트 시기 출판될 수 없었던 그네도프의 작품이 80년대 이르러 시게이와 니코노바에 의해『트랜스포넌스』를 통해 출판될 수 있었던 것은 바로 네오아방가르드 시인인 시게이와 니코노바의 그네도프에 대한 오마쥬를 드러내는 것이기도 하다. 이들의 작품에는 그네도프와의 상호텍스트성을 드러내는 실험적 시들 역시 다수가 발견되며, 니코노바의 행위시와 벡터시 역시 그네도프의 영향을 반영하고 있는 것이다. 그네도프의 작품에 관하여서는 C. Brooks, "On One Ancestor: Vasilisk Gnedov in the Work of Sergej Sigej and Ry Nikonova," *Russian Literature*, Vol. 59, Issues 2-4(2006), pp. 183-187을 참조하라.

33) Nazarenko(2003), pp. 401-402.

34) 러시아 아방가르드에서의 새로운 시선의 문제에 대해서는 Е. Бобринская, *Русский авангард: границы искусства*, М., 2006, С. 227-234를 참조하라.

35) 같은 책, C. 229-230.

36) 카멘스키의 언어 기호에 대해서는 Е. Бобринская, "«Предметное умозрение» (Визуальный образ текста в куво-футуристической эстетике)," *Русский авангард: истоки и метаморфозы*, М., 2003, С. 171-173 참조.

37) 마야코프스키가 자신을 13번째 사도로 칭한 것이나 시의 읽기 행위가 곧 언어적 마법과 동일시 되는 것, 흘레브니코프의 지구의 의장으로서의 의식이나 아방가르드의 특징 중 하나인 남유(catachresis)와 실현되는 은유, 아울

러 시메온 폴로츠키의 사도로서의 소명 의식 등은 바로 아방가르드와 바로크의 창조자로서의 권능에 대한 절대적 믿음을 반영한다.

38) 러시아 언더그라운드 미학의 대표적인 특징들에 대해서는 사비츠키(С. Савицкий)의 저서를 참조하라. С. Савицкий, *Андеграунд: История и мифы ленинградской неофициальной культуры*, М.:НЛО, 2002.

39) 이와 관련하여서는 Д. Иоффе, "Лики тишины. Новейшая история русского экспериментального стихопроизводства sub specie hesychiae: три схематически взятые поэтики умного делания," *Russian Literature*, Vol. 57(2005), С. 293-314를 참조하라.

40) 헬레니즘 이후로부터의 서유럽 문화로부터 당대에 이르는 거대한 문화적 패러다임이 아직 완결되지 않았으며, 따라서 자신들의 텍스트와 대등하게 타인의 텍스트를 인용하는 것이 가능할 것이라 믿었던 러시아 아크메이스트들의 상호텍스트적 인용과 메타적 자기인용의 문제를 상기하라.

41) И. Лощилов, "Опыт интерпретации визуального текста," *НЛО*, No. 16(1995), С. 264-268.

42) 같은 책, С. 264.

6장

1) М. 골룹코프, 『러시아 현대문학과 잃어버린 대안』, 서상범 역, 부산외국어대학교출판부, 2003, 14-15쪽.

2) В. Паперный, *Культура Два*. М., 2006 참조.

3) Paul de Man, *Blindness and Insight: Essays in the Rhetoric of Contemporary Criticism*, Minneapolis: Univ. of Minnesota Press, 1983, p. 165.

4) В. А. Келдыш, *Русский реализм начала XX в.*, М.: Наука, 1975를 보라.

5) Т. Т. Давыдова, *Русский неореализм: идеология, поэтика, творческая эволюция (Е. Замятин, И. Шмелев, М. Пришвин, А. Платонов, М. Булгаков и др.): учеб. пособие*, Москва, 2005; У. К. Абишева, *Неореализм в русской литературе 1900-1910-х годов*, Дис. доктора филологических наук, Москва, 2006; М. А. Хатямова, *Формы литературной саморефлексии в русской прозе первой трети XX века*, М.: Языки славянской культуры, 2008; С. А. Тузков, В. *Тузкова, Неореализм: жанрово-стилевые поиски в русской литературе конца XIX-начала XX века: учебное пособие*, Москва, 2009 등.

6) А. Белый, "Символизм и современное русское искусство," *Андрей Белый. Критика. Эстетика. Теория символизма*, В 2-х томах. Т. 1, М.: Искусство, 1994. С. 265; Максимилиан Волошин, "Анри де Ренье," *Лики творчества*, Л., 1988, С. 60-61.

7) А. Белый, Там же.

8) 자마틴의 네오리얼리즘에 관하여서는 Е. Замятин, "Современная русская литература," *Литературная учеба*, Кн. 5, 1988, С. 133; Т. Т. Давыдова, *Русский неореализм: идеология, поэтика, творческая эволюция (Е. Замятин, И. Шмелев, М. Пришвин, А. Платонов, М. Булгаков и др.): учеб. пособие*, С. 20-31 등 참조.

9) 이에 대해서는 치나리 그룹에 관한 드루스킨의 회상을 참조하라. Я. Друскин, "Чинари (Публикация Лидии Друскиной)," *Аврора*, № 6, 1989. С. 103.

10) Д. Хармс. "Манифест Обэриу," Соч.: *В 2 т*. Т. 2. Москва: Виктория, 1994. С. 280-282.

11) П. А. Флоренский. "Обратная перспектива," *Соч. в 4-х тт*. Т. 3(1). М.: Мысль, 1999, С. 4698. 또한 플로렌스키의 역원근법과 부조리의 관계에 대한 지적으로는 다음을 보라: О. Буренина, "Что такое абсурд, или По следам Мартина Эсслина," *Абсурд вокруг*, М.: Языки славянской культуры, 2004, С. 29-30.

12) 하름스의 cisfinitum을 비롯한 유사철학적 논고는 다음의 판본을 참조하였다. Д. Хармс, *О явлениях и существованиях*. СПб., 2004, С. 300-306.

13) 이지연, 「러시아 아방가르드 문학과 이상(李箱)」.

14) cisfinitum에 관하여서는 김희숙, 「다닐 하름스의 cisfinitum」, 『러시아 연구』, 제20권 제2호, 서울대학교 러시아연구소, 2010, 41-74쪽 참조.

15) Я. С. Друскин, "Материалы к поэтике Введенского," в кн. А. Введенский, Полное собрание произведений: В 2-х т. М.: Гилея, 1993, С. 172.

16) 바로크 비극에서의 죽음의 재현 문제에 대해 논하고 있는 М.Ямпольский의 논문, "Я не увижу знаменитой Федры": "Заметки о репрезентации смерти в барочной трагедии," *НЛО*, No. 44, 2000, С. 5-42 참조. 아울러 이 논문은 신, 무한 같은 재현불가능한 개념을 바로크 비극이 어떻게 재현하고 있는지 고찰하며 이를 진리를 보는 것(видение)이라는 인식론적 퍼스펙티브에서 설명하고 있는 바, 베덴스키 작품에 나타난 신과 무한, 절대적 진리의 재현의 문제를 이해하는 데 있어 새로운 시각을 제시한다.

17) Д. Хармс, *О явлениях и существованиях*, С. 281-282.

18) О. Буренина, "'Реющее' тело: Абсурд и визуальная репрезентация полета в русской культуре 1900-1930-х гг.," *Абсурд вокруг*, М.: Языки славянской культуры, 2004, С. 197-198.

19) Я. С. Друскин, "Вестники и их разговоры(Публикация и комментарии М. Мейлаха)," *Логос*, №. 4(1993), С. 91-94. 1993년 철학적 저널『로고스(логос)』에는 드루스킨과 리팝스키, 하름스와 베덴스키, 자볼로츠키 등 치나리 그룹의 글을 거의 처음으로 발표되었다. 언급된 하름스의「존재에 대하여, 시간에 대하여, 공간에 대하여(О существовании, о времени, о пространстве)」 또한 같은 호에 포함되었다. 하름스의 이 글은 드루스킨의「이것과 저것(Это и то)」으로부터 출발하고 있음이 명확히 드러난다.

20) 이 글 역시 위의 철학적 저널 Логос의 같은 호에 게재되었고 이후 Д. Хармс, *О явлениях и существованиях*, С. 315-320에 포함되었다.

21) Я. С. Друскин, "Это и то (Публикация А. Герасимовой)," *Логос*, №. 4(1993), С. 94-96.

22) Я. С. Друскин, "Вестники и их разговоры(Публикация и комментарии М. Мейлаха)," С. 91.

23) Я. С. Друскин, *Видение невидения*, СПб, 1995.

24) А. Введенский, *Полное собрание произведений: В 2-х т.*, Т. 2, С. 157. 아울러 베덴스키의 시적이성비판에 관한 언급은 베덴스키 문학의 부정신학적 측면을 고찰하는 논문. 석영중,「베젠스끼와 대화의 시학」,『노어노문학』, 제19권 제3호, 한국노어노문학회, 2007, 191-207쪽 참조.

25) Я. Друскин, "Звезда бессмыслицы," <··· Сборище друзей, оставленных судьбою>. А. Введенский, Л. Липавский, Я. Друскин, Д. Хармс, Н. Олейников: <чинари> в текстах, документах и исследованиях, Сост. В. Н. Сажин. В 2 т., М.: <Ладомир>, Т. 1, 2000, С. 323416 참조.

26) Кети Чухров, "Бессмыслица как инструмент возвышения," *НЛО*, No. 69, 2004 참조.

27) А. Введенский, *Полное собрание произведений: В 2-х т.*, Т. 1, С. 252.

28) А. Введенский, "Серая тетрадь," *Полное собрание произведений: В 2-х т.*, Т. 2, С. 79.

29) 같은 글, С. 78-79.

30) 산문의 파편화 경향, 산문에 포함된 서정적 일탈, 환상성, 민속적 경향, 스카즈 등 20세기 전반기 러시아 산문에 등장한 새로운 경향, 특히 단편보다 더

짧은 산문들의 등장에 관하여서는 О. Симчич, Н. Грякалова, *Малые жанры в русской прозе 20-го века. Генезис и типология*. Perugia, 2003, С. 51-123 참조.

31) Я. Друскин, "Чинари(Публикация Лидии Друскиной)" 참조.

32) 이 글의 논지와는 다르지만 А. Циммерлинг, "Логика парадокса и элементы абсурдистской эстетики," *Абсурд вокруг*, С. 287-304에서는 패러독스의 논리를 통해 하름스와 만델슈탐(О. Мандельштам), 자볼로츠키의 시에 나타난 부조리를 분석하는 논문하고 있다.

33) 경계의 문제에 대해서는 이지연,「다닐 하름스의『노파』에 나타난 작가권력과 텍스트 행위의 문제에 관하여」,『슬라브학보』, 제21권 1호, 한국슬라브학회, 2006, 115-144쪽 참조.

34) 드루스킨은 1933년의 하름스의 문학적 위기에 대해 지적하며 이것이 1931-2년부터 계속되어 온 것이라 말하고 있다. 이 시기에 이르러 하름스는 과거 자신이 오베리우 마니페스트에서 명시된 것과 같은 절대를 구현하는 작가로서의 권한, 일종의 치나리적 전권에 대한 회의를 드러내기 시작한다. 이에 관하여서는 Я. Друскин, "Хармс," *Хармсиздат представляет: Сб. материалов*, СПб., 1995, С. 48를 보라.

35) Д. Хармс, *Соч.: В 2 т.* Т. 2., С. 187-188.

36)「노파」에 관한 보다 상세한 분석은 이지연,「다닐 하름스의『노파』에 나타난 작가권력과 텍스트 행위의 문제에 관하여」참조.

37) 공포의 문제는 Л. Липавский, *Исследование ужаса*, М.: Ad Marginem, 2005, С. 18-40 참조.

참고문헌

골룹코프, M.『러시아 현대문학과 잃어버린 대안』, 서상범 옮김, 부산외국어대학교출판부, 2003.

김수환,「러시아 형식주의 영화이론 다시 읽기: 영화기호학의 기원과 한계에 관하여」,『슬라브 학보』21권 4호, 2006.

김희숙,「다닐 하름스의 cisfinitum」,『러시아 연구』20권 2호, 2010.

들뢰즈,『감각의 논리』, 하태환 옮김, 민음사, 1995.

들뢰즈,『차이와 반복』, 김상환 옮김, 민음사, 2004.

들뢰즈,『시네마II. 시간-이미지』, 이정하 옮김, 시각과 언어, 2005.

로트만, Yu.『영화기호학』, 박현섭 옮김, 민음사, 1994.

로트만, Yu. 外『영화, 형식과 기호』, 오종우 편역, 열린책들, 1995.

료타르,『포스트모던의 조건』, 이삼출 역, 민음사, 1992.

바디우, A.『바그너는 위험한가』, 김성호 옮김, 북인더갭, 2010.

바르트,『이미지와 글쓰기』, 김인식 편역, 세계사, 1993.

바르트,『카메라 루시다』, 열화당, 조광희 옮김, 1996.

박영은,「니콜라이 표도로프의 "공동 일의 철학"에 나타난 우주론적 인간학」,『슬라브학보』20권 1호, 2005.

베르그송,『사유와 운동』, 이광래 옮김, 문예출판사, 1993.

베르그송,『창조적 진화』, 황수영 옮김, 아카넷, 2005.

석영중,「베젠스끼와 대화의 시학」,『노어노문학』19권 3호, 2007.

송영진,「베르그송에 있어서의 신의 직관」,『동서철학연구』, 58호, 2010.

쇼르스케, C.『세기말 비엔나』, 김병화 옮김, 생각의 나무, 2006.

아도르노, T. W.『신음악의 철학』, 문병호·김방현 옮김, 세창출판사, 2012.

이대우,「러시아 입체미래파 예술운동 속에서 시와 미술의 상호성」,『러시아어문학연구논집』, 22집, 2006.

이지연,「브로드스키의 포스트모더니즘 - 서사시『공연』을 중심으로」,『러시아연구』 14권 1호, 2004.

이지연,「다닐 하름스의『노파』에 나타난 작가권력과 텍스트 행위의 문제에 관하여」,『슬라브학보』 21권 1호, 2006

이지연,「해체와 노스탤지어: 소츠-아트와 소비에트 문화」,『러시아문학연구논집』 21집, 2006.

이지연,「고골 작품의 영화화 역사와「비이」(Вий)」,『고골과 현대성』, 고려대학교 출판부, 2012.

이지연,「변화와 생성의 리얼리티: 파벨 필로노프의 "네오리얼리즘"」,『외국문학연구』 51호, 2013.

이지연,「예술세계파와 발레루스의 제국 이미지」,『러시아 제국의 팽창과 근대적 유라시아 문화공간의 형성』, 민속원, 2014.

장혜진,「유기미학의 세계: 파벨 필로노프와 분석예술」,『노어노문학』 20권 3호, 2008.

푸코,『말과 사물』, 민음사, 1986.

푸코,『이것은 파이프가 아니다』, 김현 옮김, 민음사, 1997.

프로이트, S.『늑대인간: 프로이트 전집 11』, 김명희 옮김, 열린책들, 2004.

하이데거,「예술작품의 근원」,『하이데거의 예술철학』, 폰 헤어만·이기상·강태성 옮김, 문예출판사, 1997.

Adorno, T. W. *Philosophy of modern music*, trans. by Anne G. Mitchell and Wesley V. Blomster. New York: The Seabury Press, 1980.

Adorno, T. W. *Quasi una Fantasia: Essays on Modern Music*, trans. by Rodney Livingstone. London: Verse, 1998.

Bowlt, J. E. *Russian Art of the Avant-Garde: Theory and Criticism*. New

York: Thames and Hudson, 1988.

Boym, S. "From the Toilet to the Museum: Memory and Metamorphosis of Soviet Trash," *Consuming Russia*. Duke Univ. Press, 1999.

Brincker, Benedikte and Brincker, J. "Musical constructions of nationalism: a comparative study of Bartók and Stravinsky," *Nations and Nationalism* 10(4). 2004.

Brooks, C. "On One Ancestor: Vasilisk Gnedov in the Work of Sergej Sigej and Ry Nikonova," *Russian Literature*. Vol. 59, Issues 2-4, 2006.

Bulgakova, O. "The Russian Vogue in Europe and Hollywood: The Transformation of Russian Stereotypes through the 1920s," *The Russian Review* 64. 2005.

Chipp, H. B. *Theories of Modern Art: A Source Book by Artists and Critics*. Berkeley, LA and London: University of California Press, 1968.

Derrida, J. *Memoirs of the Blind, Self-Portrait and Other Ruins*. The Univ. of Chicago Press, 1993.

Douglas, Charlotte. "Evolution and the Biological Metaphor in Modern Russian Art," *Art Journal: Art and Science: Part I, Life Sciences*. Vol. 44, No. 2, 1984.

Duffy, M. & Atkinson, P. "Unnatural Movements: Modernism's Shaping of Intimate Relations in Stravinsky's *Le Sacre du Printemps*," *Affirmations: Of the Modern* Vol. 1, No. 2, 2014.

Epstein, M. "Things and words: toward a lyrical museum," *Tekstura*. Univ. of Chicago Press, 1993.

Epstein, M. "Emptiness as a technique: work and image in Ilya Kabakov," *Russian Postmodernism: New perspectives on Post-Soviet culture*. New York·Oxford, 1999.

Freud, S. "Dostoevsky and parricide," in a book edited by Daniel Rancour-Laferriere, *Russian Literature and psychoanalysis*. University of California Press, 1989.

Freud, S. *The Uncanny*, trans. by David McLintock. London; Penguin Classics,

2003.

Glebov, S. "Science, Culture, and Empire: Eurasianism as a Modernist Movement," *Russian and East European Books and Manuscripts in the United States*. Vol. 4, No. 4, 2003.

Glebov, S. "A Life with Imperial Dreams: Petr Nikolaevich Savitsky, Eurasianism and the Invention of "Structuralist" Geography," *Ab Imperio*, 2005/3.

Glebov, S. "Whither Eurasia: History of Ideas in an Imperial Situation," *Ab Imperio*, 2008/2.

Gray, C. *The Russian Experiment in Art 1863-1922*(revised and enlarged by Marian Burleigh-Motley). London, 1986.

Gumbrecht, H. Ul. *Production of presence: what meaning cannot convey*. Stanford Univ. Press, 2004.

Hansen-Löve, A. "Эстетика «калиптики»: Аполлинские концепции в метафизической поэтике Набокова," *Северный вестник*. Proceedings of the NorFA network in Russian Literature 1995-2000. Stockholm, 2000.

Jacobs, L. "Le sacre turns 100," *The New Criterion*. Vol. 5(2013, May).

Janecek, G. *The Look of Russian Literature. Avant-garde Visual Experiments 1900-1930*. Princeton-New Jersey, 1984.

Järvinen, H. "Fans, fawns and fauns: Ballet stardom, dancing genius and the queer afterlife of Vaslav Nijinsky," *History of Stardom Reconsidered. International Institute for Popular Culture*, Turku, 2007.

Järvinen, H. "'The Russian Barnum': Russian opinions on Diaghilev's Ballets Russes, 1909-1914," *Dance Research* 26:1, 2008.

Järvinen, H. "Dancing without Space – On Nijinsky's L'Après-midi d'un Faune(1912)," *Dance Research* 27:1, 2009.

Järvinen, H. "'Great Horizons Flooded with the Alien Light of the Sun': Le Sacre du Printemps in the Russian Context," *Dance Research* 31:1, 2013.

Kundera, M. *Testaments Betrayed*, trans. Linda Asher. London: Faber and

Faber, 1995.

Laruelle, M. *Russian Eurasianism: An Ideology of Empire*. Baltimore: Johns Hopkins University Press, 2008.

Levidou, K. "The Artist-Genius in Petr Suvchinskii's Eurasianist Philosophy of History: The Case of Igor' Stravinskii," *Slavonic and East European Review* 89(4). 2011.

Levidou, K. "Arthur Lourié and his conception of revolution," *Musicology* 13. 2012.

Levitz, Tamara(ed.) *Stravinsky and His World*. Princeton Univ. Press, 2013.

Lourié, A. "Neogothic and neoclassic," *Modern Music* 5/3. March-April, 1928.

Lourié, A. "An inquiry of melody," *Modern Music* 8/1. December-January, 1929.

Lourié, A. "The Russian School," *Musical Quarterly* 18(4), 1932.

Lourié, A. "The Crisis of Form," *Music and Letters* 14(2), 1933.

de Man, Paul, *Blindness and Insight: Essays in the Rhetoric of Contemporary Criticism*. Minneapolis: Univ. of Minnesota Press, 1983.

Marsh, James L. "Adorno's Critique of Stravinsky," *New German Critique*, No. 28, 1998.

Marten-Finnis, S. "The Return of Léon Bakst: Slav Magic or Oriental Other," *Journal of Modern Jewish Studies*. Volume 12, Issue 2, 2013.

Mazo, M. "Stravinsky's 'Les Noces' and Russian Village Wedding Ritual," *Journal of the American Musicological Society*. 1990.

Misler, N. "The image decomposing: Five stations in the art of Pavel Filonov," *Pavel Filonov: seer of the invisible. Saint-Petersburg*, 2006.

Móricz, Klára & Morrison, Simon(ed.) *Funeral Games in Honor of Arthur Vincent Lourié*. Oxford Univ. Press, 2014.

Nazarenko, T. "East Slavic visual writing: The inception of tradition," *Canadian Slavonic Papers*. Vol. 43, No. 3, 2001.

Nazarenko, T. "Re-Thinking the Value of the Linguistic and Non-

Linguistic Sign: Russian Visual Poetry without Verbal Components," *The Slavic and East European Journal*. Vol. 47, No. 3, 2003.

Nazarenko, T. "Writing Poetry Without Words: Pictographic Poems by Rea Nikonova and Sergej Sigej," *Russian Literature*. Vol. 59, Issues 2-4, 2006.

Petrov, M. "Pavel Filonov: An outsider with the psychology of a winner (The artist's professional self-consciousness)," *Pavel Filonov: seer of the invisible*. Saint-Petersburg, 2006.

Rice, James L. *Freud's Russia: National Identity in the Evolution of Psychoanalysis*. New Brunswick(USA) and London(U.K): Transaction Publishers, 1993.

Rorty, R. *Philosophy and the Mirror of Nature, Princeton*, 1979.

Sames, B. "Академия зауми. Три этюда," *Russian Literature*. Vol. 57, 2005.

Sills, H. "Emergent Temporalities in Stravinsky's Le Sacre du Printemps," *KronoScope* 12:2, 2012.

Sosa, M. "Gogol' from the 1920s: Tynjanov's Scenario for Šinel'," *The Slavic and East European Journal*. Vol. 30, No. 4, 1986.

Stravinsky, I. & Craft, R. *Memories and commentaries*. Berkeley and Los Angeles: Univ. of California Press, 1960.

Stravinsky, I. *Poetics of Music in the Form of Six Lessons* trans. by Arthur Knodel & Ingolf Dahl, Cambridge: Harvard Univ. Press, 1947.

Taruskin, R. *Stravinsky and the Russian traditions*, Berkeley and Los Angeles: Univ. of California Press, 1996.

Taruskin, R. "Stravinsky and the Subhuman," *Defining Russia Musically: Historical and Hermeneutical Essays*. Princeton, NJ, 1997.

Taruskin, R. "Shocker Cools Into a 'Rite' of Passage," *The New York Times*, September 14, 2012.

Tihanov, G. "When Eurasianism Met Formalism: An Episode from the History of Russian Intellectual Life in the 1920s," *Die Welt der Slaven*.

48, 2003.

van den Toorn, Pieter C. *Stravinsky and the Rite of Spring: The Beginnings of a Musical Language*, Berkeley, Los Angeles, Oxford: Univ. of California Press, 1987.

van den Toorn, Pieter C. "Stravinsky, Adorno, and the Art of Displacement," *Musical Quarterly* 87, No. 3, 2004.

Абишева, У. К. *Неореализм в русской литературе 1900-1910-х годов. Дис. доктора филологических наук*. Москва, 2006.

Айги, Г. *Разговор на расстоянии: Статьи, эссе, беседы, стихи*. СПб., 2001.

Белый, А. "Символизм и современное русское искусство," *Андрей Белый. Критика. Эстетика. Теория символизма. В 2-х томах*. Т. 1, М.: Искусство, 1994.

Бирюков, С. "Нетрадиционная традиция," *НЛО*. No. 3(1993): 219-242.

Бирюков, С. РОКУ УКОР. *Поэтические начала*. М., 2003,

Битов, А. *Пушкинский Дом; Роман*. М., 1990.

Блейман, М. *Из истории Ленфильма*. Т. 3, Л.: Искусство, 1973.

Бобринская, Е. *Русский авангард: истоки и метаморфозы*. М., 2003.

Бобринская, Е. *Русский авангард: границы искусства*. М., 2006.

Бродский, И. *Сочинения Иосифа Бродского в 4 томах*. Сост. Г. Комаров. СПб.; Париж; М.; Нью-Йорк, 1992-1995.

Булгаков, С. "Некоторые черты религиозного мировоззрения Л. И. Шестова," *Сочинения в 2 т*. Т. 1. М.: Наука, 1993.

Буренина, О. *Абсурд вокруг*. М.: Языки славянской культуры, 2004.

Буренина, О. "Цирковой трюк как идеологический жест в немом советском кинематографе(Козинцев, Трауберг, Перестиани)," *Von grammatischen Kategorien und sprachlichen Weltbildern: die Slavia von der Sprachgeschichte bis zur Politsprache; Festschrift für*

Daniel Weiss zum 60. Geburtstag. München, 2009.

Бутовский, Я. “Григорий Козинцев и Золотой век довоенного «Ленфильма»,” *Киноведческие записки*. № 70, 2005.

Введенский, А. *Полное собрание произведений*: В 2-х т. М.: Гилея, 1993.

Волошин, М. “Анри де Ренье,” *Лики творчества*. Л, 1988.

Вурм, Б. “Figuratio–Defiguratio, или как сделан человек-буква. Особенности сценарной работы Юрия Тынянова в свете медиальной теории,” *Советская власть и медиа*. сб. статей под ред. Х. Гюнтера и С. Хэнсген. СПб.: Академический проект, 2005.

Гуревич, С. *Советские писатели в кинематографе 20-30-х гг*. Л., 1975.

Давыдова, Т. Т. *Русский неореализм: идеология, поэтика, творческая эволюция (Е. Замятин, И. Шмелев, М. Пришвин, А. Платонов, М. Булгаков и др.)*: учеб. пособие. М., 2005.

Добин, Е. *Козинцев и Трауберг*. М.-Л, 1963.

Друскин, Я. “Чинари(Публикация Лидии Друскиной),” *Аврора*. № 6, 1989.

Друскин, Я. “Это и то (Публикация А. Герасимовой),” *Логос*. № 4, 1993.

Друскин, Я. “Вестники и их разговоры(Публикация и комментарии М. Мейлаха),” *Логос*. № 4, 1993.

Друскин, Я. “Хармс,” *Хармсиздат представляет: Сб. материалов*. СПб., 1995.

Друскин, Я. *Видение невидения*. СПб., 1995.

Друскин, Я. “Звезда бессмыслицы,” *<···Сборище друзей, оставленных судьбою>. А. Введенский, Л. Липавский, Я. Друскин, Д. Хармс, Н. Олейников:<чинари> в текстах, документах и исследованиях*. Сост. В. Н. Сажин. В 2 т., Т. 1, М.: Ладомир, 2000.

Евзлин, М. “Заумь и пространство в поэзии Сергея Сигея,” *Russian Literature* Vol. 57, 2005.

Ершов, Г. Ю. “«Пропевень о прорасли мировой» П. Н. Филонова,” *Искусство XX века*. СПб., 1996.

Жирмунский, В. М. “Преодолевшие символизм,” *Теория литературы. Поэтика. Стилистика*. Л.: Наука, 1977.

Замятин, Е. “Современная русская литература,” *Литературная учеба*. Кн. 5, 1988.

Зоркая, Н. М. “Русская школа экранизации,” *Экранные искусства и литература: немое кино*. М., 1991.

Иванов, Вяч. И. *Собрание сочинений*. Т. 3, Брюссель, 1979.

Иванова, В., Мыльникова В., Сковородникова С., Цивьян Ю. и Янгиров Р.(сост.), *Великий кинемо*. М.: НЛО, 2002.

Иоффе, Д. “Лики тишины. Новейшая история русского экспериментального стихопроизводства *sub specie hesychiae*: три схематически взятые поэтики умного делания,” *Russian Literature*. 57, 2005.

Ичин, К. “Федоровское учение в творчестве Павла Филонова,” *Russian Literature*. 59:1, 2006.

Каверин, В. А. *Воспоминания о Ю. Тынянове*. М.: Советский писатель, 1983.

Казаков, В. *Избранные сочинения в 3 томах*, Т. 3, М., 1998,

Казанская, Л. “Лурье и Стравинский: в тени гения,” *Музыкальная академия* 2, 2010.

Келдыш, В. А. *Русский реализм начала XX в*. М.: Наука, 1975.

Кибиров, Т. “Сквозь прощальные слезы,” *Время и мы: альманах литературы и общественных проблем*. М.; Нью-Йорк, 1990.

Ковалов, О. “В сторону тени,” *Сеанс* No. 3, 1991.

Кривуля, Н. Г. “Экранизация произведений Гоголя в отечественной анимации,” *Н. В. Гоголь и театр: Третьи Гоголевские чтения. Сборник докладов*. М.: КДУ, 2004.

Кулаков, В. “Визуальность в современной поэзии: минимализм и максимализм,” *НЛО* No. 16, 1995.

Левченко, Ян “Между куклой и чертом: Владислав Старевич и экранизация гоголевской фантастики," *НЛО* №. 61, 2003.

Левченко, Ян "Записки мертвого ревизора. Ян Левченко об экранизации Мертвых душ," *Критическая Масса* №. 3-4, 2005.

Левченко, Ян "Контуры ненаписанной теории: кинематографический сюжет русских формалистов," *НЛО* №. 92, 2008.

Липавский, Л. *Исследование ужаса*. М.: Ad Marginem, 2005.

Липовецкий, М. "Культура как хаос (Метаморфозы диалогической поэтики и эволюции русского постмодернизма," *Россия/Russia* Vol. 8, №. 1/2, Venezia, 1993.

Лосев, Л. *Чудесный десант*. Tenafly, 1985.

Лотман, Ю. "Семиотика сцены," *Об искусстве*. СПб., 1998.

Лощилов, И. "Опыт интерпретации визуального текста," *НЛО* №. 16, 1995.

Лурье, А. "Линии еволюции русской музыки," *Новый журнал* 9, 1944.

Маликова, М. "Скетч по кошмару Честертона и культурная ситуация нэпа," *НЛО* №. 78, 2006.

Мислер, Н., Боулт, Дж. Э. и Сарабьянов, Д. В.(сост.), *Филонов в 2 томах, Художник. Исследователь. Учитель. Живопись. Графика*. Том I, СПб., 2006.

Недоброво, В. *ФЭКС: Григорий Козинцев, Леонид Трауберг*. М.-Л., 1928.

Никонова, Ры "Вектор вакуума," *НЛО* №. 3, 1993.

Никонова, Ры (Никонова-Таршис, Анна Ры), "«Уктусская школа»," *НЛО* №. 16, 1995.

Паперный, В. Культура Два. М.: *НЛО*, 2006.

Пригов, Д. *Написанное с 1975 по 1989. Собрание поэтических и прозаических текстов*. М., 1993.

Пригов, Д. *Сборник предуведомлений к разнообразным вещам*. М., 1996.

Пригов, Д. *Явление стиха после его смерти*. М., 1995.

Родина, Т. М. *Александр Блок и русский театр начала* XX века. М.: Наука, 1972.

Рубинс, М. *Пластическая радость красоты: Экфрасис в творчестве акмеистов и европейская традиция*. СПб., 2003.

Рубинштейн, Л. *Все дальше и дальше: Из Большой картотеки*. М.; Домашнее музицирование, 2000.

Сазонова, Л. И. *Литературная культура России. Раннее Новое время*. М., 2006.

Сигей С. "Краткая история визуальной поэзии в России," *Воум!* No. 1(2), 1992.

Силюнас, В. *Стиль жизни и стили искусства*. СПб., 2000.

Симчич, О., Грякалова, Н. *Малые жанры в русской прозе 20-го века. Генезис и типология*. Perugia. 2003.

Смирнов, И. П. "Барокко и опыт поэтической культуры начала XX века," *Славянское барокко. Историко-культурные проблемы эпохи*. М., 1979.

Смирнов, И. "«Исторический авангард» как подсистема постсимволистической культуры," *Мегаистория*. М., 2000.

Сувчинский, П. "Вечный устой," На путях. *Утверждение евразийцев*. кн. 2, Берлин, 1922.

Тильберг, М. *Цветная вселенная: Михаил Матюшин об искусстве и зрении*. М., 2008.

Тузков, С. А., Тузкова, В. *Неореализм: жанрово-стилевые поиски в русской литературе конца XIX-начала XX века: учебное пособие*. М., 2009.

Тупицын, В. *Коммунальный (пост)модернизм: Русское искусство второй половины XX века*. М.: Ad Marginem, 1998.

Тынянов, Ю. *Поэтика. История литературы. Кино.* М.: Наука, 1977.

Тынянов, Ю. *Проблема стихотворного языка*. Л., 1924.

Филонов, П. *Филонов в 2 томах, Художник. Исследователь. Учитель. Живопись. Графика*. WAM, 2006.

Флоренский, П. А. "Обратная перспектива," *Соч. в 4-х тт.* Т. 3(1), М.: Мысль, 1999.

Хан, А. "Оценка поэтической ситуации 1910-х годов в литературоведческой концепции В. Жирмунского и Б. Эйхеньаума," *Studia Slavica Hung*. 33/1-4, Budapest, 1987.

Хармс, Д. *О явлениях и существованиях*. СПб., 2004.

Хармс, Д. *Соч.: В 2 т*. М.: Виктория, 1994.

Хатямова, М. А. *Формы литературной саморефлексии в русской прозе первой трети XX века.* М.: Языки славянской культуры, 2008.

Цивьян, Ю. Г. "Палеограммы в фильме Шинель," *Тыняновский сборник. Вторые Тыняновские Чтения*. Рига, 1986.

Цивьян, Ю. Г. "К семиотике надписей в немом кино (Надпись и устная речь)," *Зеркало. Семиотика зеркальности(Труды по знаковым системам XXII)*. Тарту, 1988.

Черницов, М. А. *Идея художественного синтеза в литературных произведениях и теоретических трудах художников русского авангарда первой трети XX века (В.В. Кандинский, П.Н. Филонов, К.С. Малевич)*: Дис. на соискание учётной степени кандидата филологических наук. Магнитогорск, 2002.

Чичерин, А. *Кан-Фун*. М., 1926.

Чухров, К. "Бессмыслица как инструмент возвышения," *НЛО* №. 69, 2004,

Шкловский, В. "О рождении и жизни ФЭКС'ов," в кн. В. Недоброво (1928) *ФЭКС: Григорий Козинцев, Леонид Трауберг*. М.-Л., 1928.

Эйзенштейн, С. "Монтаж аттракционов: К постановке «На всякого мудреца довольно простоты» А. Н. Островского в московском Пролеткульте," *Леф* №. 3, 1923.

Эйзенштейн, С. "Гоголь и киноязык," *Киноведческие записки* № 4, 1989.

Эйхенбаум, Б. "К вопросу о титрах," *Кино*. Л., 1926.

Эйхенбаум, Б. "Как сделана Шинель Гоголя," *в кн. О прозе*. Л.: Худож. лит., 1969.

Эйхенбаум, Б. "Проблемы киностилистики," *Поэтика кино*. М.-Л. *цит.* по новому изданию с комментариями С. Д. Гуревича, СПб., 2001.

Ямпольский, М. *Память Тирессия*. М.: РИК "Культура", 1993.

Ямпольский, М. "'Я не увижу знаменитой Федры": Заметки о репрезентации смерти в барочной трагедии," *НЛО* № 44, 2000.

Ямпольский, М. *Язык-Тело-Случай: Кинематограф и поиски смысла*. М.: НЛО, 2004.

글의 출처

1장 『러시아어문학연구논집』 제 22권(한국러시아문학회, 2006)
2장 『외국문학연구』 제 51권(한국외대 외국문학연구소, 2013)
3장 『러시아연구』 제 25권 제 1호(서울대 러시아연구소, 2015)
4장 『러시아연구』 제 21권 제 1호(서울대 러시아연구소, 2011)
5장 『러시아어문학연구논집』 제 26권(한국러시아문학회, 2007)
6장 『노어노문학』 제 23권 제 1호(한국노어노문학회, 2011)

한국외국어대학교 러시아연구소
HK 연구사업단 학술연구총서 **18**

러시아 아방가르드, 불가능을 그리다
탈재현의 예술과 숭고

초판 인쇄 2015년 5월 19일
초판 발행 2015년 5월 26일

지은이 이지연
발행인 김인철
발행처 한국외국어대학교 지식출판원
130-791 서울특별시 동대문구 이문로 107
전화 02)2173-2495~7
팩스 02)2173-3363
홈페이지 http://press.hufs.ac.kr
전자우편 press@hufs.ac.kr
출판등록 제6-6호(1969. 4. 30)
디자인 · 편집 디자인퍼브 02)2254-4308
인쇄 · 제본 네오프린텍(주) 02)718-3111

ISBN 978-89-7464-628-8 94920 정가 15,000원
ISBN 978-89-7464-650-9 (세트)

*잘못된 책은 교환하여 드립니다.

HU_iNE 은 한국외국어대학교 지식출판원의 어학도서, 사회과학도서, 지역학 도서 Sub Brand이다. 한국외대의 영문명인 HUFS, 현명한 국제전문가 양성(International +Intelligent)의 의미를 담고 있으며, 휴인(携引)의 뜻인 '이끌다, 끌고 나가다'라는 의미처럼 출판계를 이끄는 리더로서, 혁신의 이미지를 담고 있다.